U0602875

大连理工大学管理论丛

绿色增长测度与评价研究

卢小丽 著

本书由大连理工大学经济管理学院资助。

本书为国家社会科学基金项目"新发展理念下资源型城市绿色增长水平测度与提升路径研究"（21BGL290）、教育部人文社会科学研究项目"特大城市绿色增长评价与演化模式研究"（18YJA630072）、中央高校基本科研业务费资助项目"煤电企业绿色增长评价及实现路径研究"（DUT20RW206）成果。

科学出版社

北 京

内 容 简 介

本书旨在系统介绍绿色增长测度与评价的研究范式。全书在剖析绿色增长发展脉络的基础上，从理论、方法到实践三个篇章对绿色增长进行解析。通过对比新旧古典经济增长理论的不同理论模型，界定绿色增长的理论基础。在解析绿色增长的概念特征和理论模型的基础上，构建绿色增长评价的指标体系、方法与理论模型，并结合不同研究区域的绿色增长特点，分别从国家、区域、企业和社区不同层次对绿色增长进行测度和评价，结合评价结果，提出绿色增长提升的对策建议。

本书适合于管理学各专业的研究生、本科生，以及环境管理等领域学者和政府机关、企事业单位管理者阅读。

图书在版编目（CIP）数据

绿色增长测度与评价研究 / 卢小丽著. —北京：科学出版社，2022.10
（大连理工大学管理论丛）
ISBN 978-7-03-071598-2

Ⅰ. ①绿… Ⅱ. ①卢… Ⅲ. ①绿色经济-经济增长-研究 Ⅳ. ①F062.2

中国版本图书馆 CIP 数据核字（2022）第 029928 号

责任编辑：王丹妮 / 责任校对：贾娜娜
责任印制：张 伟 / 封面设计：无极书装

科学出版社 出版
北京东黄城根北街 16 号
邮政编码：100717
http://www.sciencep.com

北京建宏印刷有限公司 印刷
科学出版社发行　各地新华书店经销

*

2022 年 10 月第 一 版　开本：720×1000 B5
2022 年 10 月第一次印刷　印张：15 1/2
字数：312 000
定价：156.00 元
（如有印装质量问题，我社负责调换）

丛书编委会

总　序

　　编写一批能够反映大连理工大学经济管理学科科学研究成果的专著，是近些年一直在推动的事情。这是因为大连理工大学作为国内最早开展现代管理教育的高校，早在 1980 年就在国内率先开展了引进西方现代管理教育的工作，被学界誉为"中国现代管理教育的摇篮，中国 MBA 教育的发祥地，中国管理案例教学法的先锋"。

　　大连理工大学管理教育不仅在人才培养方面取得了丰硕的成果，在科学研究方面同样也取得了令同行瞩目的成绩。在教育部第二轮学科评估中，大连理工大学的管理科学与工程一级学科获得全国第三名的成绩；在教育部第三轮学科评估中，大连理工大学的工商管理一级学科获得全国第八名的成绩；在教育部第四轮学科评估中，大连理工大学工商管理学科和管理科学与工程学科分别获得 A-的成绩，是中国国内拥有两个 A 级管理学科的 6 所商学院之一。

　　2020 年经济管理学院获得的科研经费已达到 4345 万元，2015 年至 2020 年期间获得的国家级重点重大项目达到 27 项，同时发表在国家自然科学基金委员会管理科学部认定核心期刊的论文达到 1 000 篇以上，国际 SCI、SSCI 论文发表超 800 篇。近年来，虽然学院的科研成果产出量在国内高校中处于领先地位，但是在学科领域内具有广泛性影响力的学术专著仍然不多。

　　在许多的管理学家看来，论文才是科学研究成果最直接、最有显示度的体现，而且论文时效性更强、含金量也更高，因此出现了不重视专著也不重视获奖的现象。无疑，论文是科学研究成果的重要载体，甚至是最主要的载体，但是，管理作为自然科学与社会科学的交叉成果，其成果载体存在的方式一定会呈现出多元化的特点，其自然科学部分更多地会以论文等成果形态出现，而社会科学部分则既可以以论文的形态呈现，也可以以专著、获奖、咨政建议等形态出现，并且同样会呈现出生机和活力。

　　2010 年，大连理工大学决定组建管理与经济学部，将原管理学院、经济系合并，重组后的管理与经济学部以学科群的方式组建下属单位，设立了管理科学与工程学院、工商管理学院、经济学院以及 MBA/EMBA 教育中心。2019 年，大连理工大学管理与经济学部更名为大连理工大学经济管理学院。目前，学院拥有 10 个研究所、5 个教育教学实验中心和 9 个行政办公室，建设有两个国家级工程研究中心和实验室，六个省部级工程研究中心和实验室，以及国内最大的管理案例共享平台。

经济管理学院秉承"笃行厚学"的理念，以"扎根实践培养卓越管理人才、凝练商学新知、推动社会进步"为使命，努力建设成扎根中国的世界一流商学院，并为中国的经济管理教育做出新的、更大的贡献。因此，全面体现学院研究成果的重要载体形式——专著的出版就变得更加必要和紧迫。本套论丛就是在这个背景下产生的。

本套论丛的出版主要考虑了以下几个因素：第一是先进性。要将经济管理学院教师的最新科学研究成果反映在专著中，目的是更好地传播教师最新的科学研究成果，为推进经济管理学科的学术繁荣做贡献。第二是广泛性。经济管理学院下设的 10 个研究所分布在与国际主流接轨的各个领域，所以专著的选题具有广泛性。第三是选题的自由探索性。我们认为，经济管理学科在中国得到了迅速的发展，各种具有中国情境的理论与现实问题众多，可以研究和解决的现实问题也非常多，在这个方面，重要的是发扬科学家进行自由探索的精神，自己寻找选题，自己开展科学研究并进而形成科学研究的成果，这样一种机制会使得广大教师遵循科学探索精神，撰写出一批对于推动中国经济社会发展起到积极促进作用的专著。第四是将其纳入学术成果考评之中。我们认为，既然学术专著是科研成果的展示，本身就具有很强的学术性，属于科学研究成果，那么就有必要将其纳入科学研究成果的考评之中，而这本身也必然会调动广大教师的积极性。

本套论丛的出版得到了科学出版社的大力支持和帮助。马跃社长作为论丛的负责人，在选题的确定和出版发行等方面给予了极大的支持，帮助经济管理学院解决出版过程中遇到的困难和问题。同时特别感谢经济管理学院的同行在论丛出版过程中表现出的极大热情，没有大家的支持，这套论丛的出版不可能如此顺利。

大连理工大学经济管理学院

2021 年 12 月

序

　　世界范围内的人口激增、需求扩张及生态恶化，使得资源环境与经济增长之间的矛盾日益凸显。国际社会已经普遍认识到，如果不转变经济增长方式，人类将付出巨大的健康成本和环境代价。作为一种通过技术创新驱动与制度安排，用最小的资源消耗和环境代价，创造出资源效率、环境友好、社会包容与和谐的新型增长方式，绿色增长已被国际社会视为解决资源和环境危机，实现社会经济包容、均衡与可持续发展的重要途径和模式。

　　作为负责任的大国，中国经济正在经历增长结构、增长动力和增长色彩的三层变化，逐渐从黑色、灰色增长转向绿色增长。绿色增长一词已经超越了"绿色"和"增长"机械组合所形成的狭隘内涵，代表着人类力图通过一种平衡环境危害和长远经济增长的方式来促进经济的发展。虽然绿色增长的理念得到广泛认同，但如何对绿色增长进行测度与评价仍然是一项困难的工作。绿色增长今日研究面临的问题与绿色 GDP（gross domestic product，国内生产总值）核算刚刚在中国发展面临的问题有很多的相似之处。2005 年前后，许多国内外专家对传统的国民经济核算体系，尤其是 GDP 的统计核算有着各种质疑。事实上，当时的绿色 GDP 核算由于研究的基础差，方法和参数都需要完善，成果与制度实践之间有很大的差距。可以说，绿色 GDP 核算已经不是一个"要做不要做"的问题，而是一个如何"科学地去做"的问题。不能因为技术方法和统计制度的不成熟就停滞不前，不研究绿色 GDP 核算体系，更不能因为国际上没有核算标准中国就不搞绿色 GDP 核算，研究本身就是一种探索。在当时的环境下，我和我的团队展开了一系列绿色 GDP 核算的研究，将绿色 GDP 界定为传统 GDP 扣减掉环境退化成本以后的 GDP，是一种浅绿色的 GDP，而且自那以来有了很大的进展，从绿色 GDP 核算 1.0 版本扩展到 2014 年体现"绿水青山"价值的绿色 GDP 核算 2.0 版本，也就是生态系统生产总值 GEP。从 2016 年开始，根据"绿水青山就是金山银山"理念，扩展到同时体现"绿水青山"和"金山银山"价值的绿色 GDP 核算 3.0 版本，也就是经济生态生产总值 GEEP。我们已经完成了覆盖全国 31 个省区市

2004~2018 年的绿色 GDP 核算 1.0 版本核算成果，2015~2018 年的绿色 GDP 核算 2.0 版本 GEP 和 3.0 版本 GEEP 核算成果，同时，在全国十多个省和城市开展了 GEP 和 GEEP 核算探索。

今天，非常高兴看到卢小丽撰写的《绿色增长测度与评价研究》一书问世。她立足于环境管理研究领域的国际学科前沿，以绿色增长为研究对象，从理论、方法和实践三个方面对绿色增长问题进行了系统分析，与我的绿色 GDP 核算研究有异曲同工之处。《绿色增长测度与评价研究》是一部研究绿色增长、绿色发展、绿色经济测度的学术专著，相信其能对全面客观地评价绿色增长水平、判断绿色增长模式、促进绿色增长的实现产生深远的影响。拜读之后，发现本书在学术研究上体现了以下三大特色。

第一，明晰了内生增长理论是绿色增长的理论基础。资源环境与经济增长关系的研究一直是学者们关注的热点问题。在新古典主义增长理论阶段，学者们将环境因素或可耗竭性自然资源纳入新古典增长模型，将环境污染的存量、环境质量或可耗竭性自然资源引入生产函数或效用函数，用最优控制理论分析消费者效用最大化问题。在内生增长理论阶段，一些学者认为经济长期增长是由内生因素解释的，逐渐将技术进步或技术创新这一决定经济增长的根本要素内生化，摆脱了新古典主义经济理论中将技术进步或技术创新视为外生变量的束缚，使分析经济长期增长成为可能。本书在绿色增长的研究中，将技术进步这一经济增长的根本因素内生化的同时，将环境污染的存量或流量、环境质量或环境存量、耗竭性资源、能源等要素引入生产函数或效用函数，通过最优控制理论分析实现经济可持续发展的最优增长路径或均衡条件，体现了"生态环境是生产力"的科学内涵。

第二，设计了绿色增长评价测度与评价的研究范式。越来越多的国家、科研机构及学者开始对绿色增长进行评价，以考察经济增长是否朝着绿色的方向发展。本书以绿色增长的概念框架和理论体系为基础，在大量文献梳理和分析的基础上，借鉴现有的绿色增长指标体系，在分析不同研究对象、绿色增长评价背景及绿色增长基本特征的前提下，识别绿色增长评价指标，并利用定量分析方法对指标进行筛选，以保证同一准则层内的指标信息没有重复且对评价结果具有显著影响。为避免因过度依赖客观数据，采用了专家问卷调研，结合专家意见进行理性分析，选择性补充典型的高频指标，构建绿色增长评价指标体系。在评价方法上，从测度与评价方法研究和指标权重确定方法研究两部分，展示了九种绿色增长的评价方法和八种绿色增长权重的确定方法，为绿色增长的测度评价提供了丰富的方法体系。

第三，从不同的时空尺度对绿色增长进行测度与评价示范。绿色增长的测度与评价涉及不同的时空观念和时空尺度，选择一个合理的时空尺度，将为绿色增长的评价铺平道路。本书从宏观（省域层面）、中观（城市层面）及微观（产业和社区）三个层次测度和评价中国的绿色增长水平。在宏观层面，以中国30个省（自治区、直辖市）为研究对象，对中国区域绿色增长水平进行了评价；在中观层面，以典型资源型城市为研究对象，并结合研究结果，将资源型城市划分为创新升级型城市、发展成熟型城市、稳步提升型城市和意识崛起型城市四种发展类型；在微观层面，对煤电企业和绿色养老社区的绿色增长进行了评价。不同层面指标体系的构建、研究方法的选择均在实践中获得检验和完善，同时，各个不同层面绿色增长的特点和模式也为中国绿色增长的政策制定和管理提供宝贵的经验借鉴。

　　近年来，国内外关注绿色发展、绿色经济、绿色增长的学者日益增多。卢小丽的《绿色增长测度与评价研究》展示了中国学者对绿色增长理论和测度的最新研究成果。非常希望和期待卢小丽今后在绿色增长领域继续探索，为助力美丽中国、生态文明、绿色发展、绿色增长研究提供更多的成果。

中国工程院院士

生态环境部环境规划院院长

2020 年 10 月 30 日

前 言

  近年来，绿色发展（green development）逐渐成为世界各国解决资源环境多重挑战、应对气候变化和金融危机的共识方案。从 20 世纪 60 年代印度的"绿色革命"到美国雷切尔·卡逊《寂静的春天》、英国皮尔斯的《绿色经济蓝皮书》、联合国的《里约环境与发展宣言》、UNEP（United Nations Environment Programme，联合国环境规划署）的《迈向绿色经济》和中国 2015 年 3 月 24 日，中央政治局会议上首次提出的"绿色化"，"绿色"的概念越来越引起世界各国及国际相关组织的重视。其中绿色增长（green growth）作为一种"追求经济增长和发展，防止环境恶化、生物多样性丧失和不可持续地利用自然资源"的新型增长方式，已被国际社会视为解决资源和环境危机，实现社会经济包容、均衡与可持续发展的重要内容。

  本书通过剖析绿色增长的起源和发展脉络，构建绿色增长的概念并对其内涵进行解析，在古典经济增长理论、新古典经济增长理论、内生经济增长理论的基础上，构建绿色增长的理论基础，并对与绿色增长相关的八个评价模型，即柯布-道格拉斯生产函数（Cobb-Douglas production function）、哈罗德-多马模型、索洛模型、干中学（learning by doing）模型、AK 模型、卢卡斯模型、Grossman-Helpman 模型和罗默模型进行阐述。针对中国绿色增长评价现状，基于 OECD（Organisation for Economic Co-operation and Development，经济合作与发展组织）绿色增长衡量框架、UNEP 绿色经济（green economy）衡量框架、GGGI（Global Green Growth Institute，全球绿色发展署）绿色增长计划评价指标体系、世界银行绿色增长政策衡量框架、北京师范大学绿色发展指数、中国科学院可持续发展能力指数和国内外学者构建的绿色增长评价指标体系，将绿色增长评价指标体系划分为社会经济、社会福祉、资源环境与政策支持四个维度，丰富绿色增长评价指标体系构建研究的理论和方法，为有效提升评价绿色增长发展问题提供一个新的视角。本书对绿色增长评价方法的设计主要包括测度与评价方法研究和指标权重确定方法研究两部分，其中选择八种绿色增长权重的确定方法，分别为三角模糊法、层次分析法（analytic hierarchy process，AHP）、熵值法、变异系数法（coefficient of variation method）、专家调查法（德尔菲法）、主成分分析（principal component analysis，PCA）法、CRITIC（criteria importance though intercrieria correlation）法和环比评分法；论述绿色增长的九种评价方法包括灰色关联分析（grey relational analysis，GRA）法、主成分分析法、数据包络分析（data envelopment analysis，DEA）法、模糊综合评价法、层次分析法、模糊层次分析法（fuzzy analytic hierarchy process，FAHP）、综合指数法（synthetical index method，SIM）、TOPSIS（technique for order preference by similarity to an ideal solution）法和粒子群优化（particle swarm optimization，PSO）算法。最后从宏观（省域层面）、中观（城市层面）及微观（产业和社区层面）三个层次测度和评价中国的绿色增长水平，为指导中国各个层面的绿色增长提供指标体系和评价方法。

1. 宏观层面——以中国省域为例

以绿色增长的核心概念为基础，以绿色增长评价指标体系为支撑，构建包含社会经济、资源节约、环境保护、政策支持、社会福祉水平5个基本要素18个指标的区域绿色增长评价指标体系，并且以中国30个省（自治区、直辖市）为研究对象，对中国区域绿色增长水平进行评价，发现：①从时间视角上看，2005~2014年中国区域绿色增长水平不断提升，总体呈现上升趋势，区域之间差异逐渐缩小，呈现出各区域齐头并进的发展态势。②从空间发展格局上看，中国区域绿色增长呈现出从东部地区向西部地区扩展，从中部地区向西北、西南方向衍生的发展态势，中国区域绿色增长未来发展将会呈现东部、中部地区持续活跃，东北地区惰性坍塌的空间发展格局。

2. 中观层面——以资源型城市为例

本书从社会经济、资源环境、生活质量、政策支持4个方面构建资源型城市绿色增长评价指标体系，采用三角模糊熵组合赋权，利用灰色关联投影法测算绿色增长指数，以绿色增长指数为标准评价资源型城市绿色增长能力，并根据17个典型资源型城市绿色增长指数，将资源型城市划分为创新升级型城市、发展成熟型城市、稳步提升型城市和意识崛起型城市4种发展类型，并根据每个类型特点提出绿色增长发展建议。

3. 微观层面——以煤电企业、社区为例

面对"雾霾"，煤电企业（coal fired power plants，CFPPs）扮演着"致霾"

与"治霾"的双重角色。本书通过梳理煤电企业绿色增长研究脉络,借鉴国际权威机构的绿色增长评价理论模型,构建煤电企业绿色增长测度与评价指标体系。采用基于 Bootstrap 的主成分分析法,对煤电企业绿色增长指数进行测算,为有效地评价煤电企业绿色增长能力提供依据。

以绿色养老社区(green aged-friendly community)为研究对象,通过对国内外学者相关研究成果的梳理,结合我国的政策背景以及绿色养老社区的特征,构建包含社会经济、规划设计和资源环境 3 个维度的绿色养老社区评价框架,采用频数统计法(frequency statistical method)和模糊德尔菲法确立包含 24 个指标的绿色养老社区评价指标体系。将 PSO 法引入 FAHP 中,确定指标权重,利用模糊综合评价(fuzzy comprehensive evaluation,FCE)理论对绿色养老社区进行评价。以青岛市具有代表性的 M 绿色养老社区为研究对象,通过实地走访调研获得数据,对 M 绿色养老社区进行评价,并提出促进其发展的对策建议。

绿色增长博大精深,基于绿色增长的综合测度与评价研究是一个渐进的过程。本书的撰写,非常感谢武春友教授、张旭教授、曲英教授的建议,感谢于海峰先生的技术支持,感谢课题组成员吕晓菲老师、付幅老师,姚建波、李卉、张鑫鑫、王会、朱静敏、周梦等研究生的积极参与。

本书疏漏之处,敬请批评指正。

卢小丽

2021 年 5 月

目　　录

第一篇　理　论　篇

第一篇 理 论 篇

第1章 绿色增长的起源和发展

1.1 绿色增长起源

2005 年 3 月，第五届亚洲及太平洋环境与发展部长会议首次完整地提出绿色增长的概念，倡议将绿色增长定义为"强调环境可持续性的经济进步和增长，用以促进低碳的、具有社会包容性的发展"（OECD，2009），绿色增长被视为实现可持续发展的关键战略。

2008 年，全球金融危机促进了绿色增长的发展。金融危机导致全球经济陷入低迷，缺乏增长动力的经济急需找到新的增长来源，绿色增长理论的产生是全球经济复苏的必然要求。全球金融危机爆发后，国际社会开始反省先前不可持续的经济增长方式，更加"绿色"的增长模式的呼声越来越高，希望在危机远离之后，生产工艺能够得到变革，消费行为能够得到转变。各国政府应对危机实施的一系列政策包含了"绿色复苏"的目标，这些政策的制定、实施及成效评价，为绿色增长理论的产生提供了实践基础。疲软的经济抑制了绿色增长投资的机会成本，给绿色增长理论的产生提供了可能。

在金融危机的背景下，绿色增长理论逐渐得到认同与发展。各国政府应对全球金融危机所做的种种努力，为绿色增长理论的发展提供了实践基础。国际社会是倡导绿色增长的主要力量，如 OECD、世界银行等组织进行的研究及倡议，不断丰富着绿色增长理论。2012 年，联合国可持续发展大会上指出要"在经济范式改革基础上推进绿色增长"，掀起了国际范围内的绿色增长研究热潮（UNEP，2011）。

1.2 绿色增长形成过程

绿色增长的形成大致经历了四个阶段，如图 1-1 所示：环境持续恶化导致了

"浅绿色"环保观念的产生;为寻求环境问题的根治途径而产生了环境可持续发展思想;由于片面的环境可持续思想举步维艰而进入全面可持续发展阶段;以经济为切入点解决发展问题推动了可持续发展理论的发展,绿色增长便是其中的可持续范式。

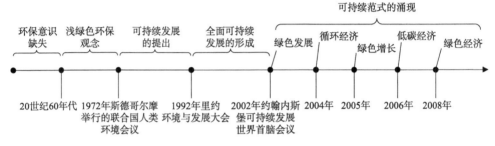

图 1-1 绿色增长的形成过程

1.2.1 环保意识的缺失

第二次世界大战以后,西方发达资本主义国家经济开始复苏,于 1950 年迎来发展的"黄金时代"(Crafts,1995)。"热增长"使得社会对经济发展抱有强烈的信心,却忽视了资源和环境可能出现的问题。这种对经济盲目的自信和环保意识的缺乏有其深刻的社会根源,首先,以私有制为基础的西方社会普遍推崇个人主义、利己主义的意识形态,追求财富积累,自然无暇顾及经济外部性问题。其次,经济发展尚未对资源需求构成压力,"资源用之不竭"的观念成为当时的主流意识(张二勋和秦耀辰,2002)。最后,在这种非常规性持续增长的背景下,形成了这个时期的经济理论(Heinberg,2011),经济学家将"增长无限"视作约定俗成的真理。可以说,利己主义价值观和西方经济理论分别在意识形态与思维逻辑两方面助推了社会对环保的漠视。环境污染和资源枯竭对当代人潜在的威胁并未得到识别与关注,他们更不会去考虑代际公平问题。

1.2.2 "浅绿色"环保观念的产生

20 世纪五六十年代,世界范围内"公害"事件频发,环境问题开始显露。1962 年,卡尔森在《寂静的春天》一书中深刻探讨了自然的平衡和化学药物的危害,使环保观念逐步深入人心。1970 年美国掀起大规模环保运动,这是人类有史以来第一次环保意识的集体爆发,是现代环保运动的发端,直接促成美国国家环保局的成立和坏境立法,并推动了 1972 年联合国人类环境会议的召开。

此时，"增长无限"的观点也开始遭到质疑。1972 年罗马俱乐部发表的《增长的极限》认为"如果世界人口、工业化、污染、粮食生产和资源消耗按现在的趋势继续下去，这个行星上增长的极限将在今后一百年内发生"（米都斯等，1997）。虽然其中存在颇多理论缺陷，但它却是在"热增长"下的"冷思考"，用超越传统的思维，从系统角度重新审度社会发展，同时提醒人类关注资源和环境负荷。

这一时期，客观的现状和深刻的反思使人类开始从经济增长的盲目乐观中走向理性的回归。作为一种"浅绿色"的环境观念，环保理念日渐流行。

1.2.3　环境可持续发展理念的提出

环境问题具有复杂性和跨国性，依靠各国分散治理并不能得到有效解决，环境问题走进了国际关系领域（孙凯，2001），联合国、经济组织及环保非政府组织（Non-Governmental Organization，NGO）等纷纷介入并发挥了重要作用。

1972 年联合国在斯德哥尔摩召开的人类环境会议发表了具有重要指导意义的《联合国人类环境会议宣言》，革新以往"征服自然"的原始观念，提出人与自然合作的思想，并将眼光从代内延伸至代际，为可持续发展的提出埋下伏笔。1980 年，世界自然保护联盟（International Union for Conservation of Nature，IUCN）、UNEP、野生动物基金会（World Wildlife Fund，WWF）共同发表了《世界自然保护大纲》，首次提出"可持续发展"一词。同年 3 月，联合国大会正式使用该词。1987 年世界环境与发展委员会（World Commission on Environment and Development，WCED）将《我们共同的未来》提交联合国，这一报告继承了《联合国人类环境会议宣言》的主体思想，正式界定了"可持续发展"的概念和模式，即"在满足当代人需要的同时，不损害人类后代满足其自身需要的能力"，标志着一种新发展观的诞生。《我们共同的未来》在1987年第42届联合国大会上通过后，可持续发展理念开始被世界认可。1992 年联合国环境与发展大会通过了《里约环境与发展宣言》等文件，将可持续发展理念推向高潮，会议文件对国家实践产生了实质性的约束，文件的通过成为可持续发展从理论走向实践的转折点。

可持续发展首次从人类发展方式的角度探讨环境问题，意在从根本上谋求不可持续性问题的解决对策，是由"浅绿色"向"深绿色"转变的关键抉择。然而从召开联合国环境与发展大会至 20 世纪末，可持续发展实践一直未有较大发展，主要有以下原因：①可持续发展在认识上出现脱离经济的趋势，被视作环境伦理的产物，是人与自然和谐相处并造福后代的道德表达。②该理论尚处于进一步完善阶段，前景并不明朗，许多发展中国家认为谋求可持续发展会以减缓经济增长为代价（World Commission on Environment and Development，1987；Sterner and Damon，2011），从而出现消极抵触心理。③可持续发展作为一种指导思想，具有内核文化的抽象性，尚不能对各国实践形成实质性的指导作用。

1.2.4 可持续发展范式的涌现

由于片面追求环境保护和资源节约，在推行可持续发展的过程中，环境的优先级被置于社会和经济之上，经济"零增长"（Meadows et al.，1972）和马尔萨斯主义一度受到推崇。实际上，这种可持续是单纯的"环境可持续"，但可持续发展本身并不是一个生态问题，也不是经济或社会问题，而是三者共同的问题（Holling，2000）。

21 世纪伊始，"经济"开始纳入可持续发展研究之中。从经济系统出发探索可持续发展的出路是实践总结的经验教训，理论界也认识到经济增长是可持续发展的内在需求和动力，脱离经济来谈可持续发展是不现实的。首先，根据发展经济学的观点，经济增长是经济发展的前提和基础，是一切社会进步的首要条件，要实现持续的经济发展，经济必须得到全面的增长（毕世杰，1999）。其次，可持续发展的抽象性决定其只能宏观指引，对实践难有实质的指导作用。加之经济利益始终是各国关注的焦点，可持续发展与经济的结合是其过渡到实践的需要。最后，可持续发展只有具有可测度性才不至于沦为政治辞藻，而不论是从现实需求还是从可测度性方面考虑，经济都是最佳的切入点。

经济正式进入可持续发展视野得益于 2002 年约翰内斯堡可持续发展世界首脑会议。会议首次明确了可持续发展的"三大支柱"——经济、社会、环境，打破此前唯环境论的片面认识，使经济增长在可持续发展进程中得到应有的重视。可持续发展也从片面重视生态保护的"环境可持续"过渡到以经济为切入点，经济、环境、社会三者并重的全面可持续发展阶段。可持续发展理论也受益于此而得到快速发展。

由于可持续发展概念的模糊性，可持续范式便开始不断涌现，以便实施该理念（Nielsen et al.，2014）。在可持续框架下，以经济为切入点，不同组织、学者提出了如生态经济、循环经济、低碳经济、绿色增长、绿色经济等一系列可持续范式。

2001 年 Brown 便提出了"生态经济"的概念，标志着世界范围内以生态经济为主旋律的全球经济运动的开始。它是一种可持续发展的经济形态，不仅关注近期生态经济综合效益，也探究长期的生态经济综合效益，以实现资源配置的代际均衡（崔铁宁，2005）。2002 年联合国开发计划署（The United Nations Development Programme，UNDP）提出"绿色发展"这一新名词，揭开全球绿色化浪潮。2004 年中国提出大力发展"循环经济"，中国循环经济工作随之全面启动。循环经济主要基于系统思想，运用技术手段使过程内的物质流、价值流形成闭环回路，以提升资源效率和效用，降低对环境的负面影响。它是可持续战略的经济体现（诸大建，1998），具有很强的操作性（孙贵尚等，2004）。

随着可持续发展的继续推进，2005 年，联合国亚洲及太平洋经济社会委员会（U.N. Economic and Social Commission for Asia and the Pacific，ESCAP）为追求亚太地区经济的可持续发展，提出了绿色增长的概念，并认为它是"为推动低碳、惠及社会所有成员的发展而采取的环境可持续的经济过程"，被看作实现可持续发展的关键战略。2006 年，为解决日益严重的气候变暖问题，低碳经济概念广泛兴起，旨在从产业、技术、消费、文化等方面减少经济发展过程中的碳排放，以应对气候变化。它是在可持续发展的指导下，通过技术创新、系统创新、产业转型、新能源开发等方式，降低石油和其他高碳能源的消耗，减少温室气体排放，实现经济社会发展和生态保护双赢的经济发展模式。2008 年金融危机席卷全球，带着振兴经济和推进环保的双重目的，UNEP 发起了"绿色经济"倡议。绿色经济是一种"在显著降低环境危机和生态稀缺性的同时提升人类福祉和社会公平"（UNEP，2011）的经济形态，它为应对气候、粮食、经济等多重危机提供了可供选择的范式，在实现增长的同时保护地球生态系统，进而减少贫困（Brand and Wissen，2012）。

这些可持续性范式之间存在一定的继承关系，但又相互区别。生态经济拓展了人们对可持续发展的狭隘认识，认为生态系统可根据人类技术水平变化而不断变化（徐中民等，2003），即人类可通过实践能动地向上推动制约发展的"天花板"，不再被动地受制于自然。绿色发展的提出是对当时环境污染和能源危机的一种回应，在内涵上与可持续发展相当。循环经济则是在生态经济基础上发展而来的（李秀娟和温亚利，2007），相较而言，生态经济的视域更广泛、内涵更丰富，却更具抽象性；循环经济是生态经济下更具操作性的一种经济范式，是能够更全面表达人类解决资源、环境问题的最简洁的办法或者说法（李汝雄和王建基，2000）。低碳经济的目标是缓解气候变化，因此特别关注低碳化过程。绿色经济和绿色增长二者仅有语义上的差别，这种细微的不同导致强调的重点不同，绿色经济侧重使政策、公共和私人投资转向清洁技术与加强生态系统服务、自然资源基础等方面；绿色增长则强调经济增长及评估自然资产对于人类福祉的贡献。

1.2.5　绿色增长的兴起

绿色增长一词最早由 Murgai（2001）提出。2005 年，ESCAP 意识到亚太地区经济的快速发展给环境带来了巨大压力，如要实现区域可持续发展，就需转变经济增长方式，追求绿色增长模式，2005 年，第五届亚洲及太平洋环境与发展部长会议正式提出该概念。

与"可持续发展"口号相比，绿色增长是一个更能摆脱经济停滞的方法（Sterner and Damon，2011），被普遍看作"对传统模式导致的负增长或停滞的一种可供选择的替代"（Hallegatte et al.，2011；Fay，2012）。绿色增长并非可持续发展的替代，而是实现可持续的重要工具之一（联合国，2012）。

绿色增长将气候变化视作一个机遇而非成本，因此得到了 OECD 和世界银行等超国家机构的大力支持，并在全球政策对话中找到了自己的位置（Sterner and Damon，2011）。OECD 在绿色增长的研究进程中发挥了重要的推动作用。2009 年，由于意识到面对环境挑战的不作为将会使发展中国家面临相当大的成本负担，OECD 认为需要一种新的范式用以构建更加繁荣的世界经济，"绿色"和"增长"不能再孤立地考虑（OECD，2009）。于是它开始关注绿色增长，并在随后的研究中不断深化对绿色增长概念的认识，还从系统角度构建了"生产—资源—消费—政策"的绿色增长评估框架（OECD，2011），为实践提供了一套客观的检验标准。2012 年 OECD 打造了绿色增长与可持续发展论坛，旨在为绿色增长与可持续发展提供一个专门的多学科对话平台，为政策制定者提供决策依据。同年，"里约+20"联合国可持续发展大会将绿色增长作为一个关键主题，提出"在经济范式改革基础上推进绿色增长"这一新理念，再次掀起了全球范围内的绿色浪潮（诸大建，2012）。这次会议将绿色增长推向高峰，并使之逐步渗透到各国的政治、经济及环境政策之中。

1. 绿色增长在国外的发展历程

各国际组织对如何实现绿色增长，给出了各自的看法和主张。现简要介绍 OECD 与世界银行对绿色增长的一些观点。

（1）OECD 指出，要实现绿色增长，必须制定一个广泛而全面的政策组合，涵盖整个经济部门的需求和供给方面，对一些领域进行有针对性的干预。

该政策组合的一个支柱是市场机制，分为以下三个方面。第一，充分利用市场机制，对污染行为或稀缺资源过度开采行为正确定价，通过税收、自然资源费或可交易许可证制度等机制，发出明确可信的市场信号。第二，在诸如无法从源头上监测污染或无法以合理的成本监测污染等市场失灵的情况下，需要制定出台有关条例,在必要的情况下完全禁止某种活动。第三,提高消费者与生产者对其行动的环境影响及清洁替代方法的认识,如能效评级、生态标签等方法。

该政策组合的另一个支柱是绿色技术的创新和普及。实施加快开发和普及清洁技术及相关知识的政策。例如,改善创业条件、清除新企业的进入障碍、消除清洁技术交易阻碍、加强多边的科技合作等。绿色技术,尤其是能源部门的,如可再生能源、高效低碳技术等,包含着巨大的潜力。该政策组合的核心要素是补贴。一方面,取消有害的政策补贴,如对化石燃料的补贴;另一方面,尽量避免对绿色活动补贴,绿色补贴占据大量的预算却效果有限,还会对竞争和贸易产生扭曲效应。

该政策组合的主要挑战是在采取绿色增长政策组合的同时,会造成资本和劳动力在所有经济部门的重新配置,由此带来高昂的调整成本。这种调整对就业的影响可能是重要而积极的,但是,从目前的研究来看,绿色增长政策对就业的长期影响是不确定的。另外,绿色增长政策组合实施后,绿色税收将存在巨大的空间,这些财政收入在弥补赤字的同时,可以用来解决向绿色经济转变的各种结构性变革所带来的问题,如生产下降、就业、分配、培训等。

(2)世界银行在绿色增长的基础上更进一步,提出"包容性绿色增长"的理念。它认为,经济增长必须是绿色的、包容的,"包容性绿色增长"是实现可持续发展的唯一途径。"包容性绿色增长"中的"包容性"是指,绿色增长要侧重于改善穷人和易受伤害人群的条件及环境。例如,在过去 20 年内,全球经济快速增长,然而,仍然有 13 亿人没有用上电,26 亿人缺乏公共卫生的基本条件,9 亿人缺少安全清洁的饮用水,这些都表明了经济的增长并不具有足够的"包容性"。世界银行的"包容性绿色增长"主要包括以下观点。

第一,绿色增长具有必要性、有效性、可负担性。必要性是指,绿色增长是实现可持续发展的必然要求,没有绿色增长,就无法实现可持续发展。有效性是指,目前经济增长模式既是不可持续的,也是不经济的,绿色增长着力解决市场失灵与治理失败问题,为实现清洁且强劲的增长提供全新的视野。可负担性是指,大多数的绿色增长政策都能够自给自足,不能做到自给自足的绿色增长政策也可通过外部性定价、生态系统服务定价等措施实现经济有效性。

第二,绿色增长受制于社会政治的惯性和金融工具的缺乏。根深蒂固的行为、特殊团体的利益、政治经济改革的复杂性是一些好的增长政策没有被实施的原因。许多绿色增长措施要求高涨的前期资本投入,也是绿色增长的阻碍之一。

第三,绿色增长应进行良好的计划,优先考虑未来 5~10 年应该完成的任务,以避免被锁定在不可持续的道路,并取得立即的绩效。这些绩效可以弥补经济转型的成本,激励政治经济的变革。

第四,寻找解决方案需要从"更多钱"转变为"更聪明"。"更聪明"是指通过全面深化改革来解决困难的经济政治问题，用短期内的损失来换取远期的、长期的收益。改变消费者、公司的行为，改变有关什么是成功、什么是许可的行为的社会观点，为私人部门（尤其是小公司）与地方政府开发合适的金融工具。

2. 绿色增长在中国的发展历程

中国在绿色增长实践方面也做了很多以政府为主导的尝试。为推动绿色增长相继开展了"生态工业园"试点、"循环经济"试点、"低碳经济"试点和构建"资源节约型和环境友好型社会"等一系列谋求绿色增长的国家战略，中共十八大报告更明确提出要"着力推进绿色发展、循环发展、低碳发展"。十八届五中全会明确提出"绿色发展"理念，"坚持绿色发展，着力改善生态环境"。2015年3月24日中央政治局会议上首次提出"绿色化"新概念，明确提出要通过"生产方式绿色化""生活方式绿色化"和价值取向的"抓手"推动绿色增长，进而推动实现绿色发展。这不仅是中国实现可持续发展的必由之路，也是作为全球性经济和政治大国对世界所肩负的道义和责任。

虽然绿色增长理念得到了包括中国在内的诸多国家的重视，但国内相关研究在数量、内容、结构和方法上还相对落后，与满足中国推动绿色增长的需求、与中国在全球实现绿色增长中应有的地位和作用不相匹配。

此外，还应当认识到，尽管世界各国普遍开始倡导绿色增长理念，鉴于不同国家在政策体制、社会经济发展水平、资源禀赋和环境特征上的差异，实现绿色增长的任务和挑战也各不相同，并没有统一的可以照搬别国经验和模式的绿色增长道路。处在社会经济转型关键期的中国，应充分借鉴不同国家和地区的绿色增长经验，设计符合中国国情的绿色增长战略，从而引领和指导中国实现绿色增长。从国家发展战略的演进和部署中（表1-1）可以看出，中国也一直在努力寻求转变经济增长的方式，谋求绿色增长。

表 1-1　中国推动绿色增长的相关规划

名称	出台时间	规划文件
空间布局	2011 年	《全国主体功能区规划》
经济社会发展	2016 年	"十三五"规划
资源节约与环境保护	2013 年	《大气污染防治行动计划》
	2014 年	《能源发展战略行动计划（2014-2020 年）》
	2015 年	《水污染防治行动计划》
	2016 年	《"十三五"节能减排综合工作方案》
	2016 年	《"十三五"生态环境保护规划》
	2016 年	《土壤污染防治行动计划》

续表

名称	出台时间	规划文件
绿色经济和产业发展	2012 年	《"十二五"循环经济发展规划》
	2016 年	《能源发展"十三五"规划》
	2016 年	《"十三五"节能环保产业发展规划》
	2016 年	《工业绿色发展规划（2016-2020 年）》
	2017 年	《工业节能与绿色标准化行动计划（2017-2019 年）》
	2018 年	《乡村振兴战略规划（2018-2022 年）》
	2019 年	《2019 年农业农村绿色发展工作要点》
	2019 年	《数字农业农村发展规划（2019—2025 年）》
	2019 年	《城市道路绿化规划与设计规范》
	2019 年	《绿色产业指导目录（2019 年版）》

1.3　绿色增长的概念及内涵

1.3.1　绿色增长的概念

全球经济迅速发展，随之而来的环境问题和资源匮乏，城市迅速扩张带来的污染和破坏让越来越多的国家及组织意识到绿色发展的重要性，传统的粗犷式经济增长方式是不具备可持续发展能力的，会产生生态危机和一系列环境危害。绿色增长这一想法被非常普遍地传播和认可，但是作为一个概念它的定义还没有被统一和规范。倡导绿色增长的各个国家和组织都对绿色增长进行了定义，尽管定义的描述和范畴不尽相同，但是定义所体现的内涵还是具有一致性的。

绿色增长这一概念在 2005 年被首次提出。由 ESCAP 在其会议中阐述这一概念的定义，明确在经济发展的同时考虑资源消耗以及环境保护，即实现环境可持续的经济增长，使得自然资源与环境水平能够为经济增长提供持续帮助（孙耀武，2007）。随后，许多国际组织也针对绿色增长的内涵提出了相关的报告。在这之后的 2009 年、2010 年、2011 年与 2014 年均有不同的世界组织对绿色增长这一议题提出自己的看法和见解。各个组织对概念剖析的角度和见解又各有不同，丰富了这一概念的含义与界定。OECD 认为，绿色增长是在经济增长与发展的同时，确保自然资产能不断提供人类福祉不可或缺的自然资源和环境服务，为此必须促进能够巩固持续增长以及提供新的经济机会的投资和创新（OECD，2011）。OECD 在概念中强调经济的发展和自然环境的同时性，《绿色增长宣言》的主要内容就是在强调不能因为追求经济而造成环境的污染破坏，使得自然生物的种类减少，产生恶劣天气，资源的使用应该是有节制的且可持续的。世界银行认为，绿色增长是"有效的""清洁的""有弹性的"增长，实现绿色增长并不一定要以减缓增长为代价。其中，"有效的"是指对自然资源的利用高效；"清洁的"是指污染排放与环境影响的最小化；"有弹性的"是指增长对自然灾害负有责任，扮演着管理环境、自然资本的角色（The World Bank，2012）。ESCAP（2013）认为，绿色增长是实现可持续发展，追求人类福祉的增长与环境保护双重目标的一项战略。绿色增长是一种促进生态可持续、低碳、社会包容性发展的经济增长方式。绿色增长关注经济增长与人类福祉，通过在粮食生产、交通运输、建筑、能源、重工业等重大领域使用更少的资源，产生更少的污染，将资源限制、气候危机转化为经济增长机遇。GGGI 的侧重点则是碳排放，关注产业与企业在影响经济增长的同时应该带来更少的碳排放，抵制非低碳的生产方式，相应地鼓励可以通过技术创新而带来更加绿色环保的生产方式（Roberts et al.，2013）。OECD（2010）的绿色增长概念不仅强调人的生存还考虑到社会的发展与运行模式，在《绿色增长战略中期报告》中突出了未来应该追求的经济发展模式，是人、自然、环境的协调和协同发展，不是以牺牲任何一方为代价的发展模式，在发展过程中的生产和消费都能够完善社会生活的幸福程度，如解决资源分配不公、增加就业机会等。OECD（2011）提出了新的对绿色增长的认知，《迈向绿色增长》中提到了过去的环境和资源，在发展的同时强调人类生活的完满，经济增长是要在环境可持续与人类福祉能够保障的大条件下追求的目标。绿色增长知识平台（Green Growth Knowledge Platform，GGKP）总结了各国际组织对绿色增长的定义，指出绿色增长是力图将可持续发展理论的经济支柱和环境支柱融合为一个单一的理论与政策制定过程，由此来彻底改变增长模式的本质，使其有能力同时实现强劲与可持续的增长（GGKP，2013）。《韩国低碳绿色增长基本法（2013 年修订）》将绿色增长定义为"通过节约并高效利用能源资源减少人类对气候和环境造成的威胁，以清洁能源和绿色技术的研究开发创造新的增长动力并扩大就业，实现经济和环境的协调发展"（郑彤彤，2013）。2014年 GGGI 在《绿色增长最佳实践》报告中认为绿色增长是一条能够实现资源高效利用、增强应对气候变化能力、减少贫困的具有包容性的绿色经济途径（Smulders et al.，2014）。

　　这些国际性的组织不遗余力地将精力倾注于绿色增长的相关研究探讨中。许多国家也在走着相同的研究道路，尤其在 2008 年爆发的全球性金融危机后，一种新的经济发展模式正在世界范围内被广泛地探求。美国、英国、欧盟国家、韩国、日本这些发展较为先进的国家希望通过新的方式解决目前的衰退现状，探寻全新的动力为经济发展助力，并在这一过程中产生新的契机解决当下社会的不平等和矛盾问题。伴随这些目标而来的就是绿色增长相关政策和法规的提出。绿色增长的整体大框架被提出并上升到战略层面为韩国的发展提供指导；欧盟国家强调碳排放，希望通过先进的技术水平增加低碳类的产业从而促使绿色经济的产生；美国的法案侧重能源角度，从清洁能源出发突出了其对绿色的重视（Piacentini，2012）。

2012 年的"里约+20"会议中提出绿色增长是经济发展过程中不可或缺的因素（诸大建，2012）。这一探讨又将全球的注意力吸引到"绿色"上面，而在此之前国内外学者就对绿色增长进行了多角度、全方位研究。彭红斌和王晶（2006）对于绿色增长的认知重点是经济、社会和自然三者之间的关系，强调实现经济增长这一过程的性质，在可持续的进程中需要合理性和科学性，经济和环境应该是无冲突与和谐的。Glemarec 和 de Oliveira（2012）认为绿色增长的本质是"看不见的手"对"看得见的手"的市场弥补。Reilly（2012）则在研究中将绿色增长与新古典经济学相结合，考虑市场内部和外部的影响因素，提出绿色增长应该在创造经济价值的同时创造更多工作机会并减少环境问题。张江雪和朱磊（2012）说明了技术对绿色经济发展的重要性，将技术和资源的耗费结合，考虑想要社会的发展更加亲近环境应该加入先进技术的影响，试图探索能够在促进经济的同时对自然资源消耗少、对人类所处环境的破坏较少的新兴技术。通过这样的技术条件，形成经济与环境、社会与资源的共生，从过去的恶性索取转变为更为健康的友好发展。在如今过度追求经济发展速度的大前提下，将科学技术作为一种高级手段，能够提升人类对已产生的环境问题及未来可能面对的问题的可解决性，在一定限度内缓解目前的问题，提升环境的承载能力，对资源的过度消耗提出解决办法。Sterner 和 Damon（2011）在对绿色增长内涵进行梳理分析的基础上，提出能源、环境政策对区域绿色增长有着至关重要的作用。Hallegatte 等（2011）从绿色政策角度出发，探索价格、教育及公众监督等方面的绿色增长政策对绿色增长产生的影响，结果反映政策确实具有影响作用，但经济的绿色增长不能仅依靠绿色政策。张旭和杜瑶（2014）认为绿色增长的目的是在实现经济增长的同时实现环境的协调发展，增加就业机会，减少社会不公平，实现可持续发展。Vazquez-Brust 等（2014）认为绿色增长对消费与生活方式的变革有明确的影响，如自然资产的商品化、资本的可替代及绿色与褐色经济共存等。胡鞍钢和周绍杰（2014）提出了涵盖经济、社会和大自然的"三圈模型"，分析这几个系统之间的关系。绿色增长涉及创造和使用两大部分，创造的过程应该是绿色的，而在创造之后的消耗过程同样应该是绿色环保的。绿色生产应该突出各方面的低消耗，无论是对能源的消耗还是对资源的消耗，这样才能解决对物质的过度依赖。对于绿色的消费应该考虑更高层次的福祉以及在消耗过程中的积累，不同时代的人理应享有对资源和环境同样的使用权，从这样的角度出发提出可持续的观点，从而减少不同时代的人之间对于能源资源使用的不公平性。

　　经过十几年的研究，不同国家的学者们与各国际组织均对绿色增长的内涵从多角度、多方位进行了解释说明和定义，但尚未形成统一的具有普遍意义的概念。虽然观点各异，侧重点也有所不同，不过伴随着不同的学者和组织等结合现实的研究更加深入，绿色增长的含义也在不停地修改和丰富。可以认同的是，绿色增长是一种可以实现经济、环境与社会统筹协调发展的具有包容性的可持续发展方式。"绿色增长理论与实践国际比较研究"项目的负责人武春友教授认为，绿色增长是指通过技术创新驱动与制度安排，用最小的资源消耗和环境代价，创造出资源效率、环境友好、社会包容与和谐的经济增长及最大发展效益（吕晓菲和卢小丽，2016）。结合上述观点，关于绿色增长概念的理解包括了环境、资源、经济、社会等要素。对绿色增长概念框架的理解主要体现在以下四个方面。

　　（1）环境方面，绿色增长强调不能破坏自然生态系统，防止生物多样性丧失、生态环境和自然环境恶化；

　　（2）资源方面，绿色增长要实现经济增长与资源消耗脱钩，其实现途径重点在于从生产端提高物质资源生产率，降低化石能源的消耗，开发新能源；

　　（3）经济方面，绿色增长作为一种追求经济增速、经济规模的增长和经济结构调整的增长方式，重点在于大力发展绿色产业；

　　（4）社会方面，引入社会包容性，在强调经济、环境、资源协调发展的同时，还注重通过"改变消费和生产模式完善社会福利、改善人类健康状况、增加就业并解决与此相关的资源分配问题"。

1.3.2　绿色增长的内涵

　　绿色增长作为新时代经济发展的新模式，正逐渐被越来越多的国家与世界组织所接受，并在绿色增长的道路上不断进行探索，绿色增长一词也因此得以进入人们的视野，被众人所熟知，同时也吸引了越来越多的国内外专家学者参与到对绿色增长的研究与讨论中。Saufi 等（2016）将绿色增长视为可持续发展的支柱，认为通过绿色增长的方式提高经济绿化程度能够把社会质量与经济和环境优先结合起来。二者在肯定绿色增长在可持续发展框架中的地位的同时，以经济增长为基础，帮助社会福利及环境质量获得极大提升，注重经济环境以及社会的整体性。Jouvet 和 de Perthuis（2013）更是将环境因素视为生产要素的一部分，而不仅仅是将其看作外部性。国内学者张旭和李伦（2016）在对国内外绿色增长内涵概念相关研究进行梳理的基础上，提出从国家层面构建政策、技术和投资三大绿色增长的动力因素与作用机制；李晨爽和肖贵蓉（2016）、俞海等（2015）也都通过经济、环境及社会等方面对绿色增长概念进行解析，梳理绿色增长相关概念内涵，对我国实施绿色增长战略提出政策建议。

对于绿色增长这一发展理念，学术界主要通过经济学、环境学、生态学、社会学、系统科学等研究视角，对发达国家、发展中国家绿色增长的应用实践进行了有益探索。总体上看，目前有关绿色增长的研究基本上还停留在对绿色增长理念的推广以及对其实践的观察上，缺乏系统性的理论探索。从经济学研究的视角，绿色增长在以往经济增长基础上兼顾了资源环境的改进，是一种深度经济范式变革。关于绿色增长内涵的理解应包括均衡性、可持续性和社会包容性。

（1）均衡性：绿色增长强调经济增长与资源环境保护之间有效的应对规则，体现在以资源环境利用率、生产率的提升保证经济增长效率，通过教育、学习等人力资本积累和生态技术创新、技术发展水平、市场导向政策等实现经济增长与资源环境保护之间的均衡。

（2）可持续性：绿色增长强调经济增长时更注重经济增长的经济质量而非经济规模，以追求经济规模为目的的经济增长不可持续，将受限于生态承载力等自然资本存量。因此，保证自然资本存量的充足是可持续的重要前提，追求目标可转向社会福利。

（3）社会包容性：绿色增长以中长期计划的形式解决分配不平等、环境恶化等问题，旨在培育健康的经济增长、生产组织、社会生活的发展模式，其社会包容性体现在社会福利的提升、社会公平的改进、人类健康的改善和就业机会的增加等方面。

1.4 绿色增长相似概念辨析

绿色增长拥有许多相似的概念——可持续发展、绿色经济、绿色发展，下面对这些概念进行简要的介绍和总结。

1.4.1 绿色增长与可持续发展

可持续发展是绿色增长的重要背景，绿色增长是可持续发展的一个子集，是实现可持续发展的唯一路径。

绿色增长并非可持续发展的替代，而是可持续发展的一个子集。绿色增长范围更窄，是能在经济与环境界面实现具体可衡量进展的政策运作议程。它更注重营建创新、投资与竞争所必需的环境，催生与强健生态系统相符的经济增长新资源。它特别关注许多由绿色增长直接产生的社会及公平问题（OECD，2010）。

1.4.2　绿色增长与绿色经济

　　绿色经济是与绿色增长最为接近的概念，二者没有本质上的差别，可以将绿色增长与绿色经济视为同义词。

　　绿色经济最早由 UNEP 提出，UNEP 将绿色经济定义为一种旨在促进人类福祉与社会平等的同时，显著降低环境风险和生态缺失的经济模式。最简单的表述是，绿色经济是一种低碳的、资源有效的、社会包容的经济（Roberts et al.，2013）。在绿色经济的模式下，收入与就业的增长应由公共或私人部门在减少碳排放和污染排放、提高能源和资源效率、防止生物多样性和生态系统服务的丧失等方面的投资所驱动。这些投资应由有针对性的公共支出、政策改革、管理创新所催生。社会发展的路径应该全力维持、提升或重建自然资本作为决定性的经济资产、公共利益的源泉的地位，尤其是对于那些生计与安全更多依赖于自然的贫困人群。

1.4.3　绿色增长与绿色发展

　　绿色发展是可持续发展的延伸，是绿色增长理论的中国化。可持续发展理念引入中国后，我国学者就我国经济发展的模式、战略、政策及驱动因素等问题进行了广泛深入的研究与探讨。我国学者在可持续发展等理论的基础上提出绿色发展的概念并纷纷做出阐述。例如，胡鞍钢和周绍杰（2014）将绿色发展观定位为第二代可持续发展观，认为绿色发展具有三大特征：绿色发展强调经济系统、社会系统和自然系统的共生性；绿色发展的基础是绿色经济增长模式；绿色发展强调全球治理。从范围上讲，我国学者提出的绿色发展包含了绿色增长，是绿色增长理论的中国化和升级版。

　　总的来说，20 世纪五六十年代，全球范围内严重的环境污染事件频发，发达国家意识到环保问题，环保意识初步觉醒。《寂静的春天》和《增长的极限》的出版使"增长无限论"遭到挑战，环保意识开始逐步深入人心。1972 年，联合国人类环境会议发表《联合国人类环境会议宣言》，提出人与自然和谐相处，人类发展要实现代际公平的思想，为可持续发展的提出奠定了基础。20 世纪 80 年代，《世界自然保护大纲》中首次提出可持续发展一词，1992 年在里约召开的联合国环境与发展大会将可持续发展理念推向高潮。然而，可持续发展被视为环保理论的产物，并未被纳入经济增长理论，可持续发展实践进展缓慢。为实现可持续发展从理论向实践发展，全球范围内的跨国组织、学者们认识到单纯从环境角度思考可持续发展是不现实的，经济增长是社会发展的物质基础，需将"经济"

纳入可持续发展的研究中。绿色增长、生态经济、绿色发展和绿色经济等可持续发展概念被相继提出，虽然这些概念的侧重点略有不同，但它们的核心思想都是经济增长与环境保护协调发展。目前，全球许多国家制定绿色增长战略并开展绿色增长实践，将绿色增长视为实现可持续发展的关键举措，并将其思想内涵纳入经济发展、社会管理及环境政策等领域。

第2章 绿色增长理论基础

2.1 古典经济增长理论

2.1.1 古典经济增长理论的发展

古典经济增长理论以亚当·斯密为创始人，经大卫·李嘉图、托马斯·马尔萨斯等进一步发展，是现代经济增长理论的思想渊源与理论基石，建立在重商主义的基础之上，并突破了重商主义对国民财富的货币幻觉（斯密，2006），探索影响长期经济增长的因素与机制。从 19 世纪中期到 20 世纪中期，经济学家的研究重心从经济增长转向了资源配置，卡尔·马克思、阿尔弗雷德·马歇尔、阿林·杨格、约瑟夫·熊彼特等分别从不同角度探讨了长期经济增长的收益递增，从而进一步拓展了古典经济增长理论。

1. 亚当·斯密的经济增长理论

亚当·斯密（Adam Smith，1723—1790 年）是英国古典时代最杰出的经济学家之一，是古典经济学的奠基者、集大成者和古典经济学体系最杰出的代表。他的主要著作《国民财富的性质和原因的研究》（以下简称《国富论》）的核心问题就是研究国民财富的增长，即经济增长。亚当·斯密在这本著作中明确提出了较为系统的经济增长理论，从而成为现代经济增长理论的先驱。亚当·斯密认为经济增长的源泉是劳动，一国国民每年供给状况的多寡取决于该国国民从事生产性劳动的人数和从事非生产性劳动的人数之间的比值（张延，1998），比值越大，该国经济增长越快。他在《国富论》一书中，第一次就"如何实现经济增长"的问题进行了讨论。亚当·斯密认为自由竞争的市场经济对经济增长具有促进作用，同时又强调了土地资源、劳动分工和资本积累这三个因素对经济增长的影响，其中土地资源由于其特殊性，无法在短时间内增加或减少，可以看作固定要素，相对可变的是劳动分工和资本积累，这两个因素在很大程度上决定了经济增长（连玥晗，2017）。亚当·斯密的经济增长理论具体包括三个方面：①劳动分工理论。劳动分工理论建立在其利己主义假设的基础上。他认为，人是利己主义者，必须在互利的基础上互相帮助，而人们互相帮助最合理的办法就是交换，交换是从人的本性中产生的，从交换又引出了分工。由此，分工、交换、价值、货币等经济现象便应运而生。②资本积累理论。亚当·斯密在《国富论》中讨论了如何提高资财储蓄率，增加资本积累。在资本积累的必要性方面，亚当·斯密认为，经济增长取决于分工程度的增进和劳动人数的增加，后两者又取决于资本积累，因此分工需要使用许多特殊的设备与工具，这些都需要用资本获取。③经济增长理论。经济增长理论包括两部分：第一部分是亚当·斯密对经济增长实质的确定。在亚当·斯密以前，重商主义者虽然也强调经济增长，但其并不能区分经济增长与货币财富，而亚当·斯密则发展了重农学派的观点，正确地转向本国物质生产领域去找寻一国国民财富的源泉。第二部分是亚当·斯密对经济增长推动力的分析。亚当·斯密认为经济增长是一个前进的过程，以劳动分工为起点，由于劳动分工水平的提升，产出增加，从而资本利润和劳动者工资均增加，引起人均收入和消费水平的提升，国民财富增加。

亚当·斯密的经济增长理论对后来的经济增长理论研究有两点重大贡献：第一，亚当·斯密确立了经济增长的实质，使经济增长理论其后的发展完全集中在实际生产领域。第二，亚当·斯密对于资本积累和劳动分工的论述成为现代经济增长理论的思想渊源，从逻辑线索上说，亚当·斯密的经济增长理论把资本与劳动的关系放在经济运行的核心地位，其资本积累理论特别强调资本的重要性，而这正形成了哈罗德-多马模型和索洛模型的思想特征，其劳动分工理论又被称为近年来新增长理论的思想特征。

2. 大卫·李嘉图的经济增长理论

大卫·李嘉图（David Ricardo，1772—1823 年）是英国产业革命高潮时期的资产阶级经济学家，他继承和发展了亚当·斯密经济增长理论中的精华，是英国资产阶级古典政治经济学的杰出代表和完成者，他的代表作《政治经济学及赋税原理》的中心思想是发展资本主义生产力。该书阐述了资本主义社会国民收入在工资、利润与地租之间的分配比例的规律，并提出了关于经济增长未来预期的基本观点。大卫·李嘉图运用动态分析法和抽象分析法对经济增长问题进行全面系统的研究，并且发表了著名的收入分配理论。他认为如果没有资本积累的保障，经济是无法实现不断增长的，而资本积累程度和速度的决定因素是利润，工资和地租又是影响利润的关键因素。大卫·李嘉图的经济增长理论的特点是十分强调收入分配与经济增长的联系。他关于经济增长的思想体系建立在其提出的边际生产力递减规律基础上，运用这一规律形成级差地租理论和分配理论，发展了资本积累理论，从而形成了关于经济增长长期趋势的思想。

大卫·李嘉图的经济增长理论具体包括三个方面：①级差地租理论。大卫·李嘉图提出且只承认级差地租的存在，虽然他并未明确指明，但他在著作《政治经济学及赋税原理》中已经探讨了级差地租的类别，并根据从优等到劣等的顺序，将级差地租分为两种形式。第一种形式是由不同的土地肥沃度和位置引起的；第二种形式是基于对同一土地的额外需求，在旧土地上增加相同数量的劳动力和资本会降低生产率。地租的形成等于使用两个等量的资本之间的差额，即劳动力和劳动力的净产量。同时，大卫·李嘉图研究了级差地租的规律和影响。土地价格增长的速度与经济增长快慢呈现出一种反向关系，地租增长缓慢的国家或地区具有经济增长优势。②分配理论与工农产品相对价格的确定。在分析了级差地租概念后，大卫·李嘉图又进一步分析了农产品与工业品的相对价格和收入在工资和利润间的分配规律。他提出工农产品相对价格取决于工业劳动生产率和农业生产率之比。由于级差地租的存在，大卫·李嘉图所说的农产品劳动生产率并不是劳动平均产量这一概念，而是指投入在土地上进行生产的劳动边际产量，故农产品相对价格的提高意味着国民收入分配格局中工资份额的提升和利润份额的降低。③资本积累理论与经济增长停滞。与亚当·斯密相同，大卫·李嘉图强调资本积累对经济增长的关键作用。他认为资本积累有两个主要途径，即增加收入或减少支出。如果支出不变，积累就要靠提高利润率增加收入来实现；如果收入不变，积累就要靠减少支出，主要不是通过节约，而是通过机器的使用，提高劳动生产率，从而降低消费商品的价格。另外，他也主张改进税制，减少赋税，以促进资本的积累。

与亚当·斯密从分析影响经济增长要素的角度不同，大卫·李嘉图的经济增长理论注重收入分配，他认为不合理的收入分配制度不但不利于经济增长，而且在很大程度上会阻碍经济的正常运行（斯拉法和多布，2013）。在1821年出版的《政治经济学及赋税原理》一书中，大卫·李嘉图将考察的中心转向市场价格机制支配下的收入分配问题，认为"确立这种支配分配的法则，乃是政治经济学的主要目的"（左大培和杨春学，2007）。同时他也指出，技术革新和扩大国际分工、促进自由贸易是保持经济持续增长、避免陷入静止状态的重要途径。资本积累将由于利润率下降而出现停滞的后果，其理论逻辑与级差地租和工农产品相对价格的确定有着重要的关系。大卫·李嘉图的经济增长理论也存在两个缺陷：一是过于强调收益递减在农业中的应用，并不切实际地假设土地只有一种用途。二是他通过边际生产力递减规律得出了经济增长最终会陷入停滞的结论，这事实上属于典型的关于经济增长问题的悲观主义。反过来看，这种悲观主义却使后来的人们更加充分地认识到劳动生产率提高对经济持续增长的关键作用，从而对现代经济增长理论的发展做出卓越贡献。

3. 托马斯·马尔萨斯的经济增长理论

托马斯·马尔萨斯（Thomas Malthus，1766—1834 年）是人口理论的创立者，英国古典经济学时代杰出的人口学和古典政治经济学家，学术思想虽然悲观但影响深远。托马斯·马尔萨斯经济增长理论的特征是非常强调人口增加这一因素在经济增长过程中的重要性。他在 1978 年出版的《人口原理》中论述了人口增长与经济增长之间的关系，并提出了"人口陷阱"理论。他认为人口以几何级数增加，生活资料以算术级数增长，人口增长经常有超过生活资料增长的趋势，而减少人口的两种途径为积极性抑制（通过增加人口死亡率，减少现存人口，其手段包括战争、瘟疫、饥荒和各种疾病）和预防性抑制（通过限制出生人数而控制人口增长）。

托马斯·马尔萨斯的经济增长理论具体包括三个方面：①人口增长规律。托马斯·马尔萨斯对人口增长规律的论证主要依据两大基本假设。第一，食物为人类生存所需。第二，两性间的情欲是必然的，而且几乎会保持现状。自从我们对人类有所了解以来，这两大基本假设，似乎一直是有关人类本性的固定法则。②生活资料增加规律。固定生产率和劳动在有限土地上的边际产量递减，对土地进行改良虽然可能会提高产出，但这种产出的边际增量是递减的。因此，即便在最好的情况下，食物供给等生活资料也只能以算术级数增长，不可能以快于算术级数的速度增加。③"人口陷阱"理论。将生活资料增长规律与人口增长规律结合起来，就形成了托马斯·马尔萨斯关于潜在人口增长和食物供给之间不协调的认识，即"人口陷阱"理论。托马斯·马尔萨斯认为，人口以几何级数增长，而食物供给等生活资料以算术级数增长，故人口的增长率会超过生活资料的增长率，从而导致人均收入下降，经济增长出现停滞甚至倒退。托马斯·马尔萨斯同时指出，人口抑制可以使人口增长和生活资料增长趋于平衡。

托马斯·马尔萨斯对经济增长的悲观预期，在今天已被证明是不正确的。科学技术的进步使人类能够避免马尔萨斯式的"人口陷阱"。托马斯·马尔萨斯的理论贡献在于第一次把人口增长作为经济增长理论的重要组成部分，因此在研究人均收入增长时，人口变化不能视为外生变量，其与人均收入增长一样都是待解释的变量。该思想对后来的经济增长理论产生了巨大的影响，特别是在第二次世界大战后，随着世界人口的激增，马尔萨斯主义以新的形式盛行于世，被称为现代马尔萨斯主义。其中，保罗·伊尔里奇的"人口爆炸论"、多尼拉·米多斯的"自然资源枯竭论"等流派具有较大的影响力。1968 年奥莱里欧·佩切伊组织成立了罗马俱乐部，专门研究人类现在和未来的危急形势。美国麻省理工学院学者丹尼斯·梅多斯领导的研究小组受罗马俱乐部委托，以计算机模型为基础，运用系统动力学对人口、农业生产、自然资源、工业生产和污染五大变量进行了实证性研究，并在 1972 年提交了第一份报告，即《增长的极限》，宣称到 2100 年人口和经济将走向崩溃，除非停止人口增长。20 世纪 70 年代以后，世界人口增长率有所下降，一些经济增长领域的学者又以新的形式宣扬马尔萨斯主义，其中最具代表性的是美国经济学家保罗·萨缪尔森的"零值人口增长论"，由此托马斯·马尔萨斯的人口增长原理得到进一步的发展。

4. 卡尔·马克思的社会再生产理论与剩余价值理论

卡尔·马克思（Karl Marx，1818—1883 年）的经济思想是以研究物质资料生产为出发点，以生产关系为研究对象，系统地提出社会再生产理论，即社会总产品的物质补偿和价值补偿问题。卡尔·马克思认为工资是由资本家和工人商议决定的，议价的过程通常受失业率的影响。他的经济思想揭示了经济增长的内在动因和推动因素，从根源上论述了经济增长的源泉，从而创立了严密、完整的社会资本再生产理论。卡尔·马克思经济理论的基本原则与核心内核不是封闭僵化的，而是随着人类现实文明史的发展不断丰富和向前推进。他指出在现实经济发展中起决定性作用的生产力和生产关系的矛盾运动、经济基础与上层建筑的矛盾运动构成了人类社会基本矛盾规律，要从历史的动态发展过程中分析和把握经济运行规律。同时，卡尔·马克思创立了具有突破性和革命性的科学的劳动价值论，并以此为基石创立了剩余价值理论，为建立无产阶级政治经济学体系提供了条件（王尚君，2019）。卡尔·马克思指出科技进步及其在实际中的应用对生产力发展具有革命性意义，把增长理论嵌入更大的政治和社会框架中，以资本和劳动这两个主要生产要素的各种组合为动态分析的中心，强调固定资本的积累是经济增长的主要现象。在资本家追求资本积累的假定下，卡尔·马克思指出了成熟的工业资本主义中存在资本深化这一内在趋势，即劳资比率，从而使分配不利于资产阶级。所以，除非有节约劳动力的技术变革，否则就面临着利润率下降趋势。利润率下降趋势导致成熟的资本家面对失业危机的永久威胁，并且还伴随由工人阶级抗议浪潮而引发的政治动荡。与古典主义显著不同的是，卡尔·马克思关心的是资本主义的生产关系和整个社会经济运动的规律，分析的是剩余价值的生产方式，但从其分析中仍可看出资本、劳动、技术变革和社会分配的公平性等对于经济增长的重要性。

5. 阿尔弗雷德·马歇尔的外部经济理论

阿尔弗雷德·马歇尔（Alfred Marshall，1842—1924 年）是英国古典经济学的继承者和发展者，现代微观经济学体系的奠基人，剑桥学派和新古典学派的创始人，也是 19 世纪末 20 世纪初英国乃至全世界最著名的经济学家。他于 1890 年发表的《经济学原理》，被看作与亚当·斯密的《国富论》、大卫·李嘉图的《政治经济学及赋税原理》齐名的划时代著作。在《经济学原理》中，阿尔弗雷德·马歇尔对收益递增问题给予了大量关注，其收益递增思想的特征使他极为强调外部经济的作用。在阿尔弗雷德·马歇尔看来，在经济增长过程中，除了以往人们多次提到的土地、劳动和资本这三种生产要素外，还有一种生产要素，这种生产要素就是工业组织。工业组织的内容相当丰富，包括分工、机器的改良、有关产业的相对集中、大规模生产及企业管理。阿尔弗雷德·马歇尔的外部经济概念，说明了第四种生产要素的变化如何导致产量的增加。他在《经济学原理》中指出，可以将经济中出现的生产规模扩大区分为两种类型：第一类即生产的扩大依赖于产业的普遍发展；第二类即生产的扩大来源于单个企业自身资源组织和管理的效率。前一类称作外部经济，后一类称作内部经济。阿尔弗雷德·马歇尔认为，外部经济正是经济能够实现规模收益递增的根本原因。阿尔弗雷德·马歇尔的外部经济理论实际上是对亚当·斯密劳动分工理论的进一步发展，他提出了分工网络经济组织的规模收益递增模型。虽然阿尔弗雷德·马歇尔的这一思想极富洞见且意义深远，但在当时的历史环境下，他无法将这种丰富的分工思想组织在一个数学框架之下。

6. 阿林·杨格的劳动分工理论

阿林·杨格（Allyn Abbott Young，1876—1929 年）是美国经济学家，他在 1928 年发表的《收益递增与经济进步》一文中提供了一种与阿尔弗雷德·马歇尔不同的发展古典经济学思想的思路。在这篇论文中，他重新阐述了亚当·斯密关于劳动分工相互作用、自我演进的机制，从而发展并超越了亚当·斯密定理。因此他这篇论文也成为继亚当·斯密《国富论》之后，又一篇论述劳动分工与收益递增的经典之作。阿林·杨格的收益递增思想是对亚当·斯密劳动分工理论的进一步发展，其特征在于非常强调迂回生产的重要性，他认为最重要的分工形式就是生产迂回程度的加强及新行业的出现，同时认为劳动分工的最大特点是迂回生产方式，即劳动分工可以使一组复杂的过程转化为相继完成的简单过程，且至少有某些过程会导致机器的使用，而机器的使用及间接生产过程的采用又导致劳动分工的进一步发展。这意味着，经济发展过程就是在初始生产要素和最终消费之间插入越来越多、越来越复杂的生产工具、半成品、知识的专业化部门，使分工越来越深化的过程。在阿林·杨格看来，技术进步取决于分工的深化，它是经济系统的内生变量。

7. 约瑟夫·熊彼特的创新理论

约瑟夫·熊彼特（Joseph Schumpeter，1883—1950 年）是一位有着深远影响的美籍奥地利政治经济学家，被誉为"创新理论"的鼻祖。1912 年，他发表了《经济发展理论》一书，提出了"创新"及其在经济发展中的作用，轰动了当时的西方经济学界。他秉承古典主义传统，对经济增长问题进行了深入考察并做出了重要贡献。约瑟夫·熊彼特使用"创新"这一概念，将新产品、新工艺、新方法乃至新制度引入经济活动。他认为，技术和组织、制度的创新可以提高劳动生产率，从而成为经济增长的主要动因。企业家的创新活动不可能连续地进行，因而增长也不可能是平稳的。约瑟夫·熊彼特认为，创新就是要"建立一种新的生产函数"，即"生产要素的重新组合"，就是要把一种从来没有用过的关于生产要素和生产条件的"新组合"引入生产体系，以实现对生产要素或生产条件的"新组合"。作为资本主义"灵魂"的"企业家"的职能就是实现"创新"，引进"新组合"。"经济发展"是指整个资本主义社会不断地实现这种"新组合"，或者说资本主义的经济发展就是这种不断创新的结果，而这种"新组合"的目的是获得潜在的利润，即最大限度地获取超额利润。

2.1.2　古典经济增长理论的局限性

首先，古典经济增长理论的主要特点是过分夸大了"收益递减率"的作用，而大大低估了技术进步的作用和潜力。其次，古典经济增长理论中的人口规律和"工资铁律"都是没有根据的。最后，古典经济增长理论中对于经济增长过程的描述是粗线条的，对于许多影响经济增长的复杂因素并没有考虑到或者对它们的分析过于简单化。约翰·穆勒是对经济增长理论感兴趣的最后一个重要的资产阶级古典经济学家，从他宣布放弃工资基金说宣告古典经济学的解体，到 20 世纪第二次世界大战约一百年里，经济增长和经济发展理论几乎在主流经济学中完全消失，除了阿尔弗雷德·马歇尔、阿林·杨格、约瑟夫·熊彼特、约翰·穆勒等以外，绝大多数资产阶级经济学家都致力于价格理论、福利理论、福利经济学、货币理论与周期理论的研究。由此，古典主义增长理论逐渐退出了历史舞台。经济学视线由关注积累的动态模型转向新古典经济学家对既定资源的静态配置，这一现象在经济学说史中被称为"静态的插曲"。

2.2 新古典经济增长理论

1929~1933 年资本主义世界的大危机宣告了一个时代的终结，即自由放任的资本主义经济模式的历史使命在世界范围内的终结。1936 年由约翰·凯恩斯（John Keynes，1883—1946 年）的《就业、利息和货币通论》一书引发了主流经济学的"凯恩斯革命"。就分析方法而言，约翰·凯恩斯理论假设人口、资本和技术都不变，在此基础上考察收入和就业的决定，这种短期静态分析方法不考虑时间因素，而把连续的各个时期分裂开来，单独考察某一个时期经济变量的相互影响与作用。因此，要深入研究动态的经济增长问题，需要在研究方法上进行改进。对凯恩斯理论长期化和动态化最早的开创性贡献正是来自罗伊·哈罗德（Roy Harrod，1900—1978 年），1939 年他发表的《论动态理论》首次提出经济的动态均衡增长问题（Harrod，1939）。在 1948 年出版的《动态经济学导论》一书中，罗伊·哈罗德运用了动态分析方法并引入时间因素，从连续的各个时期来分析维持长期经济增长的条件。同一时期，波兰裔美国经济学家埃弗塞·多马（Evsey Domar，1914—1997 年）也进行了类似的研究，运用长期的、动态的方法分析了均衡增长的条件和途径。作为主流经济学的第一个数量化的经济增长模型，哈罗德-多马经济增长模型的提出标志着新古典经济增长理论的兴起，从此经济增长理论彻底走出了"静态的插曲"。

2.2.1 新古典经济增长理论的发展

古典主义经济增长思想为现代经济增长理论提供了研究经济增长的基本要素，同时也为新古典经济增长理论的发展提供了良好的基础。新古典经济增长理论指的是 20 世纪 80 年代中后期逐渐兴起的一些经济增长理论，其成果主要包括哈罗德-多马经济增长模型、索洛-斯旺模型（Solow-Swan model）、拉姆齐-卡斯-库普曼斯模型（Ramsey-Cass-Koopmans model）等新古典经济学框架内的外生经济增长模型。新古典经济学意识到技术创新的重要作用，研究中假定技术是不变的，经济最终会变成一个稳定状态。在市场完全竞争的情况下，新古典经济增长理论中假定生产要素具有边际报酬递减的特征，经济增长的可持续性离不开外生的技术变化（王敏和黄滢，2015）。以哈罗德-多马经济增长模型、索洛-斯旺模型、拉姆齐-卡斯-库普曼斯模型为代表提出一般均衡经济模型，模型中的一个基本假设如下：技术是一种公共物品，是一种随机的偶然的东西（袁富华等，

2016），但是假设中认定技术是外生变量就注定无法解释长期经济发展中增长率的差异，没有解决长期经济增长对技术的依赖（王雨飞和倪鹏飞，2016）。

1. 哈罗德-多马经济增长模型

英国经济学家罗伊·哈罗德与波兰裔美国经济学家埃弗塞·多马在英国经济学家约翰·凯恩斯所发展的宏观经济学基础上进行了长期化和动态化的发展，分别于1939年和1946年提出了含义完全相同的经济增长模型，故而合称为哈罗德-多马经济增长模型。该模型主要探讨的问题是经济要如何才能维持持续增长而不会陷入周期性波动的衰退之中。基本假定如下：①单部门经济，即只有一种产品、一个生产部门；②生产技术不变，即不存在技术进步，产品由劳动和资本两种生产要素生产出来；③资本产出比、资本劳动比都是固定不变的；④给定劳动增长率时规模收益不变。

哈罗德-多马经济增长模型在第二次世界大战之后产生了巨大影响，主要用于研究受战争影响国家的经济恢复和发展问题，并且揭示了投资储蓄和经济增长之间的关系，更高效地发挥投资储蓄对经济增长的促进作用。在这些国家，虽然有些国家有充足的劳动力资源，但完全没有资本是不可行的，劳动力资源不能够代替资本在经济增长中的特殊作用。所以这个模型对于资本的重视是非常有意义的。哈罗德-多马经济增长模型的标准表达式为

$$G = \frac{S}{c} \tag{2-1}$$

其中，G 为经济增长率（或国民收入增长率）；S 为储蓄率，即资本积累率；c 为资本产出系数，即资本的生产率。由于 c 被假定为不变，S 就成为决定经济增长的唯一因素。这种对资本积累作用的强调，形成了经济增长理论中的"资本决定论"。罗伊·哈罗德与埃弗塞·多马所使用的生产函数的非连续性，导致两种生产要素资本和劳动同时达到充分就业的稳定状态很难自动实现。即使经济增长偶然处于稳定均衡状态，一旦稍有变动，这种状态就将难以维持，因而哈罗德-多马经济增长模型的路径被称为"刀锋"上的增长。在模型推出不久后，罗伊·哈罗德承认资本的生产率不变这一假设与事实不符并且推翻了自己的理论，他说他的模型最开始的目的是试图解释经济发展的周期性行为，但却变成了对经济增长率的追求（连玥晗，2017）。

2. 索洛-斯旺模型

为了消除哈罗德-多马经济增长模型中长期均衡增长的"刀锋"特征，美国经济学家罗伯特·索洛（Robert Solow, 1924—）于1956年在其论文《对经济增长理论的一个贡献》中，将产出、资本和劳动之间的比例内生化，构造出新的模

型。这一模型构造出一个总生产函数，并严格坚持新古典主义的传统，假设要素之间可以替代和要素边际报酬递减，因而被称为"新古典主义增长模型"。澳大利亚经济学家特雷弗·斯旺（Trevor Swan）恰巧也于 1956 年独立提出了具有新古典生产函数的经济增长理论模型，故一般又将罗伯特·索洛的经济增长理论模型称为索洛-斯旺模型，又称为新古典经济增长理论。新古典生产函数的主要特征是投入要素的边际收益递减，所以在缺乏技术进步的情况下，长期的人均经济增长率趋于零。索洛-斯旺模型的缺陷在于，其假设技术进步是外生的，并通过假定增长来建立增长模型。

罗伯特·索洛和特雷弗·斯旺（Solow，1956）对新古典经济增长理论的研究具有重要贡献，且人们之后的研究都是基于二人的研究观点，但二人的研究缺陷在于没很好地解释经济持续增长的内在机制。与罗伯特·索洛和特雷弗·斯旺的思路不同，英国当代经济学家尼古拉斯·卡尔多（Nicholas Kaldor，1908—1986 年）通过假设可变的储蓄率对哈罗德-多马经济增长模型进行了修正。他把社会的储蓄分成两部分，即工资储蓄与利润储蓄，于是一个社会总的储蓄率不再是一个常数，而是一个依赖于工资储蓄率和利润储蓄率的变量。这样，尼古拉斯·卡尔多的储蓄理论就从收入分配角度为解决哈罗德-多马经济增长模型的不稳定性问题提供了一种方法。但是，因为尼古拉斯·卡尔多的储蓄理论是建立在约翰·凯恩斯的理论基础上的，所以尼古拉斯·卡尔多的理论也存在着诸如用短期分析工具来研究长期经济增长问题的局限（王雨飞和倪鹏飞，2016）。

3. 拉姆齐-卡斯-库普曼斯模型

1965 年，美国著名经济学家戴维·卡斯（David Cass，1937—2008 年）（潘士远和史晋川，2002）、荷兰科学家佳林·库普曼斯（Tjalling Koopmans，1910—1985 年）（Cass，1965）将英国著名经济学家弗兰克·拉姆齐（Frank Ramsey，1903—1930 年）（Koopmans，1963）有关消费者最优化的分析引入新古典主义经济增长模型，因而提供了不同于尼古拉斯·卡尔多收入分配理论的对储蓄率的一种内生决定，储蓄率取决于居民的消费选择，即对现期消费和远期消费储蓄的偏好。该模型被称为拉姆齐-卡斯-库普曼斯模型（Koopmans，1963）。通过该模型的动态演化，发现尽管将储蓄率内生化，但依然没有解决索洛-斯旺模型中经济长期增长对技术进步的依赖。

4. 新古典经济增长理论的盛行

20 世纪 50 年代末以来，在西方经济学界占主导地位的经济增长理论一直是以罗伯特·索洛和特雷弗·斯旺为代表的新古典增长模型，并对人们的经济实践产生越来越大的作用,成为当前西方经济增长理论主流派的理论基础(Kamogawa and Shirota,2011)。从此,新古典经济增长理论一统天下。具体表现在三个方面。

(1)学者们越来越多地采用新古典主义经济增长理论框架进行研究。许多学者习惯于从新古典经济学家的著作中去寻找理论依据以构造基本理论框架。例如,对于规模收益等问题的研究,大都是从阿尔弗雷德·马歇尔、阿林·杨格等那里寻找理论源泉;对人力资本理论的研究也是试图从亚当·斯密和阿尔弗雷德·马歇尔等那里寻找理论基础;在模式的建造上大多采用的是"竞争性均衡"的模式,即运用古典主义的完全竞争理论框架和新古典主义的均衡分析,结合现实的经济垄断分析,构建一种特殊的增长模式。

(2)越来越多的学者采用了新古典主义的微观分析方法,研究的内容越来越趋向于微观化、实证化。目前的经济增长理论研究已不限于一般的理论和模式分析,而是越来越微观化、具体化,研究的问题越来越细小。例如,许多增长经济学论文研究某个国家具体的增长因素,如农产品价格、影响人力资本形成的家庭经济行为、某个家庭的妇女生育率、某国或某一个小岛的经济类型。这种情况在美国经济学家保罗·罗默(Paul Romer,1955—)的"罗默模式"和美国著名经济学家罗伯特·卢卡斯(Robert Lucas,1937—)的"卢卡斯模式"中反映得更明显。他们将过去的总量增长模式改造成了一种近似于微观经济学理论的增长模式,把对一般的技术进步和人力资本的强调转变成了对特殊的知识和生产某一产品所需要的"专业化的人力资本"的分析,从而使对经济增长问题的分析更加深入细致。

(3)经济增长理论日趋数学化或模式化。在一些增长经济学的论文中,数学推导和模式分析已经代替了传统的文字表述,成为一种标准的经济学概念和语言,并形成了类似于数学分析的理论结构,从而增加了理论分析的精确性和完美性。经济理论的过度数学化使增长经济学的研究出现了一种矛盾的现象:一方面,在增长模式中的数学模式分析假定出越来越多的可计量变量,增强了增长理论的可操作性,从而使增长理论更接近于经济增长的现实;另一方面,有些增长理论片面地追求理论的"完美性"和模式化,对经济增长理论的研究从概念到结论都不采用经济学语言,而大多采用数学语言来表达,使经济增长分析演变成一种纯粹的数学演绎而越来越脱离经济增长的实际。

有关新古典经济增长理论的盛行,可以从理论与实践两个方面来进行解释。从理论来看:①新古典主义的研究方法是从古典经济学继承而来的,已经经历了数百年的发展历史,相对于其他方法来说比较完善,从追求理论分析的完美性来看,很多学者喜欢用新古典主义的方法来分析问题。②增长经济学是一门实证性较强的学科,从罗伊·哈罗德的哈罗德模式开始,对增长问题的分析就比较多地使用了数学方法。随着对经济增长研究的不断深入和具体化,数学方法的运用越来越多,而数学方法正是新古典主义的一个重要特征。相比而言,其他的学派和理论,特别是结构主义理论,比较难以用数学语言来表达,从而在理论的精密性方面比新古典主义略逊一筹。③受到经济学的"科学化"倾向的影响。在美国,关于经济学是否是一门"科学"存在着一场持久的争论,争论的焦点之一是经济学研究的精确性和可验证性。为此,许多学者努力使用数学方法和实证分析来证明自己理论的"科学性",从而为经济研究的数学化推波助澜。从总体上来看,上述情况与整个经济理论研究中的新古典主义复兴思潮有关。新古典主义在 20 世纪五六十年代比较流行,但它的完全竞争理论对分析市场不完善的经济不那么有力,因而产生了结构主义学派。作为一个新的学派,结构主义的理论不如新古典主义理论那么完善,体系也不够完备,难免在经济增长分析中存在这样或那样的问题,受到了新古典主义的猛烈抨击。例如,美国著名经济学家西奥多·舒尔茨(Theodore Schultz,1902—1998 年)在 1979 年接受诺贝尔经济学奖发表的演说中,尖锐地批评经济发展研究中脱离新古典传统、试图另外建立一种结构主义理论体系以强调不发达经济的特殊性和对特殊理论的需要倾向,认为发达国家的过去就是发展中国家的今天,发达国家的今天就是发展中国家的未来,因而新古典主义理论体系和方法完全能够适用于不发达经济的研究,没有必要另建立一种特殊的理论。西奥多·舒尔茨还批评了关于"不发达的经济市场发育不全,人民对市场的刺激缺乏反应"的观点,认为不发达国家的人民包括农民都是"经济人",他们对任何经济刺激都有灵敏的反应,因而市场经济理论可以直接用于不发达经济。这些批评,在客观上对结构主义学派产生了巨大打击,并且使许多本来倾向用结构主义方法来研究增长问题的学者也转而运用新古典主义的方法。

新古典主义在增长理论研究中占据统治地位,实践方面的原因是结构主义理论在一些不发达国家应用得不成功或者失败。在 20 世纪六七十年代,许多发展经济学家根据不发达国家经济基础薄弱、市场发育不全等具体情况,认为不发达经济的主要问题是结构方面的,因此必须从经济结构入手来解决问题。据此他们提出了"大推进模式""两缺口模式""进口替代战略"等以政府干预为主的发展战略和政策。这些发展战略和政策在一定时期内对发展中国家的经济增长与发展产生了积极作用,但对大多数发展中国家来说作用并不明显,有的国家政府干预过强,限制了市场机制的作用,反而使经济发展得更慢,甚至出现了停滞和倒退。同时,一些采用新古典主义理论和政策的国家和地区,由于实行了经济等方面的自由化政策,经济反而发展起来了,有些还成为"新兴的工业化国家和地区"。这就使越来越多的国家逐渐抛弃了结构主义的经济发展理论而采用新古典主义的经济增长理论,从而使新古典主义逐渐替代结构主义的地位,成为经济增长研究中占统治地位的理论体系。

2.2.2 新古典经济增长理论的局限性

新古典经济增长理论专注于增长，没有全面地发展和维持富裕水平，只重视物质方面的表现形式，忽略了制度、财富分配、历史和尊严等因素，甚至忽略了经济增长的社会成本等方面的负面作用。首先，新古典经济增长理论的微观经济基础值得怀疑：①新古典经济增长理论假设的是完全竞争市场，在该理论下，市场完全，要素和产品价格信号十分有效，生产要素资源配置和生产都是有效率的，劳动和资本之间的替代完全依靠要素价格进行，不存在人为的扭曲效应，但是垄断、公共物品、信息不完全、外部性等因素并没有在新古典经济增长理论中得到反映。②GDP 主要反映一个国家在一定时期内经济增长的产出、总量，没有或不能很好地反映其投入（环境与资源成本）、结构（社会财富分配结构）和质量（产品和服务的社会效益和生态效益状况），在 GDP 核算体系存在缺陷的情况下，单纯地用 GDP 来评估一个地区或者国家的发展失之偏颇，也容易导致不计代价地片面追求增长，忽视质量、效益、结构，忽视生态环境和犯罪等社会成本。③新古典经济增长仅关注流量（flow）增长，忽略存量（stock）财富增长，有可能因追求经济增长破坏财富，并忽略财富存量和财富积累。④新古典经济增长理论仅关注资本积累、技术进步和技术创新、人口控制、就业改善等纯粹经济技术因素方面，而忽略了制度、财富分配和历史对经济增长的作用。其次，新古典经济增长理论认为经济增长率并不会永远增长下去。从长期来看，经济增长率的增长依赖于技术创新率的增加，认为由于资本边际效率递减特征，技术创新效率是外生于新古典经济增长模型以外的，将其独立于经济力量外部，并没有解释技术本身（高煦照，2006）。该理论假定技术外生产生的经济增长并不能保证是经济的长久增长机制，并且具有以假设增长存在进而再解释增长产生的嫌疑，也不能解释长久经济增长的运行机制。在将技术作为外生变量的同时，排除了制度、历史等方面的影响（聂飞和刘海云，2015），如果将技术的变化及人口的增长都假定在经济增长之外，那么国家产生的政策干预就不会有作用了（付强，2017）。这实际与经济的长期发展历程是不相符的。最后，新古典经济增长理论的局限性主要表现在以下方面：没有解释技术创新，经济的增长是由外生的技术所决定的，但是并没有说明能够带来技术创新和科学发现的过程。因此，尽管该理论解释了技术创新在经济增长中的重要作用，并且提供了经济增长向长期增长率收敛的过程，代表着后发国家可以凭借其后发优势，缩小与发达国家之间经济差距，但并没有为增长的持久性跨国差异提供解释。由于不满意新古典经济增长理论将技术看成外生变量，一些经济学家尝试使用内生技术进步来解释经济增长的过程，内生增长理论正是基于此而发展起来的。

2.3　内生增长理论

内生增长理论将经济增长的源泉完全内生化，因此被称为内生经济增长理论。从某种意义上说，"内生"和"外生"是经济学家根据数学模型的假设来分类的。"内生变量"是由那些组成模型的数学方程组本身决定的变量，"外生变量"则是这一方程组之外"给定"其参数值的变量。为较好地揭示经济增长率差异的原因和解释经济持续增长的可能，经济学家基于新古典经济增长模型，放松了新古典增长理论的假设并把相关的变量特别是生产率技术创新的变量内生化，由此便形成了内生经济增长理论模型（邵宜航和李泽扬，2017）。

2.3.1　内生增长理论的发展

在新古典框架中，若把技术变迁理论包括进去，则其标准的竞争性假设就不可能得到维持。技术创新涉及新观念的创造，具有部分非竞争性的、公共品的特征。对于一种给定的技术，在给定有关如何生产的知识水平的情况下，假定在标准的竞争性生产要素如劳动、资本和土地中规模报酬不变是合理的，则以相同数量的劳动、资本和土地来复制一个企业从而得到两倍的产出是可能的。但是，如果生产要素中包括非竞争性的观念，那么规模报酬则趋于递增，而这些递增报酬与完全竞争相冲突。特别地，非竞争性的旧观念的报酬与其当前的边际生产成本等于零相一致，这将不能为体现新观念创造之中的研究努力提供适当奖励。

经济的长期增长必然离不开收益递增，新古典增长理论模型的稳定均衡是以收益递减规律为基本前提的，因而不能很好地解释经济的持续增长。内生增长理论在理论上的主要突破在于把技术进步引入模型，利用如下四种途径来消除新古典增长模型中的报酬递减规律。

1. 要素报酬不变

考虑把物质资本和人力资本都包括在内的广义的资本概念（即 AK 模型）。内生增长理论的关键性质是资本报酬不再递减，其对新古典增长模型的关键修正在于将技术因子看成经济的内生变量。为了区别物质资本和人力资本形成机制的差异，许多内生增长模型都假设经济是由两个部门组成的，资源需要在两个部门之间进行配置。日本理论经济学家宇泽弘文（1928—2014 年）和罗伯特·卢卡斯的宇泽–卢卡斯模型（Uzawa-Lucas model）是两部门内生增长模型的代表。

2. 干中学与知识的外溢

　　美国经济学家肯尼斯·阿罗（Kenneth Arrow，1921—2017年）通过假设知识的创造是投资的一个副产品来消除报酬递减的趋势。肯尼斯·阿罗指出，人们是通过学习来获得知识的，技术创新是知识的产物、学习的结果，而学习又是经验的不断总结，经验的积累体现于技术创新之上。一方面，一个增加了其物质资本的企业同时也学会了如何更有效率地生产，生产或投资的经验有助于生产率的提高。经验对生产率的这一正向影响被称为干中学，或被称为边投资边学（learning by investing）。另一方面，一个生产者的学习会通过一种知识的外溢过程传到另一个生产者，从而提高其他人的生产率。一个经济范围内的更大的资本存量将提高对每一生产者而言的技术水平。这样，递减资本报酬在总量上不适用，而递增报酬则有可能。干中学和外溢效应抵消了单个生产者所面临的递减报酬，但在社会水平上报酬是不变的，社会资本报酬这种不变性将产生内生增长。干中学模型是最早用技术外部性解释经济增长的，这一模型试图将新古典经济增长模型中的外生技术进步内生化，该模型认为技术进步是投资的副产品，是厂商在生产中积累经验的结果。更重要的是，一个厂商的投资不但会提高自身的生产率，而且具有外部性，即一个厂商生产率的改进还会提高全社会其他所有厂商的生产率。因此，技术进步是经济系统的内生变量。模型的关键如下：①干中学要靠每个企业的投资来获得；②每一个企业的知识都是公共品，其他任何企业都能无成本地获得。换言之，知识一经发现就立刻外溢到整个经济范围内。这样一个瞬时扩散过程之所以在技术上可行，是因为知识是非竞争性的。保罗·罗默后来证明在这种情形下仍可以在竞争性框架中决定一个均衡的技术进步率，但是所造成的增长率将不再是帕累托最优。然而，企业有动机来对其发明保密以及利用正式的专利保护措施来保护其发明。如果发明部分地依赖于有目的 R&D（research and development，研究与开发）的努力，而且一个人的创新只能逐步扩散给其他生产者，则竞争性框架将崩溃。在这样的现实构架中，一种方法是把不完全竞争整合到模型中去；另一种方法是假设所有非竞争性研究（一种经典的公共品）都由政府通过非自愿的税收来予以融资。

3. 人力资本积累

　　劳动生产率提高的另一个途径是人力资本的积累。柯布-道格拉斯生产函数对劳动生产要素的引入，使得有关人力资本因素在经济增长中的作用的研究在技术上成为可能。柯布-道格拉斯生产函数中的劳动投入是指一般的劳动投入，看不出不同质量或不同技术熟练程度的劳动投入对于产量所起的作用大小的差异，需要对生产要素的投入进行进一步的区分，以说明人力投资在经济增长中的作用。1988 年罗伯特·卢卡斯建立了一个重要的内生经济增长模型，用人力资本的溢出效应解释技术进步，说明经济增长是人力资本不断积累的结果。罗伯特·卢卡斯把技术进步具体化为体现在生产中的一般知识和表现为劳动者劳动技能的人力资本。同时，他将人力资本进一步具体化为社会共同拥有的一般知识形式的人力资本和表现为劳动者劳动技能的特殊的人力资本，从而把技术进步和人力资本结合起来并且更为具体化。罗伯特·卢卡斯认为，只有特殊的、专业化的、表现为劳动者劳动技能的人力资本才是经济增长的真正源泉。他同时引入了西奥多·舒尔茨和加里·贝克尔（Gary Becker，1930—2014 年）提出的人力资本概念，在借鉴保罗·罗默处理技术的基础上，对宇泽弘文的技术方程做了修改，建立了一个专业化人力资本积累的经济增长模型。在罗伯特·卢卡斯的经济增长模型中，企业能获得知识的多少不依赖于总资本存量，而依赖于经济的人均资本。罗伯特·卢卡斯假设学习和外溢涉及人力资本，且每一个生产者都得益于人力资本的平均水平而非人力资本的总量。不再考虑其他生产者所积累的知识或经验，而是考虑从与掌握了平均水平的技能和知识的平常人的自由互动中得来的收益。

4. 研究与开发

技术水平可以被诸如研究与开发支出之类的有目的的活动所推进，这样的内生技术创新将使得我们从总量水平上的递减报酬束缚中摆脱出来，特别是如果技术上的创新能以一种非竞争的方式被所有生产者分享的话，就更是如此。对于知识进步，也就是对新思想而言，这一非竞争性是存在的。将研究与开发理论与不完全竞争整合进增长框架中始于保罗·罗默、格鲁斯曼和赫尔普曼（Grossman and Helpman，1991）等。在这些模型中，技术是有目的的研究与开发活动的结果，而且这些活动获得了某种形式的事后垄断力量作为回报。如果经济中不存在想法、观念耗竭的趋势，那么增长率在长期中可以保持为正。然而，由于新产品与新生产方法的创造有关的扭曲，增长率和发明活动的基本数量不再满足帕累托最优状态标准。所以，在内生增长理论的框架内，长期增长率依赖于政府行动，如税收、基础设施的提供、知识产权的保护、国际贸易、金融市场和经济的其他方面的管制。因而，政府通过这些措施对长期增长率产生影响。

在引进技术创新、专业化分工和人力资本之后，内生增长理论得出以下结论：技术创新是经济增长的源泉，而专业化分工和人力资本的积累水平是决定技术创新水平高低的最主要因素。政府实施的某些经济政策对一国的经济增长具有重要的影响。长期经济增长率不会像新古典经济理论所认为的那样最终趋向于零，因为新投入的要素积累不会出现边际收益递减的现象。如果企业层次的资本投入边际收益率发生递减现象，整个经济层次的资本边际收益率则不会发生变化，甚至在一定条件下递增，促进资本边际收益保持不变或递增的源泉在于人力资本投资、知识积累与技术进步。卢卡斯认为，人力资本在积累过程中会发挥正的外部效应，使平均人力资本水平递增，并通过学习效应从一个人扩散到另一个人，最终对所有生产要素的边际收益产品产生正的影响。保罗·罗默认为，一国的知识总量假定取决于所有过去企业从事的研究与开发活动总量，则每个企业都可以从其他所有企业所从事的研究与开发活动中受益，说明企业的研究与开发活动具有外溢性。这种外溢效应不但使知识自身形成递增收益，而且使物质资本、劳动等其他要素也具有递增收益，从而会导致无约束的长期经济增长。

内生增长理论认为人均实际 GDP 增长是因为人们在追求利润中所做出的选择。另外，增长可以无限持续下去。内生增长理论的主要任务之一是揭示经济增长率差异的原因和解释持续经济增长的可能。尽管新古典经济增长理论为说明经济的持续增长导入了外生的技术进步率和人口增长率，但外生的技术进步率和人口增长率并没有能够从理论上说明持续经济增长的问题。内生增长理论强调技术不再是无法控制、意外偶得的产物，技术进步源于有目的的活动，因而税收、基础设施和公共服务、知识产权保护等政府政策，可以刺激技术进步，从而促进科技创新。干中学和知识溢出可以在各生产者间、各国间发生，因此通过国际贸易与开放经济，可以加强先进科学技术、知识和人力资本在世界范围内的传递。因而，在全球经济一体化的条件下，发展中国家要采取鼓励政策，坚持开放经济，有效利用全球科技资源加快本国技术创新步伐。

内生增长理论认为，人力资本对产出的影响源于两种效应，分别为内部效应和外部效应。内部效应是个人人力资本对自身生产率的影响，通过脱离生产的正规、非正规学校教育获得，表现为劳动力收益递增。外部效应是由平均的人力资本所导致的对他人劳动生产率的影响，通过生产中的干中学增加人力资本，资本和其他生产要素的收益均增加。产出增加是内部效应和外部效应综合作用的结果，通过外部效应作用的专业化人力资本积累，是经济增长的关键因素。因而在推进科技创新过程中，发展中国家要特别注意发展教育，尤其是注意发挥职业技术教育和高等教育在专业化人力资本积累中的作用。

通过对内生增长理论的发展过程回顾可以得出内生增长理论主要观点如下：①利润刺激了技术变革。②一旦做出了一种有利的新发现，每个人都可以利用。这个事实意味着，随着一种新发现利益的扩散，就可以得到免费的资源。这些资源之所以免费是因为当它们被利用时人们并没有放弃什么，它们是零机会成本。③生产活动可以重复。如果一个企业增加自己的资本和产量，企业就会收益递减，但经济可以通过增加另一个相同的企业来增加其资本和产量，而且经济不会收益递减。④在新古典理论中，在资本收益递减时，随着资本积累，实际利率下降，直至它等于目标实际利率。在这一点时，增长停止了，但新增长理论并没有这种增长停止机制。随着资本积累，实际利率并不受影响，实际利率自然可以无限高于目标实际利率。只要人们可以进行使实际利率高于目标利率的研究与开发，人均实际GDP就可以无限增长，增长率取决于人们创新能力及实际利率。

内生经济增长理论意在赋予技术一个完全内生化的解释。具体地说，一国经济长期增长是由一系列内生变量决定的，以技术进步形式反映出来的人力资本积累、研究与开发等因素都能够内生于经济系统。内生经济增长理论的两种深刻启示如下：①新兴的经济是以创意而不是以实物为基础的，因此社会需要完全不同的制度安排与价格确定系统，以期充分保证这些创意得到有效的配置。②对知识探索研究与开发应用的领域非常广阔，因此社会专业化报酬递增，进而为国民经济的无限增长提供了现实可能。学者们利用内生增长模型对经济长期增长进行了研究，取得了丰富的研究成果，如表2-1所示。

表 2-1　基于内生增长理论的经济增长研究成果

作者	年份	主要观点
Bovenberg 和 Smulders	1995	构建了环境质量与经济增长的内生增长模型，分析可持续增长条件的可行性与优化（邵宜航和李泽扬，2017）
王海建	1999	将耗竭性资源引入内生增长函数，探讨资源约束、消费和环境质量之间的相互作用关系并求模型的稳态增长解（庄卫民和龚仰军，2005）
陈超和王海建	2002	基于罗默的干中学模型，构建环境外在性增长模型，得到可持续发展条件下的均衡增长率（王海建，1999）
于渤等	2006	构建能源耗竭、环境阈值限制及环境治理的研究与开发模型，探讨能源耗竭率、污染治理的投入率与经济增长的动态关系（Solow，1956）
彭水军和包群	2006	将环境质量引入生产函数和效用函数，提出三个带有环境污染的内生增长模型，分析了环境污染外部性、物质资本积累、人力资本开发对经济增长的内在作用（陈超和王海建，2002）
李仕兵和赵定涛	2008	基于罗默模型，将污染引入生产函数，环境质量引入效用函数，建立一个环境污染约束下的内生增长模型（彭水军和包群，2006）
许士春等	2010	将耗竭性资源和环境污染同时引入内生增长模型，运用最优控制理论探讨可持续发展的最优增长路径和平衡增长解（李仕兵和赵定涛，2008）
黄菁和陈霜华	2011	将环境与环境治理同时引入内生增长模型，并分析在此模型下达到均衡增长路径过程中经济增长、环境污染及污染治理之间的相互关系（许士春等，2010）
何正霞和许士春	2011	将环境污染、污染控制、人力资本积累与技术进步引入内生增长模型，认为人力资本积累、消费者的跨期替代弹性、时间贴现率共同决定经济最优增长路径（黄菁和陈霜华，2011）
黄茂兴和林寿富	2013	把环境引入罗默模型并对模型进行扩展，构建考虑污染损害、环境管理等要素的五部门内生增长模型，从理论上分析环境的消耗、再生与管理、物质资本积累、研发、人力资本开发等因素在可持续发展过程中的作用（何正霞和许士春，2011）

2.3.2　内生增长理论与传统理论的差异

与传统的经济理论相比，内生经济增长理论具有以下两点不同。

1. 传统的经济理论只考虑生产中的两个因素即资本与劳动力

保罗·罗默的杰出贡献是将第三种因素——技术考虑进去。内生经济增长理论认为促进经济增长的"技术进步"是内生因素。长期增长率是由内生因素解释的，也就是说在劳动投入的过程中包含着由正规教育、培训、在职学习等形成的人力资本，在物质资本积累过程中包含着由研究与开发、发明、创新等活动形成的技术进步，从而把技术进步等要素内在化，得出了因为技术进步的存在，要素收益会递减而使得长期增长率为正的结论。

2. 保罗·罗默内生经济增长理论与传统理论的不同是他对垄断力量的看法

传统理论认为，"完美的竞争"是规范准则，而垄断力量则是一种偏离现象。保罗·罗默却认为，垄断力量也会有用，甚至起关键作用，它提供了使公司从事参与技术性研究的动力。保罗·罗默强调，技术作为经济增长的核心具有特殊性质，一方面就其知识本性而言，技术具有溢出效应即经济外部性，因而是一种非竞争性的投入；另一方面就其知识产权而言，技术绝非纯粹意义上的公共产品，具有一定的排他性，因而享有某种程度的垄断权力。事实上，正是这种至关紧要的垄断权力，为企业从事技术创新活动提供了各种市场动力。

结合以上理论分析和绿色增长的本质特点，本书认为内生增长理论是绿色增长实现的理论基础。

2.4 绿色增长理论

近年来，随着经济发展过程中对自然资源的高消耗和环境的严重破坏，人类越来越意识到传统的经济增长方式对自然资源和环境的威胁，因此，人类不得不重新思考新的经济增长方式，旨在实现自然资源、环境与人类和平相处的目标。由此，同时兼顾自然资源和环境两大要素的绿色增长理念应运而生。绿色增长理论是适应时代发展的新生的一种在兼顾自然资源和环境的前提下实现经济增长的新理论。根据国内外现有研究成果，目前关于绿色增长的概念并没有形成统一的、权威的认识，本节将从绿色增长理论的产生与发展、基础理论、概念与内涵来阐述该理论。

2.4.1　绿色增长理论的产生与发展

始于 18 世纪 60 年代的工业革命在带来巨额财富的同时，也导致了资源枯竭、环境污染等生态问题，人类开始寻找将发展从不可持续轨道迁徙至良性发展轨道的方法，绿色增长正是此背景下的产物。绿色增长一词可追溯到 20 世纪 80 年代，但并未受到重视，直到 2005 年 ESCAP 提出要转变经济增长方式，追求绿色增长模式，并在同年的环境与发展部长会议上正式提出了绿色增长的概念，标志着绿色增长理论的初步形成。在 ESCAP 提出绿色增长的最初几年，由于缺乏具体的实现路径，甚至没有明确的界定，绿色增长未能得到推动和发展。2009 年 OECD 从系统角度构建了"生产—资源—消费—政策"的绿色增长评估框架后，引起国际社会的较大关注，主要有如下三点原因：①受金融危机的影响，全球经济普遍回落，各国都希望从中尽快解脱出来，"增长"成为国际关注的焦点议题。②2007 年联合国政府间气候变化专门委员会（Intergovernmental Panel on Climate Change，IPCC）发布了气候变化报告，气候变化的议题得到世界各国前所未有的关注。在追求经济增长和防治气候变化的两难抉择面前，新的思想亟待出现以调解二者的矛盾。③绿色增长本身包含的先进思想具有强大的生命力，它将气候变化视作一个机遇而非成本，在当时的特定背景下得到了 OECD 和世界银行等超国家机构的大力支持。绿色增长的兴起既是当时国际环境的需要，也是国际组织推动的结果。

2.4.2　绿色增长的基础理论

1. 生态现代化理论

第二次工业革命以来，经济社会发展受到技术的不断推动，人们通过技术创新改造自然、控制自然，自然环境对人的约束越来越小。技术创新产生的强大生产力，使得生产方式发生不断改进，但是人类赖以生存的自然环境也由此产生了一系列的危机，全球气候变暖、江河水污染等问题日益严重（黄茂兴和林寿富，2013），威胁人类的健康生活。生态现代化理论正是在技术与环境之间矛盾不断激化的过程中产生的。经济的稳步增长需要技术创新的驱动，但是经济增长过程中受到自然资源有限性的约束，以及生产生活所造成的环境污染限制等问题是研究经济增长不可忽视的问题（Zhao and Yang，2017）。

生态现代化理论针对的是经济发展与生态环境危机的脱钩问题，尝试通过从技术的角度解决环境问题，实现经济发展和环境友好的双赢。技术创新是生态现代化理论发展的核心内容，强调通过先进技术和科学知识来更新地球的承载力并使发展成为可持续的现代化方式。科学和技术在生态现代化中发挥着重要的作用，强调以技术为导向的创新能够解决当前资源浪费和环境污染问题。胡伯均认为创新的科学技术能够减少技术外部的负面环境，达到降低风险的目的（Kararach et al., 2018）。在生态现代化理论发展的全阶段，胡伯均强调了技术创新的作用，尤其是工业行业生产领域中的技术创新。他把自然认定为生产的第三方力量，从技术圈（工业系统的技术创新）、社会圈（人类生活世界）和生物圈（自然环境）三类圈层进行分析，研究发现技术圈占据社会圈和生物圈的主导地位，完全掌握了人类生产和自然环境的话语权，若想要克服生产增长与自然环境之间的矛盾，必须要开展技术圈重建工作，向生态建设发展（Song and Wang, 2018）。在生态现代化理论建设的主要形成阶段，已经认可"技术"是解决当前环境危机的前提，并且将技术创新划分为两种形式，一种是以解决环境问题为主的技术，从前期预防到末端污染治理等；另一种是从整体上强调技术创新在经济社会发展中的应用。在该阶段，专家学者开始细化技术创新的内容，将技术创新与经济、社会、环境等联系起来，不盲目追求技术创新的作用，开始进行客观分析（张峰等，2018）。

随着生态现代化理论的不断发展，技术创新需要受到严格的管理规制，一些重要技术在实现生产效率提升的同时受到了不同类型的立法及相关规定的限制，如环保标准、能耗排放标准、资源利用标准等，严格的环境管理规制对开展技术创新活动而言既是压力也是动力。

2. 可持续发展理论

随着人类文明的进步，尤其是工业革命以后，人们的生产生活方式发生了翻天覆地的变化。工业革命是一柄双刃剑，一方面，生产工艺的改革，技术水平的突破式进展使人们进入机器加工时代，解放了人们的双手，全球社会生产力突飞猛进，经济总量得以显著提升。另一方面，"高污染、高消耗、高排放"的粗放型发展模式在带来经济总量提升的同时，导致人类赖以生存的资源渐趋枯竭，江河污染严重，雾霾天气不断加剧，生产生活质量面临巨大挑战。可持续发展理念作为对传统生产模式的反思开始受到世界各国的广泛关注（王树强和庞晶，2019）。

可持续发展理论的形成经历了漫长的发展过程。20 世纪 50 年代，人们在经济增长、资源消耗、环境污染、人口膨胀等压力下，开始质疑"增长=发展"的发展模式。1962 年，美国生物学家雷切尔·卡逊发表的《寂静的春天》引发了人们对于"发展观"的探讨，她通过广泛的调研描绘了应用农药杀虫剂带来的农药污染景象，惊呼人类将失去"春光明媚的春天"。虽然并未说明有关可持续发展

的词汇,但敲响了对人类社会发展现状反思的警钟(卡尔森,2018)。1972 年,
美国学者巴巴拉·沃德(Barbara Ward)和雷内·杜博斯(Rene Dubos)的著作
《只有一个地球》开始将人类生存与环境的认识推向可持续发展的新境界。同
年,罗马俱乐部发表享誉世界的著名研究报告《增长的极限》,抛出了一系列研
究问题:地球环境的承载力是否有极限?发展的道路与地球环境的"负荷极限"
如何相适应?该研究报告挑战了现有的思维模式和行为模式,使人们逐渐认识到
"持续的增长"和"合理的持续均衡发展"之间的重要性,低碳经济、生态足迹
开始走进人们的生产生活中(梅多斯等,2013)。1987 年,联合国世界环境与发
展委员会发表了一份报告《我们共同的未来》,正式提出了可持续发展的概念:
"既满足当代人的需求,又不对后代人满足其需求的能力构成危害的发展",受
到了世界各国政府及组织的极大重视(World Commission on Environment and
Development,1987)。可持续发展的概念强调当代与后代之间的关系,这也是
可持续所强调的代与代之间的公平,当代人获取资源满足自身的需求但不能侵占
后代资源,使资源成为其未来的发展阻碍。可持续发展也强调需求和发展之间的
关系,并不是因为资源的稀缺就限制发展本身,而是通过节制高效的方式满足人
类的基本需求,当需求超过生态系统可承受的极限以及超过环境承载力时则需要
对人类的需求进行限制。从此,可持续发展的概念被普遍认知,相关理论则在这
一基础上发展形成。

　　可持续发展理论本身的基本原则包括了公平性、持续性和共同性。公平性是
本时代人与人之间的公平和现在人类与未来人类之间的代际公平,大自然给予人
类发展的可支配资源是有限的,环境所能承载的污染强度也是有限的,而当代人
因其占据绝对主导的资源支配地位应从伦理层面考虑未来的代际公平。持续性则
针对生态系统和自然资源提出,社会发展的可持续离不开生态系统与自然资源的
可持续,合理开发利用资源,考虑生态环境承载能力,将需求维持在生态与资源
能够自我修复再生的水平。共同性是指全球通力合作,可持续发展不是某个国家
的诉求而是整个世界的共同目标,各国的利益固然重要,但在面对环境和资源问
题时建立全球性的发展体系,达成国际合作模式更为重要。可见,可持续的重点
就是经济发展、生态环境和人类社会的和谐与协调,公平和共生是可持续所追求
的宗旨。

　　可持续发展的思想体现着人类对于自身发展进步与自然环境的反思,这种反
思使得人们开始质疑过去的发展道路,不可持续的发展是不能保证社会的长久安
定,是不可取的,走可持续发展的道路势在必行。从警醒开始付诸行动,节能降
耗、减污增效已经成为当代企业发展必不可少的一部分。在能源领域,各国都在
大力开发利用风能、水能、太阳能等可持续能源,可燃冰、干热岩的发现也为人
们的能源持续利用带来新的研究进展;在交通运输领域,新能源汽车等清洁能源

车辆开始逐步抢占市场；在农业生产领域，生物肥料的二次经济价值转化，无公害的纯天然产品受到消费者的广泛欢迎；"绿色设计""绿色建筑"等也开始逐步进入人们的生活。可持续发展的思想开始进入人类生产生活的方方面面。

可持续发展思想强调的是"经济—社会—环境"三者的和谐统一，经济可持续发展是基础，环境可持续发展是条件，社会可持续发展是目标。具体表现在三个方面：一是强调了经济增长的必要性。提高经济水平，提升当代人的生活福利，增加国家经济实力，是保障国际竞争实力的重要基础。在经济的可持续增长中并不否定经济增长，人类生产生活需要经济的支撑基础，经济的持续增长是社会健康发展、改善环境的基本物质保障。特别对于发展中国家来说，经济的增长才是实现脱贫的关键，贫穷导致生态环境不断恶化，环境不断恶化又加剧贫穷，因此需要在追求经济增长的同时，保证经济的高质量发展。二是资源的永续利用和良好的生态环境。经济社会的可持续发展需要在保障资源和环境承载力的基础上进行，以自然资源为基础同生态环境协调发展。环境的可持续要求在保障资源和环境永续利用的前提下开展经济建设，控制人类的生产发展在地球生态环境能够承载的范围之内，保障资源的消耗速度低于资源的再生循环速率。三是谋求社会的全面进步。社会可持续发展是目标，发展不仅仅要考虑经济的增长，资源环境的限制，更要实现社会的和谐统一，从本质上改善人们的生活质量，提高生活水平。社会的可持续发展是在经济发展的每一个阶段都能够保证经济、资源和环境的协调，追求的最终目标是以人为本的经济—社会—环境复合系统的持续、稳定、健康发展。

经济增长理论说明了在经济增长过程中技术创新不断发挥内生性驱动力，生态现代化理论针对经济发展与生态环境危机的脱钩问题，强调从技术的角度解决环境问题，实现经济和环境友好的双赢。可持续发展理论是绿色增长的最终目标，强调了经济—社会—环境系统的和谐统一。

可持续发展与绿色增长理论既有区别又有联系。首先，出现时间不同。可持续发展起源于 20 世纪 80 年代以后，而绿色增长这一概念最早在 2005 年韩国首尔举行的第五届亚洲及太平洋环境与发展部长会议上提出。其次，它们的起源不同，可持续发展起源于一场环境运动，而绿色增长起源于决策者制定的环境经济政策。再次，二者的观点不同，可持续发展战略认为经济的增长是有极限的，而绿色增长认为可以实现资源环境与经济共同发展。最后，落脚点不同，可持续发展坚持环境和社会协调发展，而绿色增长更注重资源环境与经济和社会兼容发展。绿色增长战略与可持续增长战略虽有很多不同点，且近年来绿色增长战略日渐兴盛，但是其仍旧不可能取代可持续发展战略在社会发展过程中的位置，绿色增长仅是可持续发展的几种模式之一，是实现可持续发展战略的一个必经过程，具体区别如表 2-2 所示。

表 2-2　可持续发展与绿色增长的区别

区别内容	可持续发展	绿色增长
时间	20 世纪 80 年代	2005 年
起源	环境运动	环境经济政策
观点	经济增长是有极限的	资源环境与经济共同发展
落脚点	环境和社会	资源环境、经济、社会

2.4.3　绿色增长理论的概念与内涵

"绿色"代指保护环境和节约资源，特别是针对有限资源的使用以及温室气体的排放（Bowen and Hepburn，2014），可以把它看作一个动词，即"绿色化"，是指维持或提升某一区域或整个地球的总体自然成本（Jouvet and de Perthuis，2013）。"增长"针对的是生产、收入和生活条件（Popp，2012），从广义上来讲，它指的是社会总财富和人类福祉的提升，狭义上的理解则是经济的增长，因此一些绿色增长实证研究中经常使用 GDP 或 GNP（gross national product，国民生产总值）作为增长的量化指标，近年来为研究具体的绿色增长成果，又提到绿色 GDP 等概念。

2005 年 ESCAP 将绿色增长定义为"为推动低碳、惠及社会所有成员的发展而采取的环境可持续的经济过程"，但这一理解仅包含其经济属性，并未明确其自然属性和方法论，因而具有较强的抽象性。OECD 关注绿色增长之后对其进行过两次界定。一次是在 2009 年 OECD 理事会部长级会议上，将其定义为"在防止代价昂贵的环境破坏、气候变化、生物多样化丧失和以不可持续的方式使用自然资源的同时，追求经济增长和发展"（OECD，2011）。其中包含对环境成本的考量，是受到绿色 GDP 兴起的影响。这一界定表达了 OECD 希望通过推动绿色增长降低环境资源成本，以变向促进经济增长的发展思路，虽具有一定理论基础，但仍是缺乏全局观和公平观的狭隘认识。另一次是在 2011 年发表的《迈向绿色增长》报告中，OECD 继续深化对这一概念的认识，将其修订为"在确保自然资产能继续提供人类福祉所需的资源和环境服务的同时，促进经济增长和发展"（Meyer et al.，2012），揭示了绿色增长的本质内涵，阐明了经济发展、代际公平、环境保护三者的关系。因其表达更加完整，成为至今最受认可、影响最广的一种定义。

除 OECD 外，国内外学者及其他国际组织亦从多角度对其内涵进行过探讨。Meyer 等（2012）将绿色增长看作一个环境政策战略，指出其核心是"将经济增长与资源消耗解耦"。Reilly（2012）将目光从经济、环境两个维度拓展至包含社会的三个维度，从目标角度阐述了绿色增长的"经济增长、创造岗位和降低环境影响"的三重目的性。UNEP 也指出绿色增长是在"提高人类福祉和社会公平的同时显著降低环境风险和生态稀缺"（UNEP，2011）。世界银行认为绿色增长是以"生产过程的清洁、高效和弹性化"为重点，以"避免经济不必要的放缓"为前提（Hallegatte et al.，2011），这一解读仅将绿色增长的实现指向生产过程，而忽视了消费和生活方式转变的重要性。欧盟将绿色增长看作可持续发展下的一个区域战略，认为它主张 GDP 的增长在满足人类需求的同时将环境影响的可能性降到最低，并维持或修复环境质量和生态完整性（Wang and Wu，2011）。Jacobs（2012）认为绿色增长的核心内涵是实现显著环境保护的经济增长。Vazquez -Brust 等（2014）指出绿色增长不仅包含社会包容、变革意图，还对变革消费方式和生活方式有明确的立场，包含自然资产商品化、资本的可替代性、绿色经济和褐色经济共存等思想。

绿色增长沿用了可持续发展"三大支柱"的观点，强调了经济、社会、环境三个维度的互补性（Nielsen et al.，2014）。除包含在保护自然资产的前提下追求经济增长这一基本内涵外，它还包括：①创造基于绿色产业与绿色技术的新的就业机会（Ellis et al.，2009）；②减少贫富差距，实现社会公平，提升全人类福祉；③培育绿色需求，创造基于绿色市场的新的增长引擎；④实现资源公平、有效分配，以达到帕累托最优。前两点概括了它的社会属性，后两点表达的是经济属性。此外，该概念还内化了可帮助量化经济和环境相互作用的可操作性政策议程（OECD，2011）。基于前人研究，将绿色增长内涵归纳如下：绿色增长旨在通过技术创新与制度安排带动生产和消费模式变革，用最小的资源消耗和环境代价，创造出资源效率、环境友好、社会包容与和谐的经济增长及最大发展效益。

绿色增长是可持续范式之一，它从单纯追求经济增长的物质规模转变为追求构建社会良性发展的经济增长模式。不仅囊括循环经济和低碳经济的内容和要求，还强调通过改变消费模式、转变经济增长方式、调整产业结构等手段，完善社会福利、改善人类健康状况、增加就业并解决与此相关的资源分配问题（OECD，2010）。它是一种完全符合地球生态边界的理念，是对马尔萨斯提出的零增长极具吸引力的替代（Mathews and Reinert，2014）。与"可持续发展"口号相比，它是一个更能摆脱经济停滞的方法，也是实现可持续的重要工具之一。

经济增长理论在探讨国民财富的原因过程中，先后找到了推动经济增长的因素，包括资本、劳动、自然资源、技术等，特别是不同阶段的增长理论都不同程度地强调了技术创新对于经济增长的重要作用。尤其是在信息经济条件下，把技术纳入经济学的研究范围，强调一国经济增长主要取决于它的知识积累、人力资本和技术进步的水平，放弃简单的要素积累论，实际上也表明科技要素在经济发展中具有对其他要素的替代作用，通过适当的政府行为，鼓励科技自主创新，提高技术水平，有可能实现资源、环境要素的节约和能源消耗的降低，实现现实条件下生产要素结构的转变。

从经济增长理论演化的历史轨迹，我们可清晰地看到：无论是以亚当·斯密为代表的古典经济增长理论，还是以罗伊·哈罗德、埃弗塞·多马为代表的"资本决定论"，以罗伯特·索洛、特雷弗·斯旺为代表的"技术决定论"，以西奥多·舒尔茨、加里·贝克尔为代表的"人力资本论"，以保罗·罗默、罗伯特·卢卡斯为代表的新经济增长理论……几乎在所有的经济增长理论中，经济增长被认为只是资本、技术、储蓄率、就业等的函数。在这些理论中，资源环境都不是经济增长的决定因素，而且总是可以被替代。尽管资源环境在主流经济增长模型中没有受到重视，但这并不能否认资源环境对于经济增长支撑作用的客观事实。从根本上讲，人类社会的发展始终受到资源的限制，人类发展之所以会造成大量的资源与环境问题，正表明了自然资源对于发展的重要意义。人们之所以总是担忧资源和环境，是因为他们曾经完全依赖于资源和环境。良好的环境是人类生存的前提，忽视环境质量的经济增长是难以持续的，因此必须将环境资源因素纳入经济增长体系，走资源环境与经济增长相协调的绿色增长之路。

第3章 绿色增长理论模型

从第 1 章有关绿色增长理论基础的梳理可以看出，内生增长理论是在古典经济增长理论与新古典经济增长理论的基础上发展起来的，因此为了弄清内生增长模型，本章从古典经济增长模型与新古典经济增长模型出发，分别选取古典经济增长模型的柯布–道格拉斯生产函数与哈罗德–多马模型，新古典经济增长模型中的索洛模型、干中学模型、AK 模型与内生增长模型中的卢卡斯模型、Grossman-Helpman 模型与罗默模型一同来进行分析。

3.1 柯布–道格拉斯生产函数

柯布–道格拉斯生产函数是由美国著名数学家查尔斯·柯布（Charles Cobb）与经济学家保罗·道格拉斯（Paul Douglas）合作研究的成果，1928 年被发表在 *America Economic Review* 杂志上，题目为 "A theory of production"。该论文首次描述了美国以 1899 年为基期的 1899~1922 年制造业固定资本、劳动供给和产值。Charles Cobb 和 Paul Douglas 认为 "资本包括以机器和建筑形式存在的固定资本、以原材料和存货形式存在的流动资本以及土地。流动资本是生产过程的结果而非原因，土地并非劳动所得，因此应以固定资本来衡量资本投入"（Scazzieri，1993）。劳动以每年的雇员人数来衡量，虽然劳动投入的标准小时数、劳动质量或工作强度是比较重要的因素，但是这些指标目前仍难以量化。

3.1.1 柯布–道格拉斯生产函数的基本内容

Charles Cobb 和 Paul Douglas 拟合了产值、资本和劳动投入指数三者间相互关系的生产函数，将此期间美国制造业的产值、资本和劳动投入的指数关系表示为

$$P = 1.0 L^{3/4} C^{1/4} \qquad\qquad (3\text{-}1)$$

其中，P 为产出；L 为劳动；C 为资本。他们发现 P 的估计值十分接近这 23 年间的真实值，Charles Cobb 和 Paul Douglas 将生产函数一般化为

$$P = bL^k C^{1-k} \qquad （3-2）$$

其中，参数 k 为产出对劳动的弹性；$1-k$ 为劳动对资本的弹性；b 为技术进步参数；其他符号同式（3-1）。

　　柯布-道格拉斯生产函数的主要贡献是提供了产出的劳动、资本收入份额应该按照劳动、资本对产出所做的贡献来决定的理论依据。美国国家经济研究局发现 1909~1918 年产出的劳动份额为 74.1%，与柯布-道格拉斯生产函数的估计值较为一致。1930 年 Charles Cobb 运用了柯布-道格拉斯生产函数对马萨诸塞州 1890~1928 年的相关数据进行了研究，得出了这一段时间马萨诸塞州劳动产出弹性为 0.743，资本投入的产出弹性为 0.257。1936 年 Charles Cobb 和 Marjorie Handsaker 合作研究得出维多利亚州在 1970~1929 年劳动的产出弹性为 0.71，计算出来的产出劳动份额为 0.61。Paul Douglas 和其他合作者先后利用柯布-道格拉斯生产函数研究了美国、加拿大、澳大利亚、英国、南非、新西兰等国家的经济发展状况，其研究结果均显示出资本投入、劳动投入的产出弹性数值很好地拟合了劳动和资本所得份额。自此，柯布-道格拉斯生产函数估算值和当时的经济状况很吻合，促进了柯布-道格拉斯生产函数的广泛应用。

　　Durand（1937）将计算公式由 $P = bL^k C^{1-k}$ 转变为 $P = bL^k C^j$，参数 j 为劳动对资本的弹性，其他符号同前。使得 $k+j$ 不仅仅等于 1，可以大于 1（此时如果 L 和 C 投入增加1%，P 的增加大于1%），或者小于 1（此时如果 L 和 C 投入增加1%，P 的增加小于1%）。随着经济的发展，技术水平在不断提高，变化不断增快，技术水平由原来的常数 b 变为了 $A(t)$，至此形成了目前应用最广泛的柯布-道格拉斯生产函数模型，其表达式为

$$Y = A(t)L^\alpha K^\beta \qquad （3-3）$$

其中，Y 为总产值；$A(t)$ 为综合技术水平；L 为投入的劳动力数量；K 为投入的资本（一般指固定资产净值）；α 为劳动产出的弹性系数；β 为资本产出的弹性系数。

3.1.2　柯布-道格拉斯生产函数的基本性质

（1）性质 1，生产活动的进行不能缺少任何一项生产要素，即当 $k=0$ 时或当 $L=0$ 或 $A(t)=0$ 时，$Y=0$。

（2）性质2，当 $\alpha+\beta=1$ 时，$Y=A(t)L^\alpha K^\beta$ 是一个齐次函数。

（3）性质3，产出的劳动弹性，即劳动收入占总收入的比重可表示为

$$\mathrm{WL} = \frac{\partial Y}{\partial L} \cdot \frac{L}{Y} = \beta;\ AL^{\alpha-1}K^{\beta} \cdot \frac{L}{Y} = \alpha \qquad (3\text{-}4)$$

产出的资本弹性，即资本收入占总收入的比重可表示为

$$\mathrm{WK} = \frac{\partial Y}{\partial K} \cdot \frac{K}{Y} = \beta;\ AL^{\alpha}K^{\beta-1} \cdot \frac{K}{Y} = \beta \qquad (3\text{-}5)$$

（4）性质4，当 $\alpha+\beta=1$ 时为规模报酬不变的生产函数，当 $\alpha+\beta>1$ 时为规模报酬递增的生产函数，当 $\alpha+\beta<1$ 时为规模报酬递减的生产函数。

（5）性质5，α 为资本的边际产出与平均产出的比值，β 为劳动的边际产出与平均产出的比值，即

$$\frac{\mathrm{MP}_L}{\mathrm{AP}_L} = \alpha\ ;\ \ \frac{\mathrm{MP}_K}{\mathrm{AP}_K} = \beta \qquad (3\text{-}6)$$

（6）性质6，在技术水平条件一定的情况下，资本的收入占总收入的比重为 α，劳动的收入占总收入的比重为 β。

劳动的总收益（工资总额），即资本的收入占总收入的比重为 α：

$$\frac{\partial Y}{\partial L}L = \alpha AL^{\alpha}K\beta = \alpha Y \qquad (3\text{-}7)$$

$$\frac{\partial Y}{\partial K}K = \beta AL^{\alpha}K\beta = \beta Y \qquad (3\text{-}8)$$

$$\frac{\partial^2 Y}{\partial L^2}L = A\beta(\beta-1)K^{\beta}L^{\beta-2} < 0 \qquad (3\text{-}9)$$

$$\frac{\partial^2 Y}{\partial K^2}L = A\alpha(\alpha-1)K^{\alpha-2}L^{\beta} < 0 \qquad (3\text{-}10)$$

3.1.3　柯布-道格拉斯生产函数的有效性

规模报酬是指在其他条件不变的情况下，经济中各种生产要素按相同比例变化时所带来的产量变化。本节尝试从规模报酬的角度分析生产函数的有效性。柯布-道格拉斯生产函数方程：

$$Y = A(t)L^{\alpha}K^{\beta} \qquad (3\text{-}11)$$

当 $\alpha+\beta>1$ 时，净收益的增长速度超过其生产规模的扩大速度。在供给约束型经济发展时期，全社会的各种配套设施不健全，分工协作基础薄弱，扩大生产规模可以节约各种成本，提高效益。一国若处于规模报酬递增阶段，表明宏观经济的发展空间很大，一些潜在的效能尚待发挥。随着生产规模的扩大，当市场的软硬件建设基本完善时，潜在的效能发挥到了最大，经济效益不再随着生产规模的扩大而提高。当 $\alpha+\beta=1$ 时，供给约束型经济基本成熟。当 $\alpha+\beta<1$ 时，规模报酬递减。

在供给约束型经济态势中，经济增长的发动机在总供给一端，当时的学术界着力研究如何在生产一端投入，基本上属于新古典主义的研究模式。在大萧条爆发之前，虽然有些国家进入了需求约束型经济态势，但统治经济学论坛的新古典学派对经济增长的动力发生转换这一事实视而不见。柯布-道格拉斯生产函数清晰地说明，只要投入资本要素和劳动力要素，就会产生产品，即总需求是没有问题的，可以吸纳一国资源瓶颈出现之前的所有资本与劳动组合生产的产品。

在供给约束型经济态势下，当 $\alpha + \beta > 1$ 时，柯布-道格拉斯生产函数的数学形式可表示为

$$Y = A(t)L^{\alpha}K^{\beta} \tag{3-12}$$

若 $\alpha + \beta = 1$ 时，则式（3-12）变为

$$Y = A(t)L^{\alpha}K^{1-\alpha} \tag{3-13}$$

两边除以 L，取对数得

$$\ln \frac{Y}{L} = \ln A + (1-\alpha)\ln \frac{K}{L} \tag{3-14}$$

K 的弹性系数为 $1-\alpha$，L 的弹性系数为 α。

3.2　哈罗德–多马模型

哈罗德-多马模型，是由英国著名经济学家罗伊·哈罗德与波兰裔美国经济学家埃弗塞·多马分别提出的发展经济学中著名的经济增长模型。1939 年，罗伊·哈罗德发表了《关于动态理论的一篇论文》。他的这篇论文的任务就是要用"动态"的方法，依据约翰·凯恩斯的乘数原理和汉森的加速原理，提出一种动态的经济增长理论。

罗伊·哈罗德注意到，在凯恩斯的收入分析中，只考虑了投资变动引起的收入变动，没有考虑收入变动对下一轮投资的影响，并且只以投资刺激需求增加从而实现总需求与总供给的本期均衡为目标，没有看到总供给的变化以及新的均衡，因而是一种静态的、短期的均衡分析。罗伊·哈罗德认为，投资增加引起的国民收入成倍增加可以使本期实现就业均衡，但投资增加不但刺激了总需求，引起收入的成倍增加（乘数原理），而且刺激了总供给，引起了生产能力的增加，追加的生产能力带来了下一期收入的更快增长，更多的收入又会转化为更多的追加投资（加速原理），如此累进不已。因而，本期的国民收入在下一期就不足以提供充分就业，从而总供求也不能保持均衡。所以，要实现充分就业，本期投资

必须大于上期投资。

为了解决这一问题,罗伊·哈罗德提出了"资本-产出比"概念,利用它来推算第二期达到充分就业所需的追加投资,使投资与国民收入的均衡增长相适应。这样,罗伊·哈罗德在经济增长理论中引入了时间因素,并且用"比率分析法"(增长率、储蓄率)代替了约翰·凯恩斯的"水平分析法"(国民收入、储蓄与投资的水平),从而将约翰·凯恩斯的理论长期化、动态化。1946年,埃弗塞·多马发表《资本扩张、增长率和就业》,以约翰·凯恩斯的有效需求理论为基础,提出了构思和基本论点与罗伊·哈罗德完全相同的经济增长模型,因此该模型被称为哈罗德-多马模型。

3.2.1   哈罗德-多马模型的基本假设

哈罗德-多马模型的基本假设可以被概括如下。

(1)储蓄率不变。$S/Y=s=$ 平均储蓄倾向。储蓄率不变意味着储蓄倾向不变,所以储蓄在国民收入中的比重不变:$\Delta S/\Delta Y=S/Y$。平均储蓄倾向决定着为了实现充分就业必须转化为投资的储蓄量。

(2)资本存量增长不变。$K/Y=$ 一国资本存量与总收入的比率不变。假定 K/Y 的值不变,这意味着经济增长过程中不存在资本利用程度变动的影响。

(3)边际产量所需的资本增量 $\Delta K/\Delta Y$ 可以等于平均资本系数 K/Y,也可以不等于 K/Y。如果 $\Delta K/\Delta Y=K/Y$,则罗伊·哈罗德称其为中性技术变动或者中性技术进步。严格来说,中性技术进步就是指增长一单位产量所需的资本量不变,或者说既不减少也不增加。

(4)资本产出比(K/Y)等于资本的平均生产率,并等于增加新投资所直接增加的生产能力。资本生产率是哈罗德-多马模型中的一个重要概念。埃弗塞·多马认为新投资会损害旧投资,因为新投资要和旧投资争夺劳动力与其他生产要素,结果会使旧投资的产量下降。所以投资潜在的社会平均生产率将小于平均资本生产率:$\Delta Y/I<Y/K$。

(5)其他假设。当分析开始时,满足充分就业的收入水平就已经存在了;不存在国家干预;封闭的经济环境,不存在国际贸易;固定资本+流动资本=$K=I$;在生产过程中 K/L 保持不变。

3.2.2   哈罗德-多马模型的基本内容

罗伊·哈罗德的经济增长理论是在他的《论动态理论》中提出的,主要包括

了长期、连续实现充分就业均衡的条件和经济增长的不稳定性特征。其中前者
包含了三个基本方程，分别得出了实际经济增长率、有保证的经济增长率与自
然增长率。

哈罗德-多马模型的第一个基本方程为实际经济增长率：

$$G = s/C \qquad (3\text{-}15)$$

其中，G 为单位时间内国民收入的增长率 $\Delta Y/Y$，储蓄率 $s=S/Y$；C 为资本产出
比，$\Delta K/\Delta Y = K/Y$。该式实际上是凯恩斯总量均衡基本公式 $I=S$ 的动态表达。

哈罗德-多马模型的第二个基本方程为有保证的经济增长率：

$$G_W = s_d / C_d \qquad (3\text{-}16)$$

其中，G_W 为有保证的经济增长率；s_d 为人们所愿意进行的储蓄；C_d 为使得追
求利润最大化的厂商所满意的资本产出比。罗伊·哈罗德假设储蓄者的储蓄意愿
总是会实现的，所以人们愿意进行的储蓄率就等于实际储蓄率。同时，资本产出
比是资本家所满意的，因此社会的投资量也就是资本家所愿意进行的投资。在这
样的储蓄和投资水平下实现的经济增长是有保证的。

哈罗德-多马模型的第三个基本方程为自然增长率：

$$G_n = n + a \qquad (3\text{-}17)$$

其中，G_n 为自然增长率；a 为技术进步率；n 为劳动力增长率。自然增长率就是
指潜在的或者最大可能的经济增长率，也就是适应于劳动力增长和技术进步的经
济增长率。

如果需要保持长期充分就业的稳定经济增长，就必须使三个增长率都相
等，即

$$G = G_W = G_n \qquad (3\text{-}18)$$

3.2.3 哈罗德-多马模型的局限性

在哈罗德-多马模型的基本假设中，"储蓄能够有效地转化为投资"与"该
国对外国的资本转移（发展援助）具有足够的吸收能力"两条假设在大多数发展
中国家并不具备；"社会生产过程中只使用劳动力和资本两种生产要素，并且两
种生产要素之间不能相互替代"的假设否定了生产要素的可替代性，是不合理
的；"技术状态既定，不存在技术进步且不考虑资本折旧"的假设忽视了技术进
步在经济增长中所起的巨大作用。正是由于哈罗德-多马模型自身所存在的一系
列局限性，新古典经济学派对其提出了许多批评，并在 20 世纪 50 年代推出了索
洛模型来取代它。

3.3　索洛模型

索洛经济增长模型是罗伯特·索洛提出的发展经济学中著名的模型，是新古典经济学框架内介于外生经济增长模型与内生经济增长模型之间的一种新古典经济增长模型，用来说明储蓄、资本积累和经济增长之间的关系。自建立以来，索洛模型一直是分析以上变量关系的主要理论框架。

3.3.1　索洛模型的基本内涵

索洛模型是真正现代意义上的经济增长理论模型，始于 20 世纪 50 年代后期所兴起的新古典经济增长理论模型。新古典经济增长理论模型作为经济增长理论中的里程碑，其意义不仅体现在新古典增长理论模型的思想上，更重要的是体现在研究经济增长问题的方法上。其中，索洛模型作为经济增长理论模型的起点，其完全不涉及消费选择，而是将经济增长归因于产出与资本投入的相互作用（翁媛媛，2010）。相关的模型由美国经济学家罗伯特·索洛提出，其后又由美国著名经济学家格里高利·曼昆（Gregory Mankiw）等加以完善推广。索洛模型虽然简单，但因后续的模型无论是新古典经济增长模型还是内生经济增长模型几乎都是在该模型的基础上发展起来的，从而被公认为增长理论的基准模型。索洛模型的基本内涵如下：人均资本拥有量的变化取决于人均储蓄率和按照既定的资本劳动比配备每一新增长人口所需资本量之间的差额。

索洛模型认为：①要素的边际报酬是递减的，所以从长期看，任何一个经济都会逐渐达到一个稳定的均衡路径。②任何经济增长都具有趋同或者收敛的性质。具体来说，相对于发达的经济体系，落后的经济体系倾向有更高地增长速度。③造成人均收入差异的主要原因是各国不同的投资率、人口增长率及外生技术上的差异，技术进步的作用克服了资本边际产出的下降，从而保证了经济的可持续增长。④经济增长的主要动力是技术进步。索洛模型是通过生产函数分解的方式将资本、劳动要素贡献之外的剩余贡献归于技术进步的贡献，但模型假设的技术进步是外生的，使得模型无法解释各国增长率、各国人均收入水平和实际人均 GDP 增长率二者存在差异等一些重要的增长事实。

3.3.2 索洛模型的基本内容

索洛模型考虑这样一个经济，它作为全球经济的一部分，不受阻挡地利用外生的技术 A，假定 $x=g_A$ 与 $x=g_N$ 皆为常数，不考虑就业问题，故不妨设 $L=N$。不考虑消费选择，因而认定总消费 C 在总产出中占有固定比重 Y，而这又相当于总投资 $I=sY$，s 是常数储蓄率。经济由唯一的平衡方程约束：$K=sY-\delta K$，即资本存量增加等于投资减去资本折旧。其中，$\delta \in [0,1]$ 是折旧率。要完成对经济的描述，余下只需给定 Y 与资本 K 之间的关系，这需要一个生产函数。假定经济的生产部门由分散化的、完全竞争的企业组成，企业共用一个新古典的生产函数 $F(K_j, AL_j)$，K_j 与 L_j 被分别记为企业 j 的资本与劳动投入。因此，总产出 Y 可表示为生产函数 $Y=F(K_j, AL_j)$。其中，AL 被称为效率劳动。将 $Y=F(K_j, AL_j)$ 代入 $K=sY-\delta K$，就得到一个关于 K 的微分方程，它完全描述了经济增长过程。但方程 $K=sF(K_j, AL_j)-\delta K$ 并不是自治的，因为 A、L 是时间的函数。若要消除该缺陷，只需做一简单的变量代换 $k=K/AL$。与直接使用 K、L 等变量比较，使用比值作为方程变量的另一个好处是，当 $t \to \infty$ 时比值更可能趋于某个均衡值。因此，运用比值的做法在今后将经常被使用。由 $K=ALk$ 可以得到 $Y=F(ALk, AL)=ALf(k), f(k)=F(k,1)$，$K=Kg_k=K(x+n+g_k)$。代入方程 $K=sY-\delta K$，整理后得 $k=sf(k)-\mu k=\phi(k)$。其中，$\mu=n+x+\delta$，假设 $\mu>0$。方程 $k=sf(k)-\mu k=\phi(k)$ 就是索洛模型的基本方程。

1. 均衡水平

设 $\phi(\cdot)$ 满足 $k=sf(k)-\mu k=\phi(k)$，则 $\phi'(\bar{k})=sf'(k)-\mu$，$\phi''(k)=sf''(k)$，于是由新古典生产函数的性质得

$$\phi''(\cdot)<0, \ \phi'(0)=\infty, \ \phi'(\infty)<0 \tag{3-19}$$

由此推出，存在唯一的 $\bar{k}>0$，使得 $\phi'(\bar{k})=0$。$\phi'(\bar{k})$ 显然是 $\phi(\bar{k})$ 在区间 $(0,\infty)$ 上的最大值。由条件：

$$\phi(\bar{k})=\phi(0)+\int_0^{\bar{k}} \phi'(k)\mathrm{d}k>0 \tag{3-20}$$

$$\phi(\infty)=\phi(\bar{k})+\int_{\bar{k}}^{\infty} \phi'(k)\mathrm{d}k=-\infty \tag{3-21}$$

$$\phi'(\bar{k})(\forall k>\bar{k})$$

可以推出，存在唯一的 $k^* > \bar{k}$，使得 $\phi(k^*) = 0$。其中 k^* 就是方程 $k = sf(k) - \mu k = \phi(k)$ 的唯一正均衡点，它表示均衡状态下"每单位效率劳动的资本存量"。

由 $k = sf(k) - \mu k = \phi(k)$ 可以得出，均衡值 k^* 满足方程 $sf(k^*) = \mu k^*$。对任何 $z = g(k)$，约定 $z^* = g(k^*)$，并称 z^* 为 Z 的均衡水平。于是依照 $y = f(k)$，$c = (1-s)y$，$r = f'(k) - \delta$，$w = (1-\alpha)y$，$\alpha = kf'(k)/y$，就会得到其他相关经济变量的均衡值为

$$\begin{cases} y^* = \dfrac{\mu}{s}k^*, \qquad c^* = (1-s)y^* \\ r^* = f'(k^*) - \delta, w^* = (1-\alpha^*)y^* \\ \alpha^* = \dfrac{s}{\mu}f'(k^*) \end{cases} \qquad (3\text{-}22)$$

其中，经济变量在均衡状态下的增长率被称为均衡增长率。在均衡状态下，经济增长率完全来自技术进步，而与参数 s、δ 无关。

2. 静态分析

通过计算均衡值对参数的导数或弹性来衡量模型参数的变动对均衡水平的影响。导数的符号用来说明均衡值与参数相关的性质（表现为正相关或负相关），弹性则用来说明均衡值对于参数变化的反应灵敏程度。本节主要考虑 S、μ 对 y^* 的影响，而其中尤以 S 的影响最值得关注，因为许多相关的政策影响储蓄或者投资的消长。

首先，由式（3-22）可得 $\dfrac{dy^*}{dx^*} = f'(k^*) = \dfrac{\mu\alpha^*}{s}$。在等式 $sy^* = \mu k^*$ 两边分别对 S 求导得出 $y^* + s\dfrac{\partial y^*}{\partial s} = \mu\dfrac{dk^*}{dy^*}\dfrac{\partial y^*}{\partial s} = \dfrac{s}{\alpha^*}\dfrac{\partial y^*}{\partial s}$，上式两边同时除以 y^* 得 $1 + E_{y^*s} = \dfrac{1}{\alpha^*}E_{y^*s}$，由此解出 $E_{y^*s} = \dfrac{\alpha^*}{1-\alpha^*}$ 与 $E_{y^*s} = -E_{y^*\mu}$ 两个结果。这表明 S 与 μ 对 y^* 的影响力大小一样，方向相反；y^* 与 S 正相关，与 μ 负相关。若取 $\alpha^* = \dfrac{1}{3}$，则 $E_{y^*s} = \dfrac{1}{2}$，于是当 S 增长 10% 时，y^* 约提高 5%。可见，S 对 y^* 的影响是适度而偏低的。使用类似的方法也可得到 k^*、w^* 与 S 正相关，而 γ^* 与 S 负相关。

3. 动态分析

一维系统 $k = sf(k) - \mu k = \phi(k)$ 的轨道结构非常简单。因为在区间 $\left(0, k^*\right)$ 内 $k = \phi(k) > 0$ ，而在 $\left(k^*, \infty\right)$ 内 $k < 0$ ，故方程 $k = sf(k) - \mu k = \phi(k)$ 满足 $k(0) = k_0$ ，其中当 $k_0 \in \left(0, k^*\right)$ 时单调递增并收敛于 k^* ，当 $k_0 \in \left(k^*, \infty\right)$ 时单调递减并收敛于 k^* ，可见 k^* 是全局稳定均衡点。以上表明，一个索洛模型无论其起点如何，最终必将稳定于同一均衡水平。从而可以指出，当经济趋向均衡状态时，经济增长率将单调地变化。计算以下导数：

$$\frac{\mathrm{d}g_k}{\mathrm{d}k} = \frac{\mathrm{d}}{\mathrm{d}k}\left[\frac{sf(k)}{k} - \mu\right] = s\frac{kf'(k) - f(k)}{k^2} < 0 \qquad (3\text{-}23)$$

$$\frac{\mathrm{d}g_y}{\mathrm{d}k} = \frac{\mathrm{d}}{\mathrm{d}k}\left[sf'(k) - \frac{\mu kf''(k)}{f(k)}\right] = \frac{kf''(k)}{y}g_k - \frac{\alpha(1-\alpha)\mu}{k} < 0 \qquad (3\text{-}24)$$

由此可见，当 $k < k^*$ 时，有 $\dfrac{\mathrm{d}g_k}{\mathrm{d}k} < 0$ ，$\dfrac{\mathrm{d}g_y}{\mathrm{d}k} < 0$ ，即 g_k 与 g_y 均单调下降并收敛于零（注意 $g_k^* = g_y^* = 0$ ）。

4. 估计收敛速度

首先算出 $\lambda = \phi'\left(k^*\right) = sf'\left(k^*\right) - \mu = \mu\left(\alpha^* - 1\right)$ 在 $\alpha = \mathrm{const}$ （即 F 为柯布-道格拉斯生产函数）的特殊情况下，λ 与 S 无关。若 $y(0) = y_0$ 邻近 y^* ，则有

$$y(t) - y^* \approx e^{\lambda t}\left(y_0 - y^*\right) (t充分大) \qquad (3\text{-}25)$$

$$t_n = \frac{\ln 2}{\mu\left(1 - \alpha^*\right)} \qquad (3\text{-}26)$$

例如，取 $\alpha^* = \dfrac{1}{3}$ ，$\mu = 0.06$ ，则由 $t_n = \dfrac{\ln 2}{\mu\left(1 - \alpha^*\right)}$ ，可以算得 $t_n \approx 18$ 。该结果表明大约经过 18 年，$y(t)$ 与均衡水平的差距将缩小一半。

3.3.3　索洛模型的意义与局限性

罗伯特·索洛教授在构造长期增长模型过程中，不但保留了哈罗德-多马模型的齐次资本函数、比例储蓄函数及既定劳动力增长率等主要特征，而且在理论模型的现实性方面有新的突破，主要表现在以下三个方面。

（1）罗伯特·索洛在分析经济增长的过程中采用了一种连续性生产函数，

从此人们称其为新古典生产函数。

（2）劳动力与资本之间可相互替代的假设使得经济增长过程具有调整能力，从而使得该理论模型更接近于现实。

（3）长期增长率是由劳动力增加和技术进步决定的，前者不但指劳动力数量的增加，而且含有劳动力素质与技术能力的提高。所以，罗伯特·索洛的长期增长模型打破了一直为人们所奉行的"资本积累是经济增长的最主要的因素"的理论，向人们展示长期经济增长除了要有资本以外，更重要的是靠技术的进步、教育和训练水平的提高。

当然，作为一种理论模式，罗伯特·索洛的长期增长模型也并非尽善尽美。如阿马蒂亚·森（Amartya Sen）教授指出的那样，索洛模型也有其不足之处。

第一，罗伯特·索洛的增长模型考虑的仅仅是哈罗德的 G_w 和 G_n 之间的均衡问题，而忽略了 G 和 G_w 之间的均衡。

第二，索洛模型没有投资函数，此函数一旦引入，哈罗德-多马模型的不稳定性问题即会出现于索洛模型中。Amartya Sen 教授认为，劳动力和资本间的替代性假设似乎并不是新古典学派和新凯恩斯学派对增长研究之不同的关键所在，其主要差异在于索洛模型没有考虑投资函数以及由此产生的企业家对将来预期的重要性。

第三，索洛模型假设要素价格是可变的，这也会给稳定增长的路径设置障碍。例如，利息率由于流动陷阱问题而不会下降到低于一定的最低水平；反过来，这也许使资本-产出比率不能提高到实现均衡增长路径所必需的水平。

第四，索洛模型是以提高劳动生产率的技术进步为假定前提构建的。然而，这一假定只是柯布-道格拉斯生产函数模型和哈罗德-多马模型的中性技术进步的一个特例，没有任何经济证据。

第五，索洛增长模型的另一假设是"资本是同质的且易变的"。但事实上，资本品是高度异质的，因此而出现不能简单加总的问题。结果，当存在多种多样的资本品时，稳定增长路径是很难实现的。

3.4　干中学模型

肯尼斯·阿罗于1962年提出了干中学模型，把从事生产的人获得知识的过程内生于模型，它是研究与开发模型的一个变种模型。

3.4.1　干中学模型的基本内容

假定把经济增长过程中的要素投入分为有形的要素投入与无形的要素投入，学习与经验本应是无形的要素投入，肯尼斯·阿罗用干中学模型把技术进步用累积总投资来表述，也就是把学习与经验用物质资本来表述，于是学习与经验这些意味着技术进步的无形要素投入就以有形的要素投入表现出来，即把人力资本作为一个有形的要素投入表现出来。肯尼斯·阿罗认为随着物质资本投资的增加，干中学模型理论导致人力资本水平相应地提高，技术进步内生化的设想得以实现。

3.4.2　干中学模型的局限性

（1）干中学模型中，技术进步是一个渐进的过程。然而，正如人们在经济增长过程中所看到的，技术进步不但是渐进的，而且有时也是突变的、跃进式的。后一种技术进步可能对经济增长产生更大的推进作用，但肯尼斯·阿罗的干中学模型没有考虑到这一点。

（2）干中学模型只能反映经验积累的一部分，也就是学习的一部分。经验积累应是多方面的，比如说，在产品使用过程中积累经验，不断改进产品的设计与生产，也对技术进步起着推动作用。肯尼斯·阿罗的干中学模型因此被认为不完整。

（3）技术研究包括应用部分的研究和基础性的研究，应用部分的研究有递增的收益，而基础性的研究的收益是递减的。企业增加投资，只考虑到收益递增，而基础性的研究尽管对技术进步有重要作用，但其收益递减，因此不反映于企业投资之中。在肯尼斯·阿罗的干中学模型中，只是代指企业的技术进步被内生化了。

（4）由于定义了物质资本的增加只能导致递减的知识增加，因此，该模型并不能超越新古典模型中得出的关于经济增长受制于外生人口数量这样的结论。

3.5　AK 模型

新古典增长模型解释了生活水平的长期提高来自技术进步。但是，在新古典增长模型中，技术进步是个外生变量。于是就出现了使增长率内生化的理论探索——内生增长模型。AK 模型就是其中比较简单的一类，其基本模型为 $Y=AK$，该模型与新古典增长模型的关键区别是不存在资本的边际收益递减。其中，A 是大于 0 的常量，它衡量一单位资本所生产的产出量。显然，AK 函数对应于 $\alpha = 1$ 时的柯布-道格拉斯生产函数。

3.5.1　AK 模型的基本函数

AK 模型既是新古典经济增长模型的结点，又是内生经济增长模型的开端，是内生增长理论模型化的第一次成功尝试，但 AK 模型并没有明确地区分技术进步与资本积累。事实上，AK 模型将物质资本和人力资本混在了一起，其资本积累用新古典理论来研究，知识资本的积累则用技术进步来研究，即知识在发生时才能进行积累。积累与报酬递减规律是矛盾的，当各种不同种类的资本被积累时，没有理由认为报酬递减规律会使得边际产品下降到零。因为这种积累中的一部分正是技术进步为了克服报酬递减所需的。依据 AK 模型，维持较高增长率的方法就是把 GDP 中的较大比例用于储蓄，这一储蓄当中的某一部分会自动地转向维持较高的技术进步率，从而引起较快的增长。

总体而言，AK 模型特殊性在于其并不满足新古典经济增长模型中的报酬递减规律。AK 模型理论的基础是下面关于资本存量线性齐次的总量生产函数：

$$Y = AK \tag{3-27}$$

其中，A 为常数。

如果资本积累遵循与新古典理论相同的方程：

$$\dot{K} = sY - \delta K \tag{3-28}$$

那么经济的增长率就等于：

$$g = \frac{\dot{K}}{K} = sA - \delta \tag{3-29}$$

可以看出，这一增长率相对于储蓄率 s 是递增的。

3.5.2　AK 模型的经济含义

对于增长过程的理解，AK 模型提供的则是"一刀切"（one-size-fits-all）的模式。这一模型既可以应用于已经积累了大量资本的发达国家，同样，也可以应用于非常落后的发展中国家。与新古典模型一样，AK 模型也假定某一经济的增长过程是独立于世界其他地区发展之外的，除非国际贸易可以改变资本积累的条件，可以改变 AK 模型所涉及的这种独立性。虽然如此，只要对创新和积累的区分是次要的，AK 模型在许多情况下都是一种有用的经济学理论分析工具。

通过对 AK 模型的分析，将看到 AK 模型如何被利用于分析开放经济中贸易条件的影响。利用 AK 模型可以分析从马尔萨斯经济向长期增长的经济的转型以及金融约束、财富不平等和增长之间的关系，并且这一模型也可以用来讨论波动性、风险和增长之间的关系以及增长和文化之间的关系。

3.5.3　AK 模型的适用性

显然，AK 模型直接放弃了资本边际收益递减规律，这显得很突然，在传统经济学看来是不符合常理的，而且 AK 模型不能预测绝对收敛和条件收敛。条件收敛被看作经济学中重要的一条经验法则，如果把模型中的 K 视为物质资本，那么 AK 函数显然不符合经验规律。这使得 AK 模型在实际应用过程中的说服力受到制约，但由于外部性或溢出效应的存在，AK 模型有助于理解总体上的收益不变以及收益递增问题。

3.6　卢卡斯模型

美国经济学家罗伯特·卢卡斯于 1988 年在美国《货币经济学杂志》上发表的《关于经济发展的机制》一文提出了两个较为新颖的人力资本积累模型。一个是强调要通过干中学获得人力资本积累的模型，称为阿罗型专业化人力资本积累模型；另一个是强调通过学校正规教育获得人力资本积累的模型，称为舒尔茨型人力资本积累模型（郭鹏辉，2006）。

3.6.1　卢卡斯模型的基本假设

卢卡斯模型的核心基本假设如下。

（1）人力资本的增长率是人们用于积累人力资本的时间比例的线性函数（这与纯粹的干中学模型有所不同），从而引入了人力资本生产部门。

（2）工人的人力资本水平不但影响自身的生产率，而且能够对整个社会的生产率产生影响（每一经济个体在进行决策时不考虑这部分影响），这是该模型能够产生递增规模收益（整个经济水平）和政府政策增长效应的基础。

3.6.2　卢卡斯模型的基本函数

罗伯特·卢卡斯认为，通过学校教育获得人力资本产生的是人力资本的"内部效应"，干中学产生的是人力资本的"外部效应"。假定有两种消费品 C_1 和 C_2，并没有物质资本，而且人口数量不变。那么第 i 种商品的生产方式如下：

$$C_{i(t)} = h_{i(t)} U_{i(t)} N_{i(t)}, \quad i = 1, 2 \tag{3-30}$$

其中，$h_{i(t)}$ 为专业生产商品 i 的人力资本，它通过干中学获得；$U_{i(t)}$ 为用于生产 i 商品的劳动系数，$U_i \geqslant 0$，且 $U_1 + U_2 = 1$，$U_{(t)}$ 为劳动投入量。

由于 $h_{i(t)}$ 是干中学的结果，那么 $h_{i(t)}$ 就随着生产商品 i 的数量增加而上升。所以，$h_{i(t)}$ 的变动可表示为

$$H_{i(t)}^0 = h_{i(t)} \delta_i U_{i(t)} \tag{3-31}$$

其中，δ_i 为人力资本的产出弹性，假如 $\delta_1 > \delta_2$，那么相对于 C_1，C_2 就是高技术商品。

罗伯特·卢卡斯在该模型中只考虑了人力资本的外部效应，而每种商品的生产和技能积累取决于本行业的平均技术水平。对于特定商品，专业化人力资本积累是递减的，因为在干中学的初期，技能增长很快，然后会逐步慢下来。不过由于产品不断更新，后来的专业技能积累会被赋予到新产品的学习上，从总体上看，专业化技能积累是递增的。在该模型中，罗伯特·卢卡斯吸取了宇泽弘文的建模思想，但放弃了宇泽弘文两部门增长模型的结构。罗伯特·卢卡斯假定每一个生产者将用一定比例 U 的时间来从事生产。如果该生产者从事生产和学习的时间为一个单位的话，则每个生产者将用（$1-U$）的时间来从事人力资本 H 的建设。罗伯特·卢卡斯以人力资本表示技术进步，然后通过新古典增长模型来推导他的将技术内生化的增长模型。所以，新古典经济增长模型可以写成：

$$N(t)C(t) + K^0(t) = A(t)K(t)^\alpha N(t)^{1-\alpha}, \quad 0 < \alpha < 1 \tag{3-32}$$

其中，$N(t)$ 为人口数量；$A(t)$ 为技术变化；$C(t)$ 为个人消费；$K(t)$ 为资本存量；$K^0(t)$ 为投资。

如果考虑人力资本的内部与外部效应，式（3-32）可改写为

$$N(t)C(t) + K^0(t) = AK(t)^\alpha \left[U(t)h(t)N(t) \right]^{1-\alpha} h_\beta(t)^\gamma \tag{3-33}$$

其中，A 为技术水平不变；$h(t)$ 为劳动者的劳动技能（人力资本）；$U(t)$ 为生产劳动时间，$1-U(t)$ 为人力资本积累（脱离劳动在学校学习的时间）；$h_\beta(t)^\gamma$ 为人力资本的外部效应。

由于人力资本变动是人力资本积累的函数，因此又有

$$h^0(t) = h(t)\delta\left[1 - U(t)\right] \tag{3-34}$$

其中，$h^0(t)$ 为人力资本的变动率；δ 为正常数。

在以上生产函数下可以推导出均衡条件下的增长率为

$$g = \frac{h^0(t)}{h(t)} = \frac{(1-\alpha)\left[\delta - (\rho - n)\right]}{\delta(1 - \alpha + \gamma) - \gamma} \tag{3-35}$$

其中，n 为劳动力增长率。尽管罗伯特·卢卡斯的均衡增长率仍与 n 有关，但与 Uzawa 模型不同，这里即使 n 等于 0 或负数，经济均衡增长仍是可能的。

3.6.3　卢卡斯模型的意义

卢卡斯模型的重要意义包括：

（1）经济增长不是新古典增长理论所假设的那样，通过资本积累过程实现，而是通过人力资本积累过程来实现。具体地说，就是人力资本的积累通过外部性作用机制，实现了经济系统的持续增长。

（2）资本和劳动力在国际中的流动主要表现为从低收入国家流向发达国家。这一点用新古典增长理论无法解释，因为根据新古典理论，资本和劳动力的流动应从物质资本和人力资本相对充裕的发达国家流向物质资本和人力资本相对稀缺的发展中国家。若依据罗伯特·卢卡斯的增长理论，则可以比较好地解释该现象。由于人力资本积累的外部性，即使发达国家与发展中国家的资本劳动比率相同，但发达国家人力资本水平高于发展中国家，因此发达国家资本和劳动力边际收益均大于发展中国家，这样便会导致资本和劳动力由人力资本水平较低的发展中国家流向人力资本水平较高的发达国家（Bovenberg and Smulders，1995）。

3.7　Grossman-Helpman 模型

Grossman-Helpman 模型为美国经济学家 John Grossman 和以色列经济学家 Elhanan Helpman 于 1991 年建立的以技术进步而非人力资本积累为基础的内生增长模型。该模型假定企业面临着这样一种决策，即在研究与开发领域投资多少，研究与开发活动反过来又会发明多少新产品或改进多少现有产品。研究与开发投资决策取决于研究与开发的效益和成本。研究与开发投资的效益是产生新产品，企业卖掉这种新产品取得利润（该模型假定对新产品的生产拥有产权）。因此，该模型隐含着一大堆有关市场条件和知识产权的假设，最终是为了说明企业具有稳定的需求条件。

3.7.1 Grossman-Helpman 模型的内涵

Grossman-Helpman 模型的研究与开发的成本取决于劳动力成本以及企业获取的知识。假定企业获取的知识越多，从事研究与开发活动的成本越低。一国的知识总量取决于所有企业过去从事的研究与开发活动总量。因此，每个企业都从其他企业所从事的研究与开发活动中受益，这就是说，研究与开发具有完全的外溢效应。换言之，研究与开发使企业有了新发明的机会，这种发明完全拥有私人产权，但同时也使公共知识存量增加了，这种公共知识存量可以被其他所有企业免费利用。这种外溢效应或者说技术外部性的存在说明政府政策要发挥作用。

3.7.2 Grossman-Helpman 模型的函数

在要建立的研究与开发模型中，技术变量 A 一方面被视为其中一个生产要素；另一方面它如同物质产品一样被开发，又可被视为一种知识产品。与物质产品不同的是，技术是作为一个整体被计量的，因而是总体变量。与此相适应，在涉及技术开发的模型中，我们采用总体变量，自然就不存在个体决策的问题。如此一来，经济由两个并行的生产部门构成：物质生产部门和研究与开发部门。物质生产部门遵循柯布–道格拉斯生产函数：

$$Y = C_Y K^\alpha (AL)^{1-\alpha} Y, \quad 0 < \alpha < 1 \tag{3-36}$$

其中，C_Y 为正的常数。技术产品一旦被开发出来，就不可能因使用而有丝毫损耗，因而技术变量 A 总是增加的，这就决定了研究与开发部门的"生产函数"要取不同于式（3-36）的如下形式：

$$A = C_A K^\xi A^\theta L^\eta \tag{3-37}$$

其中，C_A、ξ、θ、η 均为常数，$C_A > 0$，ξ、$\eta \geqslant 0$，$\xi + \eta > 0$。

从而，$g_K = g_K g_{Y/K} = g_K (g_Y - g_K) = g_K [\alpha g_K + (1-\alpha) g_{AL} - g_K]$；其次，由式 $A = C_A K^\xi A^\theta L^\eta$ 有 $g_A = C_A K^\xi A^{(\theta-1)} L^\eta$，得出 $g_A = g_A [\xi g_K + (\theta-1) g_A + \eta g_L]$；因此，我们可以得到二维系统为

$$\begin{cases} g_k = g_K [\alpha g_k + (1-\alpha) g_{AL} - g_K] \\ g_A = g_A [\xi g_k + (\theta-1) g_A - \eta g_L] \end{cases} \tag{3-38}$$

式（3-38）就是研究与开发模型的基本方程组。

由上面的基本方程组可以看出，在 (g_k, g_A) 平面上，直线 $g_A = g_K - n$ 与 $\xi g_K + (\theta-1)g_A + n\eta = 0$ 的交点就是系统的均衡点。下面分三种情况考虑其动态情况：

情况1：$\theta + \xi < 1$，$n > 0$。此时，由 $g_A = g_K - n$ 与 $\xi g_K + (\theta-1)g_A + n\eta = 0$，解出：

$$g_K^* = n + g_A^* \text{；} \quad g_A^* = \frac{n(\xi+\eta)}{1-\theta-\xi} \tag{3-39}$$

其中，$\left(g_K^*, g_A^*\right)$ 为上面二维系统基本方程组的唯一均衡点。利用 $g_K^* = n + g_A^*$ 与 $g_A^* = \frac{n(\xi+\eta)}{1-\theta-\xi}$ 又可以求得其他相关变量的均衡增长率。事实上，由 $C = (1-s)Y$ 可得出 $g_C = g_Y$。由 $g_K = g_K(g_Y - g_K)$ 又可以得出 $g_K^* = g_Y^*$，故 $g_K^* = g_Y^* = g_C^* = n + g_A^*$。若取 $x = g_A^*$，则上式 $g_K^* = g_Y^* = g_C^* = n + g_A^*$ 与索洛模型恰好是一致的。但现在 $x = g_A^*$ 是由模型内生地决定的均衡增长率，而并非如索洛模型中一样为外生参数。

情况2：$\theta + \xi > 1$ 或 $\theta + \xi = 1$，$n > 0$。此时，上式 $Y = C_Y K^\alpha (AL)^{1-\alpha} Y (0 < \alpha < 1)$ 中两直线在第一象限内并不相交，因而该系统内不存在正均衡点。这意味着技术与经济总量的增长率都将无限制地变大，所以排除掉 $\theta + \xi > 1$ 的设定。

情况3：$\theta + \xi = 1$，$n = 0$。此时，$g_A = g_K - n$ 与 $\xi g_K + (\theta-1)g_A + n\eta = 0$ 中两直线重合于 45°线，该直线上每点皆为均衡点，又可以将上面二维系统基本方程组表示为

$$\begin{cases} g_K = (1-\alpha)g_K[g_A - g_K] \\ g_A = \xi g_A[g_K - g_A] \end{cases} \tag{3-40}$$

消去 $g_A - g_K$ 后得

$$\frac{\mathrm{d}}{\mathrm{d}t}\ln\left(g_K^\xi g_A^{1-\alpha}\right) = \xi\frac{g_K}{g_K} + (1-\alpha)\frac{g_A}{g_A} = 0 \tag{3-41}$$

由此，可以计算得出 $g_K^\xi g_A^{1-\alpha} = \mathrm{const}$。

3.8 罗默模型

1986 年保罗·罗默在《收益递增经济增长模型》中提出了自己的内生经济增长模型，他认为知识和技术研发是经济增长的源泉。在模型中，他将社会生产划分为研究与开发部门、中间产品生产部门和最终产品生产部门。保罗·罗默的模型较为系统地分析了知识与技术对经济增长的作用，突出了研究与开发对经济增长的贡献，这与事实相符，但是其存在的主要缺陷是没有研究初始的人力资本状

况和对人力资本总量不变的假定。

3.8.1 罗默模型的基本内容

保罗·罗默沿着肯尼斯·阿罗的思路考察了内生技术进步对经济增长的贡献，并建立起了新内生增长理论。保罗·罗默在肯尼斯·阿罗的干中学模型的假定之上，发表《收益递增与长期增长》一文，该文章引起学术界的强烈关注，成为内生增长理论的起点。保罗·罗默继承了肯尼斯·阿罗的干中学模型的思想，把知识作为一个变量直接引入该模型。同时，他强调了知识积累的两个特征：第一，专业生产知识的积累随着资本积累的增加而增加；第二，知识具有"溢出效应"（Arrow，1962）。

以保罗·罗默为代表的新增长理论是在新古典主义关于外生技术进步的增长模型基础上发展起来的。保罗·罗默的内生增长模型的特点是，从技术内生化开始，始终强调以创意或知识产品为基础来理解经济增长和发展的机制。根据保罗·罗默的内生增长思想，发展中国家为了实现长期的经济增长，重要的是具备一种使新设计或创意能产生和使用的机制，这就要求政府政策的制定必须重视教育发展和科技投入、激励和保护创新。

保罗·罗默的模型中，除了列入资本和劳动这两个生产要素以外，还有另外两个要素，它们是人力资本、技术水平。该模型中所列入的劳动是指非熟练劳动，人力资本则指熟练劳动，人力资本用正式教育和在职培训等受教育时间长度来表示，这样就把知识或教育水平在经济增长中的作用考虑进去了。

关于模型中所列入的技术水平这个要素，保罗·罗默认为它体现于物质产品之上，如新的设备、新的原材料等，它们表示技术创新的成果。换言之，知识的进步体现在两方面：一方面是体现于劳动者身上的熟练程度，它在模型中用人力资本来表示；另一方面是体现于新设备、新原材料等物质产品之上的技术先进性，它在模型中用技术水平表示出来。

3.8.2 罗默模型的函数

在干中学模型思想的指导下，保罗·罗默给出了如下形式的生产函数：

$$F_i = F(k_i, K, \bar{x}_i) \tag{3-42}$$

其中，F_i 为 i 厂商的产出水平；k_i 为 i 厂商生产某产品的专业化知识；$\bar{x}_i$ 为 i 厂商其他各生产要素的向量；$K = \sum_{i=1}^{n} k_i$ 为整个社会的知识水平总和。

该模型包括以下五个方面的基本假定：①经济增长依赖技术进步；②所有企业的知识均为公共产品，并且每个企业都能通过零成本来获取所需的产品；③技术进步是通过研发和人力资本的积累实现的；④在此封闭的经济体包含最终产品生产部门、中间产品生产部门和研究与开发部门；⑤该生产过程需投入四种要素：劳动力（L）、人力资本（H）、技术水平（A）和资本（K）。投入要素中使用的人力资本（H）和技术水平（A）是分开解释的，人力资本要素在企业间是存在竞争性的，技术水平却是非竞争性的。因为技术水平的存在是独立于任何一个个体的，并且其增长是无限的。在一个明确的生产过程中，每一个新的知识对应于一个设计或是一个新产品，所以说对于测量技术水平没有任何概念上的问题。技术水平是设计的数量的总和。罗默模型研究显示，知识的外部性导致的规模收益递增是经济增长的主要原因。知识的正外部性和中间产品的垄断定价使该模型最终实现的经济增长均衡状态低于社会最优状态。政府可以对知识积累进行补贴，这样有利于增加人力资本，从而促进经济增长。

罗默模型有以下四种投入要素：①资本，资本 K 以消费品单位计量；②劳动力，劳动力 L 以就业人数计量；③人力资本，人力资本 H 用正式教育和在职培训活动的累积效应计量；④技术水平指数。罗默模型有以下三个部门：①研究与开发部门。投入：人力资本及现有的知识存量；产出：新的设计。②中间产品生产部门。投入：新设计、已有的产出；产出：耐用资本设备。③最终产品生产部门。投入：劳动力、人力资本、耐用资本设备；产出：消费品（其中一部分用于生产新资本品）。

从保罗·罗默的生产函数、假定、投入要素和部门中可以推出如下结论：①当专业知识积累的递减速度大于整体知识积累的增加速度时，生产处于规模收益递减状态。②当专业知识积累的递减速度恰好等于整体知识积累的递增速度时，生产处于规模收益不变状态，经济将按一常数增长。③当专业知识积累的递减速度小于整体知识积累的递增速度时，生产处于规模收益递增状态，增长率将以常数增长。

3.8.3 罗默模型的意义

最初的罗默模型是假定在完全竞争的条件下，并采用全经济范围的收益递增和技术外部性来解释经济增长的。但完全竞争的假设一方面限制了罗默模型的解释力和实用性；另一方面又无法较好地描述技术商品所具有的非竞争性和部分排他性的特点。因此，保罗·罗默在1990年又提出了第二个内生增长模型，并明确表示知识在生产上是非竞争性的，在使用过程中是部分排他性的产品，从而将完全竞争扩展到不完全竞争的条件下（肖敏，2018）。

罗默模型有三个基本前提和假定：第一，技术进步是经济增长的核心，大部分的技术进步源于市场激励而导致的有意识的投资行为，即技术是内生的创新，能使知识成为商品。第二，在模型中，将经济分为三个部门：一是研究与开发部门，利用人力资本和既存知识生产出新知识并开发新产品；二是中间产品生产部门，大量生产新产品提供给最终产品生产部门；三是最终产品生产部门，使用劳动力、人力资本等生产要素产出最终产品。第三，在模型中，生产投入被划分为四种类型：有形资本、非技术劳动 Z、人力资本和技术。在模型中技术水平是可以无界限递增的，但是人口是固定的，致力于研究开发新中间产品的人力越多，生产部门的劳动生产率越高，从而维持效益持续增长。罗默模型作为内生经济增长理论的基础模型是建立在完全竞争条件下的，随后又不断完善扩充到不完全竞争的条件。它所要阐述的观点如下：一是凸显技术进步对经济增长的重要性，并将其转化为经济增长模型中的因变量；二是持续的知识和技术投入不是零成本偶然产生的资源；三是鼓励政府对知识生产持续投资以促进经济增长。实质与索洛模型相似，都是着重强调技术进步对经济增长至关重要，是增长的引擎。二者之间的主要差别就是罗默模型将技术内生化并打破报酬递减的规则，假设边际报酬是递增的。索洛模型则是将技术进步看成外生因素。经上述分析之后，我们可以引出罗默模型背后的政策含义。保罗·罗默对政府在经济运行过程中的干预是持支持态度的，这主要是由于在一般情况下，竞争均衡与社会最优不相一致，因此得出竞争均衡就是一种社会次优的状态的结论。

总的来说，罗默模型的重要意义如下：①经济增长不再依赖于知识的溢出效应，保证经济持续增长，克服资本积累过程中收益递减问题的关键是生产过程中新投入品的不断引入。新产品蕴含了新知识，在其被生产出来之前，需要由研究与开发部门提供设计思想。②知识的作用体现在导致新技术的产生，促进知识的积累方面。③经济增长率取决于人力资本水平。人力资本水平越高，经济增长率就越高。④由于知识的溢出效应和专利的垄断性，政府的干预是必要的，政府可通过补贴的政策以提高经济增长率和社会福利水平。

罗默模型表明完全竞争的市场所带来的增长不是最理想的，垄断竞争是必要的。只有在产权确定并受到保护时，市场才能充分发挥其作为分配机制的作用。如果没有专利权、著作权、商标等这些保护知识产权的制度，人们就会任意模仿，导致创新的激励减少，经济增长放慢。此外，罗默模型表明人力资本的规模是经济增长的主要决定力量，对人力资本的投资至关重要。

在包含外生技术进步的新古典经济增长模型中，资本的边际报酬递减规律决定了资本积累不能持久进行，从而使得均衡增长状态的人均资本增长率为零，从理论上无法说明持续经济增长问题。如果能够避免资本边际生产力递减现象出现，保证长期资本积累可能性，就有可能使得均衡增长状态的效率人均资本能够持续增长。在经济增长理论框架中寻找能使资本的边际生产力下限不为零的生产函数就成为新增长理论的重要内容。新古典经济增长理论在此时迎来了内生增长理论的时代。然而，内生增长理论模型至今尚未形成一个统一的框架。但不管是人力资本观点，还是知识外溢观点、研究与开发观点、劳动分工和专业化观点或者是干中学观点，按照保罗·罗默的分析，这些因素都会引起规模报酬递增的效应——只是规模报酬体现在资本或者劳动要素上，最终会改变经济增长的新古典性质。

具有代表性的内生经济增长模型主要包括卢卡斯模型、Grossman-Helpman 模型与罗默模型。从内生经济增长模型对经济增长主题的回答上，明显可以发现它们与古典经济增长模型、新古典经济增长模型的不同。具体来说，包括以下三个方面的内容：①内生经济增长模型在对经济增长的动力来源上几乎都强调技术进步的影响。正如保罗·罗默指出的，技术进步的意义在于产生了规模报酬递增的现象，只有这样，经济增长的动力来源才永远不会减弱。问题只是在于经济学家对于导致规模报酬递增的来源有不同的解释。②内生经济增长模型的另一个重要意义在于提供了对经济增长趋同性（收敛性）的不同解释。内生增长理论认为，由于技术进步在国家之间的差异性，各国经济增长完全可能是不收敛的（发散的）。内生增长模型可以解释发达国家与发展中国家经济增长上的差异。③当然，任何模型研究必须进行经验验证，这既是对理论正确与否的检验，也是理论发展的方向。正是由于内生经济增长模型具有古典经济增长模型与新古典经济增长模型等外生经济增长模型所不具有的变量内生化特征，本书将内生增长理论的经典模型作为绿色增长测度与评价的理论模型。

第二篇　方　法　篇

第4章 绿色增长测度评价现状及框架

科学合理、真实有效的评价方法和模型是评价绿色增长的重要工具，国内外有关绿色增长的评价已经形成了比较丰富的研究成果。

4.1 绿色增长测度与评价的现状

随着绿色增长理论不断发展，受众面与关注度不断上升，绿色增长战略也正在逐渐由理论向实践方向转变。由此检验绿色增长对实际的贡献程度，获取绿色增长的战略绩效，防止理论与实践的脱钩，进而对绿色增长进行客观评价成为绿色增长理论进一步发展的重要一环。绿色增长评价指标体系的建立，不仅能够对当前因绿色增长战略实施而取得的成果进行总结，包括经济的绿色程度、环境质量的提升及社会福利水平的变化，还能检验绿色增长战略的理论与实践价值，同时对当前绿色增长战略进行评价，能够对接下来的战略实施进行反馈，对绿色增长战略执行进行调整。因而无论从哪一方面来看，构建客观高效的评价指标体系对绿色增长理论的成熟发展都至关重要。

4.1.1 国际绿色增长测度与评价的现状

国内外关于绿色增长评价的研究主要集中于国家或地区层面，通过构建绿色增长评价框架及指标体系，衡量特定国家或地区的绿色增长水平，观察绿色增长水平变化的趋势，以此评价该国家或地区实施绿色增长政策的进展。

OECD（2011）率先提出具有广泛国际比较性、灵活性和适用性的绿色增长评价框架及指标体系，为各国绿色增长评价提供借鉴和示范。评价框架将经济产出（产品和服务）和用来生产它的经济、社会和环境投入联系起来。投入包括以劳动力、资本和能源为方式的传统投入，以及一系列一般情况下不会考虑到的投入，如环境服务（自然资源、空气的碳汇功能、水和土壤对排放的吸收）和生态系统服务（稳定的气候天气类型、水起到的调节与净化服务、如授粉等来自生物多样性的服务）投入等。指标体系包括五个维度：衡量环境与资源的生产率的指标；衡量经济的自然资产基础的指标；衡量生活的环境质量的指标；衡量政策反应和经济机会的指标；衡量社会经济背景与增长特征的指标。OECD 指标体系自提出即迎来广泛的应用，许多国家将使用 OECD 指标体系进行评价作为该国绿色增长倡议或战略的一部分，如捷克、丹麦、德国、韩国、墨西哥、荷兰、斯洛伐克、斯洛文尼亚等。紧随 OECD 的步伐，国际组织及各国学者也纷纷提出了绿色增长评价的框架及指标体系。

The World Bank（2012）提出了评价绿色增长政策潜在收益的评价框架。该框架从环境效益、经济效益、社会效益 3 个维度、6 个角度选取指标。6 个角度包括：衡量生态环境改善的指标，如温室气体排放的减少、自然保护区、空气及水质量等；衡量生产要素增加的指标，如生态系统定价、可再生资源、追加资本的定价等；衡量通过纠正市场失灵而促进创新的指标，如太阳能发电效率、使用太阳能的人口数等；衡量通过纠正非环境市场失灵而提升效率的指标，如生产能源强度、交通拥堵所带来的时间价值的减少等；衡量自然灾害、日用品价格波动、经济危机的弹性的指标，如得以避免的灾害损失、易受洪水影响的人口数、易受油价波动影响的人口数等；衡量创造就业和减少贫困的指标，如创造工作机会数、没有安全干净饮用水的人口数减少等。

UNEP（2012）提出了评价绿色经济政策的三阶段指标。初级阶段，要选择衡量环境问题和目标的指标，如气候变化、生态系统管理、资源效率、化学品及废弃物管理等。中间阶段，要选择衡量政策干预的指标，如绿色投资、绿色财政改革、外部性定价及生态系统服务定价、绿色采购、绿色就业技能培训等。终级阶段，要选择衡量政策对幸福与平等的影响的指标，如就业、环境产品及服务部门表现、总财富、资源享有、健康等。

GGKP（2013）总结了 OECD、UNEP、世界银行及 GGGI 的评价体系，提出一个分析绿色增长的框架和一套选择指标的准则，并在此基础上提出一个融合的指标体系。该指标体系包括 5 个维度：自然资产基础、环境及资源效率、生活环境质量、政策与经济机会、社会经济背景。GGKP 提出的指标体系大体是基于 OECD 的研究。

ESCAP 提出了一个旨在反映发展中国家特殊环境的绿色增长评价指标框架，该框架基于一个更广泛的增长质量的观念，包含了 5 个主要维度：平等与包容、效率和生产力、结构转变、自然资本投资、生态底线。

国家层面的绿色增长评价研究的最典型应用是韩国。韩国是第一个将绿色增长上升为国家意愿与战略的国家，其构建了一个旨在实施绿色增长战略的综合的制度和法律体制。该战略由 3 个主要目标、10 个政策方向及 50 个行动领域组成。
2011 年 11 月，韩国统计局以 3 大目标、10 个政策方向为框架选择了 30 个指标以
评价绿色增长政策的表现以及绿色增长战略的实施进展，并编制了韩国绿色增长
的 5 年计划。指标选择依据三个原则——政策相关性、分析完整性及数据可取得
性。2012 年 3 月，韩国统计局公布引入 OECD 开发的绿色增长评价指标体系评价
韩国绿色增长战略实施进展的报告，该指标体系包含 23 个指标。两个指标体系的
主要不同在于 OECD 指标体系中的自然资产类指标在韩国指标体系中并无体现。
相比于 OECD 指标体系，韩国指标体系更关注生活方式的变革（尤其是消费模式
和城市环境的变革）与产业结构的转变。尽管存在不同，但两个指标体系在重要
方面存在相似。两个指标体系中约有一半相同的指标，也正因为此，两个指标体
系也得出了相似的结论。然而，两个指标体系对财政稳定、分配不均等方面关注
甚少，这是两个指标体系存在的不足。从评价结果来看，韩国对于绿色增长的承
诺似乎开启了向更绿色经济的转变过程，具体表现在更加绿色的生活方式以及环
境负担与 GDP 的一定程度的脱钩方面。然而，尽管得到了积极的评价结果，依然
无法判定未来是否迈向更绿色的经济。例如，实施绿色增长战略的决定性指标环
境税费占比是逐年减少的（2010 年有所增加）。不论如何，韩国倡导绿色增长的
努力是值得肯定的，为各国实施绿色增长战略，评价绿色增长进展提供了借鉴和
参考。

4.1.2　中国绿色增长的测度与评价现状

　　虽然目前国内外学者对绿色增长指标体系及其评价的研究不多，但随着绿色
增长的评价研究重要程度的提高，越来越多的科研机构及专家学者将会逐渐开始
关注绿色增长评价体系的研究与构建。在现有的绿色增长评价研究领域中，国内
外学者围绕绿色增长评价指标取得了一定的研究进展，其中 Kim 等（2014）的研
究具有一定代表性。Kim 等（2014）在 OECD 绿色增长评价指标框架的基础上，
围绕产品生产消费过程中的环境效率、生产与消费模式的变化、自然资本存量与
环境质量、生活质量及经济主体对绿色增长的响应 5 个方面挑选出 12 个指标构建
绿色增长评价指标体系，用以对 30 个国家绿色增长战略进行比较。国内学者武春
友、卢小丽、于惊涛、郭玲玲等通过对比国内外绿色增长评价指标，结合我国特
定的绿色增长实施环境，构建中国绿色增长评价体系，对我国绿色增长战略的执
行进行了客观评价，并结合评价结果对我国有效落实绿色增长战略提供了可行建
议。总的来说，我国城镇化和工业化的发展，导致了城乡长期存在资源消耗和生
态环境问题。随着发展意识的转变及对生态环境的重视，我国也在一直努力谋求

绿色转型，经济结构开始转型发展，经济增长由粗放型转向绿色增长，但是由于我国特殊的国情，国家推动绿色增长与发达国家相比，有不同的基础条件及侧重点。

（1）保证经济安全。中国作为世界上人口最多的国家，要保证农业生产的安全以及人口的充分就业以维持国家的稳定，这离不开经济的发展和人民生活水平的提高，要求优化经济结构体系。

（2）保护生态环境。和发达国家的发展历程相似，中国的快速发展也不可避免地造成了生态环境问题，基于此，中国绿色增长要解决更多历史性和累积性的生态环境问题。要求对传统的产业进行绿色化改造，使其达到生态的标准，摒弃那些对生态环境破坏严重的产业，寻求发展新的绿色产业和经济增长点。

（3）资源和要素的合理流动和分配。缩小区域、城乡、工农的差距，促进区域整体经济发展也是绿色增长关注的重要方面。

4.1.3　绿色增长测度与评价的思路

绿色增长测度与评价的思路如下。

（1）依据国际组织机构设置的绿色增长指标，各国根据自身实际情况，在一级指标基础上进行筛选和拓展，分层次定性评价绿色增长水平。关于宏观层面的研究，OECD 从整个社会经济环境资源的视角，系统构建了"生产、资源、消费、政策"的绿色增长衡量和评估框架。此类评价指标的特点在于评价指标基于国际机构的研究，较有理论基础，但此类指标适合应用于国家区域层面的绿色增长研究，对于中观和微观层次的绿色增长评价的指导性意义不足。基于已有指标体系的评价研究多采用定性的层次分析法测评绿色增长，往往比较的是绿色增长的多个方面，而不能综合评价绿色增长水平。

（2）采用计量经济学方法解决了已有指标不能综合评价绿色增长水平的问题，计量经济学方法是采用定量的方式，将所有需考虑的要素均投入计量模型中评价绿色增长水平。这种方法的优势在于能够横向比较绿色增长水平，但不能纵向对比绿色增长水平，也不能体现绿色增长的动态过程及内部的动态机制，无法得知绿色增长的内在作用机制与影响因素大小。

（3）越来越多的学者开始从系统角度开展绿色增长评价研究，通过构建绿色增长系统模型探析绿色增长的动力机制和内部影响过程，并动态评价绿色增长水平，探析绿色增长水平发展历程和未来趋势。系统动力学方法既能克服已有指标体系的缺点，又能展现绿色增长内部的动态过程，发现绿色增长的内部过程，有效找到绿色增长好的方面与坏的方面，并提出针对性建议。绿色增长的理念已获得广泛认同，学者对其概念与内涵也基本达成了共识。但在实践层面，已有研究多着眼于以地理划分的国家与区域层面，关于产业层面如何衡量与评价绿色增长的研究较少。

4.2　国外绿色增长测度与评价的理论框架

国外对于绿色增长测度与评价的研究主要由 GGKP 主导。GGKP 于 2012 年 1 月由 OECD、UNEP、全球绿色增长研究所和世界银行联合在墨西哥城正式成立和启动，是一个由相关研究人员联合绿色发展领域专家组成的全球网络，用于确定和解决绿色增长理论和实践中的主要知识差距。该平台已经在绿色增长测度和评价领域取得了一定的研究成果，如 OECD 绿色增长衡量框架、UNEP 绿色经济衡量框架、GGGI 绿色增长计划评价框架和世界银行绿色增长政策衡量框架等，这些研究成果为后续绿色增长的测度和评价提供了宝贵的参考和借鉴。

4.2.1　OECD 绿色增长衡量框架

随着绿色理念在全球范围内的迅速传播，OECD 各个成员国家已经普遍认识到 "环保与增长的相辅相成，并且认为应进一步努力实施绿色增长战略以应对危机"。基于此，2009 年 6 月，在 OECD 理事会部长级会议上，来自 34 个国家的部长共同授权 OECD 制定一项绿色增长战略，旨在提出一个融经济、环境、社会、技术及发展于一体的全面综合框架（OECD，2011）。

1. OECD 绿色增长发展指标体系

OECD 的绿色增长衡量框架以揭示不同国家绿色增长水平为目的，框架指标设计较为灵活，允许个别国家选取地方性的发展指标。基于该框架，OECD 构建了一套涵盖生产、消费与环境 3 大类别的指标体系。该指标体系共包括 4 类相关联的要素指标：①环境及资源生产率，反映使用自然资本的效率及较少在经济模型、会计系统中得到量化的生产因素。②经济及环境资产，资产基础的动摇会影响经济增长的可持续性，这就要求保持这些资产完好无损。③生活环境质量，反映环境对人们生活质量的直接影响，如饮用水污染、空气污染等不良影响。④经济机遇及政策应对，反映绿色增长政策的效率以及政策效果最显著的领域。在上述 4 类相关联要素指标下，又分别包含了 12 个一级指标、23 个二级指标，具体指标体系如表 4-1 所示（OECD，2011）。

表 4-1 OECD 绿色增长发展指标体系

要素指标	一级指标	二级指标
环境及资源生产率	碳和能源生产率	二氧化碳生产率
		能源生产率
	资源生产率	材料生产率
		水资源生产率
	多要素生产率	多要素生产率
经济及环境资产	可再生资源	淡水资源
		森林资源
		渔业资源
	非可再生资源	矿产资源
		土地资源
		土壤资源
	生物多样性和生态系统	野生动物资源
生活环境质量	环境健康与风险	环境引起的健康问题和相关费用
		自然或工业风险及相关经济损失
	环境服务和便利设施	污水和饮用水处理通道
经济机遇及政策应对	技术与创新	对绿色增长有重要意义的研发工作
		对绿色增长有重要意义的专利
		环境相关创新
	环境商品和服务	环境产品和服务的生产
	国际资金流动	对绿色增长具有重要意义的国际资金流动
	价格和转让	环境相关税收
		能源定价
		水价与成本回收

2. OECD 绿色增长衡量框架及其应用

OECD 衡量框架与指标体系涵盖了各国生态、经济、制度与政策等方面的大部分信息，故已经被广泛应用于墨西哥、荷兰、捷克等国家。例如，墨西哥以OECD 衡量框架为基础构建了本国的绿色增长指标体系，并利用驱动力-压力-状态-响应力（drive-pressure-state-response，DPSR）模型来衡量经济生产对自然环境造成的影响；荷兰虽然采用了 OECD 的指标体系，但为确保指标数据的一致性，其评价指标数据大多来自荷兰环境与经济综合核算体系；捷克在 OECD 指标框架的基础上，增加了可持续发展与公平的要素，以衡量社会层面的绿色增长情况。

OECD 绿色增长衡量框架在衡量绿色增长方面的工作是衡量福祉和可持续性这一更广泛议程的一部分。《迈向绿色增长：监测进展报告》与《绿色增长战略》一起发布，OECD 绿色增长衡量框架已成为成员国（如捷克、丹麦、德国、韩国、墨西哥、荷兰、斯洛伐克和斯洛文尼亚）绿色增长倡议的一部分。其他发达国家、新兴国家和发展中国家已与 OECD 接触，支持其绿色增长指标的实际应用。在拉丁美洲和加勒比地区，哥伦比亚、哥斯达黎加、厄瓜多尔、危地马拉、巴拉圭和秘鲁也正在编制基于绿色增长指标的报告。同时东欧、高加索和中亚及东亚区域的一些国家也在努力采用 OECD 的指标。

来自各国的反馈表明，OECD 绿色增长衡量框架对发达国家、新兴国家和发展中国家的各种环境和利益的适应性是关键。各国根据自身具体情况和政策需要，确定了工作重点。例如，OECD 国家普遍认为"生产—功能"方法对衡量绿色增长是有用的。在拉丁美洲和加勒比地区，各国已将绿色增长指标视为主要围绕与环境有关的人民生活水平和绿色增长机会制定国家政策议程的有力工具。在东欧、高加索和中亚地区，对自然资产进行商业开发一直是优先事项，而东亚地区则强调了经济机会。

4.2.2 UNEP 绿色经济衡量框架

自从 1989 年英国经济学家大卫·皮尔斯提出"绿色经济"以来，"绿色经济"的概念在全球范围内得以迅速传播。20 世纪 90 年代，UNEP 和其他一些国际机构就开始对绿色经济、绿色 GDP、绿色增长等领域进行相关研究。2008 年 10 月，UNEP 提出倡导"绿色经济"与"绿色新政"，同年 12 月，UNEP 召开《绿色经济行动倡议》项目启动会与《全球绿色新政》专家会议。2009 年，OECD 理事会部长级会议正式提出绿色经济倡议，认为绿色经济能够在解决金融危机、创造就业机会和保护环境等方面发挥巨大的作用。此后，绿色经济得到二十国峰会的支持，并写入二十国峰会的联合声明。2011 年，UNEP（2011）将绿色经济正式定义为："绿色经济是指可促进改善人类福祉和社会公平，同时又可以显著降低环境风险和生态稀缺的经济"。换句话来说，绿色经济可视为一种低碳、资源高效型和社会包容型经济（UNEP，2011）。在绿色经济中，收入和就业的增长得益于那些降低环境污染、增强能源与资源效率、防止生物多样性及生态系统服务丧失的公共与私人投资，同时这些投资也需要有针对性的公共支出、政策改革及法规变革来促进与支持。

1. UNEP 绿色经济衡量指标体系

为了搭建起理论与实践的桥梁，在过去20多年里，绿色经济在评价指标研究领域取得了重大的进步，但在制定基准和衡量绿色实践的进展与效果方面仍存在巨大的挑战。经过与利益相关者协商，UNEP 在现有指标的基础上开始探索构建衡量绿色经济的指标体系，旨在为世界各国政策制定者提供有价值的、实用的指导。它构建的绿色经济衡量框架包含环境、政策及幸福公平 3 个准则层、14 个要素层、41 个指标层，评价模型如表 4-2 所示。

表 4-2　UNEP 绿色经济衡量指标体系

准则层	要素层	指标层
环境	气候变化	碳排放量（吨/年）
		可再生能源（占电力供应的百分比）
		人均能耗（英热单位[①]）
	生态系统管理	林地（公顷）
		水分胁迫（%）
		陆海保护区（公顷）
	资源效率	能源生产率（英热单位/美元）
		材料生产率（吨/美元）
		水资源生产率（米^3/美元）
		二氧化碳生产率（吨/美元）
	化学品和废物管理	废物收集率（%）
		废物回收利用率（%）
		废物产生量（吨/年）或填埋区（公顷）
政策	绿色投资	研发投资（占 GDP 的百分比）
		环境产品和服务部门投资（美元/年）
	绿色财政改革	化石燃料、水和渔业补贴（美元或%）
		化石燃料税（美元或%）
		可再生能源奖励（美元或%）
	外部性定价与生态系统服务价值评估	碳排放税（美元/吨）
		生态系统服务价值（如供水）
	绿色采购	可持续采购支出（美元/年和%）
		政府运营的二氧化碳和材料生产率（吨/美元）
	绿色岗位技能培训	培训支出（美元/年，占 GDP 的百分比）
		培训人数（人/年）
幸福公平	就业	施工（人，%）
		经营管理（人，%）

---

① 1 英热单位 ≈ 1 055.07 焦耳。

续表

准则层	要素层	指标层
幸福公平	就业	收入（美元/年）
		基尼系数
	环境产品及服务业	增值（美元/年）
		就业（岗位数）
		二氧化碳和材料生产率（如美元/吨）
	总财富	自然资源存量价值（美元）
		年净增加/减少值（美元/年）
		识字率（%）
	获得资源	获得现代能源的比例（%）
		获得水的比例（%）
		获得卫生设施的比例（%）
		获得医疗保健的机会百分比（%）
	保健	饮用水中有害化学物质含量（克/升）
		因空气污染而住院的人数（人）
		每 10 万个居民道路交通死亡人数（与交通有关）

资料来源：UNEP（2012）

　　对农业、森林、绿色建筑、可再生能源和核能、城市生活垃圾、城市公共交通、水泥产业等行业从绿色经济角度进行界定，分析绿色经济对经济、社会和环境系统的影响。UNEP 所构建的绿色经济衡量框架更加注重环境保护与污染治理，强调将更多的资金投入环境领域，同时更多体现了人类福祉与社会进步（UNEP，2012）。

　　2. UNEP 绿色经济衡量指标体系的应用

　　UNEP 绿色经济衡量指标体系指标分为三大类：①绿色经济政策要解决的问题和目标指标；②政策干预指标；③对所采取政策的事前评估和事后监测评估的影响指标。2012 年 12 月，UNEP 发表了一份题为"衡量在实现包容性绿色经济方面取得的进展"的框架文件，并编写了关于使用指标制定绿色经济政策的手册，该手册适用于 UNEP 提供咨询服务的所有国家。

　　3. UNEP 指标体系与 OECD 框架比较

　　从设计理念上看，UNEP 绿色经济衡量框架与 OECD 绿色增长战略衡量框架很类似，均涉及社会、经济与环境三个领域，追求的目标是降低环境压力，最终实现社会—经济—环境的协调发展。但二者关注的重点略有不同：一方面，OECD 的绿色增长战略更加注重经济的增长，强调在经济发展的过程中实现资源环境的可持续发展，而 UNEP 的绿色经济战略更加注重环境保护与污染治理，强调将更多的资金投资到环境领域；另一方面，UNEP 所构建的绿色经济指标体系更多体现了人类福祉与社会进步，而 OECD 较少关注该方面，更多关注绿色政策对经济活动的影响。

4.2.3　GGGI 绿色增长计划评价框架

GGGI 属于一种新型国际组织，由时任韩国总统李明博于 2010 年 6 月 16 日发起成立。该组织旨在搭建一个国际平台，架构发展中国家、新兴国家与发达国家之间的绿色增长国际合作桥梁，来支持其成员国通过实施促进削减贫困、社会包容、环境可持续增长的战略，实现经济的绿色增长。

GGGI 认为经济增长与环境可持续发展的相互融合对人类未来发展至关重要。考虑到绿色增长是一个多维度的概念，GGGI 设计了一个涵盖发展与可持续两个大方面的绿色增长计划评价指标体系。具体而言，该指标体系共包括幸福、经济、生态系统、资源与气候 5 个主要素，贫穷、获得、健康、教育等 17 个次要素，生活在退化土地上的人口、基尼系数、每日低于 1 美元的人口比例、就业人口比等 58 个指标（表 4-3）。GGGI 评价指标体系更强调了经济增长与环境可持续发展的兼容性。

表 4-3　GGGI 绿色增长计划评价指标体系

主要素	次要素	指标
幸福	贫穷	生活在退化土地上的人口
		基尼系数
		每日低于 1 美元的人口比例（购买力平价国际元）
		就业人口比（15 岁及以上）
	获得	获得电力
		获得改善的水源
		获得改善卫生条件的人口比例
		水覆盖范围（服务区内的自来水）
		污水覆盖范围（服务区内的污水系统通道）
	健康	60 岁预期寿命
		5 岁以下死亡率
		病床数
		营养不良流行率（体重不足）
	教育	识字率，成人总数（15 岁及以上）
		小学入学率
		中学入学率
		高等教育入学率

续表

主要素	次要素	指标
经济	收入	GDP（购买力平价）
		人均 GDP（购买力平价）
		GDP 增长
	工业	农业、制造业、服务业份额
		旅游外汇收入
		外国直接投资，净流量
	基础设施	道路密度
		沥青道路
		收集用户
		互联网用户
	可持续消费	材料消耗
		废物产生
		生态足迹
生态系统	生物多样性	濒危物种
		陆地和海洋区域受保护面积
		地球生命力指数
		全球环境基金生物多样性效益指数
	海洋	珊瑚礁
		海洋保护区
		红树林
资源	能源与矿产	能源供应（一次能源供应总量）
		能耗（最终总能耗）
		能源强度
		人均能源使用
		使用非化石燃料发电
	水资源	每年抽取淡水总量
		用水强度
		缺水指数
		水分胁迫指数
	渔业	渔业总产量
	林业	林区
		毁林
		森林面积的变化
气候	温室气体排放	二氧化碳排放
		单位 GDP 二氧化碳排放量

续表

主要素	次要素	指标
气候	温室气体排放	人均二氧化碳排放量
		温室气体强度
	废气排放量	人均氮氧化物排放量
		人均硫氧化物排放量
	脆弱性	干旱、洪水、极端温度
		脆弱性指数

资料来源：GGKP（2013）

4.2.4　世界银行绿色增长政策衡量框架

2012 年 5 月 9 日，世界银行在韩国首尔市召开了"全球绿色增长峰会"，并在会上发布了名为"包容性绿色增长：可持续发展之路"的报告，以敦促各国政府在推行经济增长政策时加强绿色意识（The World Bank，2012）。该报告指出，为了准确度量绿色增长的进展，各国应在采用 GDP 等传统指标的同时实施综合财富核算和生态系统评价，对生产过程中使用的资源和造成的污染进行更好的度量。

世界银行认为多准则分析法适合于绿色增长的度量，有助于分析绿色增长影响要素的协同效应，为决策者提供有价值的绿色政策潜在效益的信息，因此，世界银行通过建立一整套指标体系来衡量绿色增长政策的潜在效益。在此基础上，世界银行构建了涵盖环境、经济、社会 3 大效益层、6 个准则层的绿色增长政策潜在效益的衡量框架。如表 4-4 所示，并对每个准则层进行了分解（GGKP，2013）。

表 4-4　世界银行绿色增长政策衡量指标体系

效益层	准则层	指标层示例
环境	改善环境	专门为所涉领域制定的指标（如减少温室气体排放、保护不受发展影响的自然面积、空气或水质）
经济	生产要素增加（物质资本、人力资本和自然资本）	以增加资本的额外生产（可能以生态系统或可再生资源的价值来衡量）或额外资本的价值来衡量
	通过纠正知识市场失灵加速创新	以生产力指标（如用于发电的光伏电池板的效率）或传播指标（如能够获得光伏电力的人口比例）来衡量
	通过纠正非环境市场失灵提高效率	以资源效率指标（如生产的物质或能源强度、因拥挤而损失的时间价值）或额外生产来衡量
社会	增强对自然灾害、大宗商品价格波动和经济危机的抵御能力	以与项目相关的指标衡量，从避免的灾害损失（以货币计算）或面临洪水风险的人数，到衡量油价波动的脆弱性
	创造就业和减贫	以创造就业机会的数量或对穷人影响的指标（如无法获得饮用水和卫生设施的人数减少量）来衡量

随着政府对绿色增长的关注，国外学者在绿色增长评估指标体系的构建与应用研究方面取得了很大的进展。其中，比较具有代表性的包括：Hall 和 Kerr（1991）建立了一个由绿色状态与绿色政策 2 个一级指标、9 个二级指标及 256 个三级指标构成的绿色指数评价指标体系；Kim 等（2014）以 OECD 绿色增长衡量框架为依据，从生产、消费、自然、生活、政策 5 个维度选取了 12 个指标构建了绿色增长评价指标体系。

4.3　国内绿色增长的测度与评价框架

国内对绿色增长测度与评价体系的研究起步较晚，但发展势头迅猛，发展潜力巨大，涌现出了一批如中国绿色发展指数和中国可持续发展能力指数等有价值的评价指标体系。

4.3.1　中国绿色发展指数

在总结国内外绿色发展等相关理论与实践成果的基础上，结合中国经济增长的实际情况，2010 年由北京师范大学科学发展观与经济可持续发展研究基地、西南财经大学绿色经济与经济可持续发展研究基地、国家统计局中国经济景气监测中心三个单位组成的绿色发展研究课题组（以下简称北师大课题组），建立了一套绿色发展的监测指标体系和指标测算体系，用以衡量中国绿色经济的发展水平。从 2010 年开始，三家合作单位连续五年分别推出《2010 中国绿色发展指数年度报告》《2011 中国绿色发展指数报告》《2012 中国绿色发展指数报告》《2013 中国绿色发展指数报告》和《2014 中国绿色发展指数报告》五本中文报告，以及一本英文版报告 *China Green Development Index Report 2011*，得到社会各界的广泛好评。

1. 北京师范大学绿色发展指标体系编制思路

北师大课题组编制的北京师范大学绿色发展指标体系主要包括：①突出了绿色与发展的结合。由于绿色指标多在衡量环境与资源，发展指标多在衡量经济增长情况，绿色发展指标就要突出这两者的结合。②突出了各省（区、市）绿色发展水平与进度的比较。中国作为一个大国，各省（区、市）资源禀赋及经济发展各具特色、各有短长，比较各省（区、市）的绿色发展，既可以交流先进经验，也可以促进后起奋进。③突出了政府管理的引导作用。政府行为、科技能力及公众参与，是推动绿色发展的三支重要力量，尤其是政府行为，是最为重要的。

④突出了绿色生产的重要性。绿色经济是多方面的，绿色消费就是其中非常重要的内容。考虑到中国绿色发展的矛盾重点还是在生产方面，尤其是工业生产方面，因此，北师大课题组编制的北京师范大学绿色发展指标体系重点评估绿色生产的影响。⑤数据在收集中，强调了来源的公开性与权威性。北京师范大学绿色发展指标体系的编制所采用的基础数据全部来源于公开出版的年鉴或者相关部门公布的权威指标数据。

2. 北京师范大学绿色发展指标体系

北师大课题组构建的指标体系实际上是一个多指标绿色发展测度体系，涵盖的范围相当广泛，主要从经济增长绿化度、资源环境承载潜力与政府政策支持度3个维度出发，选取了9个二级指标、55个三级指标构建指标体系（表4-5）（北京师范大学科学发展观与经济可持续发展研究基地等，2012）。经济增长绿化度维度主要是反映生产对资源消耗及对环境的影响程度；资源环境承载潜力体现的是自然资源与环境所能承载的潜力；政府政策支持度主要反映社会组织者处理解决资源、环境与经济发展矛盾的水平与力度。该指标注重绿色与发展的结合，强调政府绿色管理的引导作用与绿色生产的重要性（北京师范大学科学发展观与经济可持续发展研究基地等，2012）。

表4-5　北京师范大学绿色发展指标体系

一级指标	二级指标	三级指标
经济增长绿化度	绿色增长效率指标	人均地区生产总值
		单位地区生产总值能耗
		非化石能源消费量占能源消费量的比重
		单位地区生产总值二氧化碳排放量
		单位地区生产总值二氧化硫排放量
		单位地区生产总值化学需氧量排放量
		单位地区生产总值氮氧化物排放量
		单位地区生产总值氨氮排放量
		单位地区生产总值工业固体废物排放量
	第一产业指标	第一产业劳动生产率
		土地产生率
	第二产业指标	第二产业劳动生产率
		单位工业增加值水耗
		规模以上工业增加值能耗
		工业固体废物综合利用率
		工业用水重复利用率
		高载能工业产品产值占工业总产值比重
		火电供电煤耗

续表

一级指标	二级指标	三级指标
经济增长绿化度	第三产业指标	第三产业劳动生产率
		第三产业增加值比重
		第三产业从业人员比重
资源环境承载潜力	资源与生态保护指标	人均当地水资源量
		人均森林面积
		森林覆盖率
		自然保护区面积占辖区面积比重
	环境与气候变化指标	单位土地面积二氧化碳排放量
		人均二氧化碳排放量
		单位土地面积二氧化硫排放量
		人均二氧化硫排放量
		单位土地面积化学需氧量排放量
		人均化学需氧量排放量
		单位土地面积氮氧化物排放量
		人均氮氧化物排放量
		单位土地面积氨氮排放量
		人均氨氮排放量
		单位土地面积工业固体废物排放量
		人均工业固体废物排放量
		单位耕地面积化肥施用量
		单位耕地面积农药施用量
政府政策支持度	绿色投资指标	环境保护支出占财政支出比重
		环境污染治理投资占地区生产总值比重
		农村人均改水、改厕的政府投资
		单位耕地面积退耕还林投资完成额
		科教文卫支出占财政支出比重
	基础设施和管理指标	城市人均绿地面积
		城市用水普及率
		城市污水处理率
		城市生活垃圾无害化处理率
		城市每万人拥有公交车辆
	环境治理指标	矿区生态环境恢复治理率
		人均造林面积
		工业二氧化硫去除率
		工业化学需氧量去除率
		工业氮氧化物去除率
		工业氨氮去除率

3. 北京师范大学绿色发展指标体系的应用

绿色发展指数是北师大课题组绿色发展指标体系进行评价的核心指标，如果把绿色发展总指数视为一级指标，则该指标体系共涉及四级指标体系。绿色发展总指数是对所有评价指标数据进行合成的相对数，绿色发展指数值则是在各评价指标标准化数值的基础上，按照事先赋予的权数，加权综合而成。北师大课题组绿色发展指标体系可以将各地区绿色发展情况与平均水平进行比较，计算绿色发展指数，来测度各地区经济绿色发展的总体情况。

4.3.2 中国可持续发展能力指数

除了北师大课题组编制的北京师范大学绿色发展指数以外，与绿色发展相关的指标体系还有中国科学院可持续发展战略研究课题组（以下简称中科院课题组）编制的可持续发展能力指数。中科院课题组独立开辟了可持续发展研究的系统学方向，并将可持续发展视为由具有相互内在联系的五大子系统所构成的复杂巨系统的正向演化轨迹，依据此理论构建了一套包括总体层、系统层、状态层、变量层和指标层五个等级的中国可持续发展能力评估指标体系（中国科学院可持续发展战略研究组，2011），用以衡量中国可持续发展能力的整体水平。

1. 中国可持续发展能力评估指标体系

中科院课题组从生存支持系统、发展支持系统、环境支持系统、社会支持系统与智力支持系统出发，选取了16个状态层、45个要素层、232个基层指标构建评估指标体系（表 4-6）（中国科学院可持续发展战略研究组，2011），用以衡量中国可持续发展的整体水平。

表 4-6　中国科学院可持续发展能力评估指标体系

系统层	状态层	要素层
生存支持系统	生存资源禀赋	土地资源指数、水资源指数等
	农业投入水平	物能投入指数、资金投入指数等
	资源转化效率	生物转化效率指数、经济转化效率指数等
	生存持续能力	生存稳定指数、生存持续指数等
发展支持系统	区域发展成本	自然成本指数、经济成本指数等
	区域发展水平	基础设施能力指数、经济规模指数等
	区域发展质量	工业经济效益指数、产品质量指数等

续表

系统层	状态层	要素层
环境支持系统	区域环境水平	排放强度指数、大气污染指数等
	区域生态水平	地理脆弱指数、气候变异指数等
	区域抗逆水平	环境治理指数、生态保护指数等
社会支持系统	社会发展水平	人口发展指数、社会结构指数等
	社会安全水平	社会公平指数、社会安全指数等
	社会进步动力	社会潜在效能指数、社会创造能力指数等
智力支持系统	区域教育能力	教育投入指数、教育规模指数等
	区域科技能力	科技资源指数、科技产出指数等
	区域管理能力	环境效率指数、经社调控指数等

2. 中国可持续发展能力评估指标体系的应用

中国科学院可持续发展能力评估指标体系尝试通过围绕我国"十二五"期间的"经济转型"、"绿色发展"和"战略性新兴产业"发展的机遇、挑战，描述中国如何实现绿色发展中的经济转型，特别是培育和发展绿色战略性新兴产业的特性、原则、框架和路线图，使该产业集群成为推动新一轮可持续经济增长和提高绿色竞争力的重要驱动力，并且为"十二五"时期及今后十年中国的经济转型和绿色发展提供决策参考。

4.3.3　国内学者构建的绿色增长评价指标体系

国内学者在绿色增长评价指标体系的构建与应用方面取得的比较具有代表性的研究成果，主要包括：李晓西等（2014）借鉴人类发展指数，从社会经济可持续发展和生态资源环境可持续发展两大维度出发，选取了12个指标建立人类绿色发展指数测算指标体系，并对 123 个国家绿色发展指数进行了测算与排序；武春友等（2014a）从绿色技术水平、绿色企业文化、绿色生产能力、绿色治理能力 4 个维度选取 19 项指标建立了企业绿色增长影响因素指标体系；黄羿等（2012）从城市建设、产业发展和技术创新 3 个维度出发构建了中国城市绿色发展的指标体系；卢强等（2013）根据脱钩理论，建立了由工业发展绿化度、工业资源环境压力与工业资源环境弹性脱钩 3 个一级指标、6 个二级指标、14 个三级指标组成的中国工业绿色发展评价指标体系，并将其应用于广东省21个地级以上城市的工业绿色发展评价分析中；肖宏伟等（2013）以环境保护、资源利用与竞争力提升为维度，建立了一个由 9 个二级指标和 66 个三级指标共同组成的中国绿色转型发展评价指标体系，并在此基础上对我国 30 个省（区、市）的绿色转型状况进行了综合评价；张焕波（2013）从社会和经济发展、资源环境可持续、绿色转型驱动 3 个维度出发，构建了一个由 6 个二级指标、14 个三级指标与 30 个四级指标所组成的中国省际绿色经济评价指标体系。

4.4 绿色增长测度与评价理论框架

综合上述衡量框架与指标体系（表 4-7）可以发现，国内外构建绿色增长的评价体系意在解决两个核心问题：第一，如何全面、客观、准确地衡量绿色增长现状；第二，如何指导政府进行政策制定，提升绿色增长潜力。

表 4-7 国内外典型绿色增长评价指标体系

指标体系名称	构成维度及指标
OECD 绿色增长发展指标体系	环境及资源生产率、经济及环境资产、生活环境质量与经济机遇及政策应对 4 类 12 个一级指标 23 个二级指标
UNEP 绿色经济衡量指标体系	环境、政策与幸福公平 3 个准则层 14 个要素层
GGGI 绿色增长计划评价指标体系	国家现状、社会发展、资源环境可持续性 3 大类 5 个要素
世界银行绿色增长政策衡量指标体系	环境效益、经济效益与社会效益 3 个一级指标 6 个二级指标
中国绿色发展指标体系	经济增长绿化度、资源环境承载潜力、政府政策支持度 3 个一级指标 9 个二级指标
中国可持续发展能力评估指标体系	生存支持系统、发展支持系统、环境支持系统、社会支持系统与智力支持系统 5 个系统层 16 个状态层
Hall 和 Kerr 的绿色指数评价指标体系	绿色状态与绿色政策 2 个一级指标、9 个二级指标及 256 个三级指标
Kim 等的绿色增长评价指标体系	生产、消费、自然、生活、政策 5 个维度 12 个指标
李晓西等的人类绿色发展指数测算指标体系	社会经济可持续发展和生态资源环境可持续发展 2 个维度 12 个指标
武春友等的企业绿色增长影响因素指标体系	绿色技术水平、绿色企业文化、绿色生产能力、绿色治理能力 4 个维度 19 项指标
黄羿等的中国城市绿色发展的指标体系	城市建设、产业发展和技术创新 3 个维度
卢强等的中国工业绿色发展评价指标体系	工业发展绿化度、工业资源环境压力与工业资源环境弹性脱钩 3 个一级指标、6 个二级指标和 14 个三级指标
肖宏伟等的中国绿色转型发展评价指标体系	环境保护、资源利用与竞争力提升 3 个维度、9 个二级指标和 66 个三级指标
张焕波的中国省际绿色经济评价指标体系	社会和经济发展、资源环境可持续、绿色转型驱动 3 个维度、6 个二级指标、14 个三级指标与 30 个四级指标

本节对上述指标体系进行对比分析发现，虽然各绿色增长评价指标体系的研

究侧重点不同，但仍有一些较为相同的观点。

1. 各指标体系均注重反映经济、资源与环境三者的协调发展关系

虽然各权威机构由于研究的目标对象、侧重点与方法不相同，其指标体系所涵盖的指标内容、指标层次与指标个数也相差较大，但其基本的内容均是在经济、资源与环境三个方面的基础之上延伸和扩展形成的。其中，国外研究机构的指标通常包括公平、幸福度等有关社会相关层面的指标，中国通常把评价指标的重点放在了经济增长与产业政策等方面。国外更注重生活领域的考察，国内则更关注于生产领域。国外对环境污染的重视始于大范围内污染事件的发生，并对其产生的后果心有余悸。因此，在国外评价体系中，居民生活领域环境的改善相对占有较高比重。中国人口众多且分布密集，城市生活场所与生产场所相距不远，农村生产与生活场所更是密不可分，因此中国评价指标中所涉及的污染指标主要是由生产源产生的，生活污染源由于统计数据难以获得，往往权重较低。

2. 重视自然资产尤其是不可再生资源使用状况的度量

人们所从事的生活与生产活动都可以定义为从自然界索取并改变自然的过程。因此，自然资源不仅是人类从事各项活动的物质基础，更是人类生存与发展必不可少的资料来源。因此，如何有效地利用自然资源无疑是实现绿色增长的核心问题。自然资源本身的有限性，加之数十年被无限制地攫取与浪费，非再生资源的人均含量急速降低，稀缺自然资源的价格直线飙升，严重阻碍了整个世界经济市场的良性运转。因此，国内外学术组织在研究绿色增长时，都会把自然资源的利用状况作为衡量一个区域绿色增长质量的标准，其权重与所研究区域资源的稀缺程度成正比。自然资产是经济活动与人类福祉的重要基础，为社会经济发展提供了必要的能源、水、空气与土地等自然资源。自然资产的有效管理与可持续利用是绿色增长和环境质量的关键。目前，自然资源的退化与资源枯竭问题日益突出，尤其是不可再生资源，已成为了制约经济可持续增长的瓶颈。因此，自然资产使用状况的监测对绿色增长是非常重要的，尤其是对不可再生资源储量、耗竭速度等情况的度量。

3. 强调政策引导在绿色增长过程中的重要性

绿色增长具有包容性的特征，其含义是指环境可持续、经济增长与社会进步的协调统一，具体体现在高效地利用自然资源，最大限度地降低环境影响，以及环境管理、自然资源在预防自然灾害中的作用。需要指出的是，绿色增长的包容性需要政策给予保障与引导。因此，当前各指标体系中均设置了政策支持与引导这一评价维度。实行绿色增长模式，就意味着摒弃以往粗放式增长模式。无论是在国内还是国外，企业都是市场经济活动的主体。微观企业实现绿色增长在于实现资源利用效率的提高和污染物排放的减少，主要有两种方式：一种是通过技术改造对原有生产设备进行升级；另一种是通过技术创新大力发展清洁能源产业。两种方式都需要在企业现状基础上投入大量的人力与财力，但环境要素在现阶段无法内化为经济效率，所以取得的收益存在不确定性，甚至有利润降低的风险，此情形迫切需要政府出台相应的环境规制政策与产业政策引导企业投身于绿色生产之中。当前国内外研究机构构建的绿色增长指标评价体系，均不约而同地把政府政策支持作为一个重要维度，可见政府在绿色增长中的引导与监督作用受到了世界范围内学术界的认可。

　　综上所述，本书将绿色增长程度评价指标体系划分为社会经济、社会福祉、资源环境与政策支持四个维度（图4-1）。绿色增长追求的终极目标是经济与资源环境的协调发展。通过设置社会经济、资源环境维度来反映绿色增长的协调性特征，与传统经济增长方式相比，绿色增长更注重人类福祉与社会包容。通过设置社会福祉维度来体现绿色增长的包容性，但绿色增长的包容性并非天生的，需要政府政策的引导与支持。通过设置政策支持维度来反映绿色增长的包容性与可持续性。

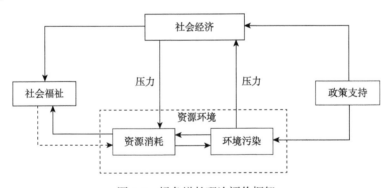

图 4-1　绿色增长理论评价框架

　　本章通过对国内外研究机构与相关学者关于绿色增长测度与评价指标体系的研究进展情况进行评述，确定了本书测度与评价绿色增长程度的指标体系，为本书的科学性和合理性提供了保证，同时给本书后续研究提供了坚实的理论依据。作为本书的核心章节，本章为后续研究提供了研究基础，是第 2 章"绿色增长理论基础"和第 3 章"绿色增长理论模型"在应用层面的延伸，回答了"如何构建绿色增长测度与评价指标体系"的问题。通过对国内外比较具有代表性的绿色增长相关评价指标体系进行对比分析发现，虽然各评价指标体系的研究侧重点不同，但仍有一些较为相同的论点：①社会经济与资源环境的协调问题是国内外相关研究的主要关注点。②当前各衡量框架与指标体系中均强调政策引导在绿色增长过程中的重要性。本章的研究丰富了绿色增长评价指标体系构建研究的理论和方法，为有效提升各地区、国家研究评价绿色增长发展问题提供了一个新的视角。

第5章　绿色增长测度评价体系与方法

5.1　绿色增长评价指标体系构建原则

本节从绿色增长内涵、评价目标及评价对象的特征出发，遵循以下六个基本原则，构建绿色增长评价指标体系。

1. 科学性原则

为了确保评价结果真实、客观、准确，绿色增长评价指标体系的构建必须以科学性为基础。既要保证所选择的指标体现绿色增长内涵，具有科学的理论依据，能充分反映绿色增长的主要特征、发展水平与内在机制，又要确保所选指标的统计方法科学规范，保证评价结果客观合理。

2. 可操作性原则

可操作性是指标体系构建的基础。在指标建立的过程中不仅应当保证理论可靠，同时还要确保信息或数据的来源可靠。指标体系的构建是为了进行绿色增长评价，指导国家、地区绿色增长实践，这就要求所选取的指标要尽可能地利用现有统计指标，使评价结果具有可比性。

3. 代表性原则

影响绿色增长的因素众多，在实现绿色增长过程中要充分考虑到社会经济、政府政策、资源环境、生活质量等各个因素的重要作用，每个因素之间并非独立存在，彼此之间具有一定的关联性。同时，将所有指标都选取在内是不现实的，因此需要选择具有代表性的指标，既要保证所选取的指标不以偏概全，又要保证评价结果的代表性。

4. 系统性原则

绿色增长是一个复杂、动态的系统。在评价过程中必须考虑到整个评价系统的完整性，指标的选取需要全面且综合地反映绿色增长的发展水平、程度与趋势。在整体上把握目标，充分考虑绿色增长各子系统的特征，选取能够充分反映绿色增长各个子系统的指标，保证指标间的协调统一。

5. 独特性原则

在具体评价研究中，需要考虑到评价对象所具有的资源优势、地域特色、社会经济地位与功能定位等，将评价对象的特征与绿色增长的内涵协同考虑，建立具有针对性的绿色增长指标体系。

6. 精简性原则

构建指标体系要依托现实情况，在满足绿色增长内在相关要素的基础上尽量简约，用较少的指标反映绿色增长的整体发展状况。

5.2　绿色增长评价指标体系构建思路

指标体系构建的过程是对评价目标的细化、对评价对象本质特征认识的深化。总体上分为以下几个步骤，如图 5-1 所示。

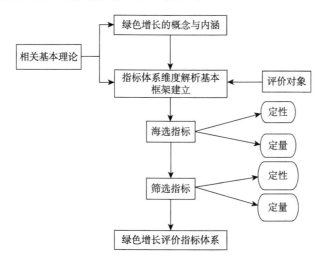

图 5-1　绿色增长评价指标体系构建的总体思路

5.2.1　建立基本框架

在构建评价指标体系之前，需要对相关理论基础有一定的了解，明确评价目标，理解评价内容。同时，针对不同的评价对象，还需要对评价对象有一个清楚的认识，以提出具有针对性的评价指标。在明晰上述内容的基础上，建立评价指标体系的基本框架，明确研究问题。通常情况下，指标体系的架构是在国内外现有具有代表性的绿色增长衡量架构（指标体系）对比分析的基础上，结合评价对象的特征，逐步构建具有针对性的绿色增长评价基本架构。

5.2.2　海选指标

指标海选的目的是选择足够多的、能够与评价目标和内容相匹配的指标。指标海选的方法一般分为定性与定量两种。定性方法主要是通过焦点小组或者深度访谈等方法，根据评价者、决策者与领域内专家的经验、知识来主观确定评价指标。定量方法是结合国内外相关组织、知名杂志、知名学者或者具有相似研究背景、经过反复验证合格的现有成果，根据指标的使用频率筛选高频相关指标，形成评价指标库。

5.2.3　筛选指标

海选建立的评价指标库内指标数量较多、覆盖度高，存在指标信息重复、关联度高、针对性不强等问题。因此，在海选指标的基础上，还需要进行指标筛选，以获得简洁且能够反映评价对象独特性的指标，一般采用前文所述的定性与定量两种方法筛选指标。

5.3　绿色增长评价流程

5.3.1　指标标准化

由于绿色增长各评价指标的含义与目的不同，各指标通常具有不同的量纲和数量级。因此，为了消除不同量纲对评价结果的影响，减少随机因素的干扰，首先需要对绿色增长评价指标进行标准化处理（郭玲玲等，2016）。

5.3.2　确定指标权重

　　评价绿色增长，必须要考虑到指标的相对重要性，指标权重就是对指标相对重要性的评估（吕晓菲和卢小丽，2016）。评价指标的权重在评价问题的求解过程中占据重要地位，其准确与否决定了整个评价体系能否进行真实可靠的评价。在现有的指标赋权方法中，有依据评价者主观意志确定权重的主观赋权法和以指标间的相对信息量及变异关系确定权重的客观赋权法，以及两种方法相结合的综合赋权法（或称组合赋权法）。主观赋权法，即根据专家的专业知识或经验主观判断得到指标权重的方法，如三角模糊法、层次分析法、专家调查法、关联矩阵法（古林法）、最小平方法、环比评分法、直接打分法等。主观赋权法的决策结果虽然可以充分借鉴专家的学术知识，避免了指标权重与实际重要程度相悖的情况，但是过于依赖专家的主观意向，需要所评专家具有良好的专业素养及过硬的专业知识，具有较强的主观随意性。客观赋权法，是根据原始数据之间的关系来确定指标权重的方法，如熵值法、变异系数法、CRITIC 法、主成分分析法、离差及均方差法、多目标规划法、简单关联函数法、局部变权法等。客观赋权法能够突出所选指标数据的数学含义，客观性强，但是过分依赖于客观数据间的相互关系，可能会出现权重与指标实际重要程度不一致的情况。综合赋权法是采用一定的数学方法将主观赋权法与客观赋权法组合起来，获得最终权重的方法。三种赋权方法各有利弊，实际研究中，需要根据最终的研究目标选择适宜的赋权方法。

5.3.3　选择评价方法

　　依据获得的指标权重，结合研究对象特征及评价目标选择适宜的评价方法进行评价。目前评价绿色增长主要采用的方法有灰色关联分析法、综合指数法、FCE 法、层次分析法、TOPSIS 法等。

5.4　绿色增长评价指标权重确定方法

　　基于绿色增长评价的相关研究，本书采用的赋权方法包括三角模糊法、层次分析法、熵值法与变异系数法。除上述赋权方法外，专家调查法、主成分分析法、CRITIC 法与环比评分法也常被用来作为指标赋权的方法。

5.4.1 三角模糊法

三角模糊法是基于美国控制论专家 Zadeh（1965）提出的模糊集论的概念，结合 FAHP 法所形成的一种将模糊不确定的指标变量转化为确定数值的数理方法。该方法利用模糊数学原理，通过隶属度函数描述绿色增长能力的模糊性与随机性，使评价结果更加准确可靠。三角模糊数的定义为：设在实数域 R 上的一个模糊数 $\tilde{A}$，定义一个隶属函数：

$$\mu_{\tilde{A}}(x): \longrightarrow [0,1], x \in R \qquad (5\text{-}1)$$

若隶属函数 $\mu_{\tilde{A}}(x)$ 表示为

$$\mu_{\tilde{A}}(x) = \begin{cases} 0 & , x < a \\ \dfrac{x-a}{b-a} & , a \leqslant x \leqslant b \\ \dfrac{c-x}{c-b} & , b \leqslant x \leqslant c \\ 0 & , x > c \end{cases} \qquad (5\text{-}2)$$

则称 $\tilde{A}$ 为三角模糊数，记作 $\tilde{A} = (a,b,c)$。其中 a、b、c 是实数，并且 $0 \leqslant a \leqslant b \leqslant c$；当 $a = b = c$ 时，$\tilde{A}$ 为一个精确实数，三角模糊数分布如图 5-2 所示（迟国泰等，2010）。

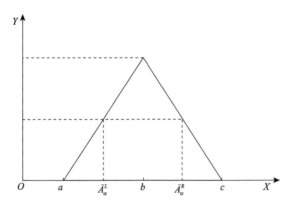

图 5-2　三角模糊数的 α 截集

假设 $r = [a,b,c]$，其中 $0 \leqslant a \leqslant b \leqslant c$，并且 a 和 c 分别为 r 的下界和上界，而 b 是 r 的中间值（最可能值），称 r 为一个三角模糊数，以此方法来进行打分评价。在风险评估中，a、b、c 分别表示专家评判的最悲观估计、最可能估计和最乐观估计，专家评判给出的评估值均带有模糊性，三角模糊数能够很好地捕捉这种模糊性，减少了专家打分过程中的主观因素，解决了用单个实数量化不完整性的问题，使计算结果更加贴近实际，从而提高评价的可靠性和精确性。具体运算步骤如下。

步骤 1：专家评分。假设第 i 个专家对第 j 个指标给出评价 $r_i\left[a_{ij},b_{ij},c_{ij}\right]$ $(i=1,2,\cdots,n;\ j=1,2,\cdots,m)$，根据专家评分确定专家评分矩阵 $\boldsymbol{R}=[r_1,r_2,\cdots,r_n]$。

步骤 2：构建评价权重矩阵集 $\boldsymbol{E}$。$\boldsymbol{E}=[e_1,e_2,\cdots,e_n]$，$e_n$ 为第 n 个专家给出的评价值在综合评价中所占的比重。

步骤 3：建立三角模糊合成矩阵 $\boldsymbol{T}=\left[[a_1,b_1,c_1],\cdots,[a_n,b_n,c_n]\right]$。$t$ 为合成矩阵 $\boldsymbol{T}$ 的第 j 项 $\boldsymbol{T}_j=e_j\circ r_j=\left[a_j,b_j,c_j\right](j=1,2,\cdots,m)$。其中，"$\circ$"为模糊合成算子，本节的模糊合成方法采用加权平均型算子 $M(\otimes,\oplus)$。

步骤 4：计算三角模糊权重。根据三角模糊数的特点，第 j 个指标的模糊得分为

$$V_j'=\left(a_j+4b_j+c_j\right)/6,\ j=1,2,\cdots,m \tag{5-3}$$

设三角模糊集 $\boldsymbol{w}''=\left[w_1'',w_2'',\cdots,w_m''\right]^{\mathrm{T}}$，通过归一化处理得到第 j 个指标模糊权重：

$$w_j''=v_j''/\sum_{j=1}^{m}v_j'' \tag{5-4}$$

5.4.2　层次分析法

层次分析法由美国运筹学家萨迪于 20 世纪 70 年代提出，是一种定性与定量相结合的多目标决策分析方法（冯莹莹等，2013；王金燕等，2014）。他的主要思想是通过分析复杂系统的有关要素及相互关系，把问题简化为多层次的梯阶层次结构，自上而下分别为目标层、准则层和措施层（杜淼，2012）。在该层次结构中，下层元素受上层元素控制，通过两两比较的方法建立判断矩阵，并通过一致性检验步骤检查判断矩阵的合理性，最终确定下层元素对于上层元素的权重（李鑫等，2012）。由于层次分析法在结构上的合理性和计算上的简便性，目前已经广泛应用于各个领域中的评估指标权重的确定。

基于层次分析法确定评估指标权重的流程总结如下：

首先，构造判断矩阵：

$$\boldsymbol{B}=\begin{pmatrix} b_{11} & \cdots & b_{1n} \\ \vdots & & \vdots \\ b_{n1} & \cdots & b_{nn} \end{pmatrix} \tag{5-5}$$

其中，b_{ij} 为对于 A_k 而言，B_i 对 B_j 相对重要性的数值表现，通常 b_{ij} 用 1~9 标度。另外，构造完毕的判断矩阵具有如下性质：

$$b_{ji} = 1 / b_{ij}, \quad i, j = 1, 2, \cdots, n$$
$$b_{ij} = 1, \qquad i = j \tag{5-6}$$

其次，计算指标单权重及一致性检验。以积分法为例计算指标的单权重，其计算步骤如下。

步骤 1：计算判断矩阵每一行元素的乘积：

$$\boldsymbol{w}_i = \prod_{j=1}^{n} b_{ij} \left(i, j = 1, 2, \cdots, n \right) \tag{5-7}$$

步骤 2：计算 $\boldsymbol{w}_i$ 的 n 次方根：

$$\bar{w}_i = \sqrt[n]{\boldsymbol{w}_i} \tag{5-8}$$

步骤 3：对向量 $\bar{\boldsymbol{W}} = (w_1, w_2, \cdots, w_n)^{\mathrm{T}}$ 作归一化或正规化处理，则 $\boldsymbol{W} = (w_1, w_2, \cdots, w_n)^{\mathrm{T}}$ 为所求特征向量。

步骤 4：计算判断矩阵的最大特征根 $\lambda_{\max}$。定义一致性指标与一致性比率，分别按式（5-9）和式（5-10）进行计算：

$$\mathrm{CI} = \frac{1}{n-1} \left(\lambda_{\max} - n \right) \tag{5-9}$$

$$\mathrm{CR} = \frac{\mathrm{CI}}{\mathrm{RI}} \tag{5-10}$$

其中，$\lambda_{\max}$ 为最大特征根；RI 为平均一致性指标，RI 值如表 5-1 所示。一般当 $\mathrm{CR} < 0.10$ 时，即认为判断矩阵是一致的，否则需要重新进行两两比较，构造判断矩阵，直至满足一致性比率。

表 5-1　1~9 阶判断矩阵随机一致性指标

RI	0	0	0.58	0.90	1.12	1.24	1.32	1.41	1.45

资料来源：Saaty（1977）

步骤 5：计算指标综合权重及一致性检验。已知准则层对目标层的权重 $W^{(1)}$ 及指标层对准则层的权重 $W^{(2)}$，则措施层对目标层的综合权重向量按式（5-11）进行计算：

$$\boldsymbol{W} = W^{(2)} \times W^{(1)} \tag{5-11}$$

综合权重计算结果也要进行一致性检验才可接受，一致性检验分别按式（5-12）和式（5-13）进行计算，式中 CI_i 与 RI_i 分别为与 B_i 相对应的判断矩阵的一致性指标和随机一致性指标：

$$CI = \sum_{i=1}^{n} w_i CI_i \tag{5-12}$$

$$RI = \sum_{i=1}^{n} w_i RI_i \tag{5-13}$$

同样，当 CR < 0.10 时，即认为综合权重计算结果具有满意的一致性。

5.4.3　熵值法

熵值法是根据评价指标变异信息量的大小确定权重的一种客观赋权方法，在信息论中用于度量信息量。在评价的过程中，信息量的获取程度是评价准确性的决定因素。一般来说，某个指标的信息熵越小，表示它所能提供客观信息量越大，指标值的变异程度越大，进而表明指标值之间的差异越大，该评价指标越具有决策表决权，其指标赋权也越大。反之，指标信息熵越大，其指标值变异程度越小，差异度越小，在综合评价中所起的作用越小，其权重也越小（钟昌宝等，2010；Jia et al., 2015；刘录祥等，1989；李海东等，2014）。采用熵值法确定指标权重，既可以克服主观赋权法无法避免的随机性、臆断性问题，还可以有效解决多指标变量间信息的重叠问题。

熵值法可根据以下步骤确定指标权重。

步骤 1：选取 n 个系统，m 个指标，P_{ij} 为指标第 i 个系统的第 j 个指标标准化后的数值$(i = 1, 2, \cdots, n;\ j = 1, 2, \cdots, m)$。

步骤 2：计算第 j 项指标下第 i 个系统占该指标的比重为

$$P_{ij} = \frac{X_{ij}}{\sum\limits_{i=1}^{n} X_{ij}},\ i = 1, 2, \cdots, n;\ j = 1, 2, \cdots, m \tag{5-14}$$

步骤 3：根据熵值计算公式，第 j 个评价指标的熵值为

$$e_j = -\frac{1}{\ln n} \sum_{i=1}^{n} p_{ij} \ln\left(p_{ij}\right) \tag{5-15}$$

步骤 4：计算信息熵冗余度：

$$d_j = 1 - e_j \tag{5-16}$$

步骤 5：假设评价指标的熵权集 $\boldsymbol{w}'' = \left[w_1'', w_2'', \cdots, w_m''\right]^{\mathrm{T}}$，计算第 j 个评价指标的熵权为

$$w_j'' = d_j \Big/ \left(m - \sum_{j=1}^{m} e_j\right),\ j = 1, 2, \cdots, m \tag{5-17}$$

5.4.4　变异系数法

变异系数又称"标准差率"，是衡量资料中各观测值变异程度的一个统计量。变异系数法是直接利用各项指标所包含的信息，通过计算得到指标的权重，是一种客观赋权的方法。此方法的思路是在评价指标体系中，取值差异越大的指标，也就是越难以实现的指标，这样的指标往往能更好地反映评价结果的差异性。因此，指标取值差异越大，所占权重越大。这种方法比层次分析法等更加具有客观性，能减少人为因素的影响。

在统计学中，通常使用全距系数、平均差系数和标准差系数的大小来表示变异程度。标准差系数可以消除平均数大小以及量纲变化的影响，所以本书采用标准差系数的大小来衡量指标的变异程度。

变异系数法可以根据以下步骤来确定指标权重。

步骤1：假设构建的组合预测模型由 m 个单一预测模型组成，利用的原始数据序列为 n 个，则利用原始数据序列来构建 m 个单一预测模型，从而得到单个预测模型的预测序列值 y_{ij}，由其构成的矩阵为

$$\boldsymbol{Y}_{ij} = \begin{bmatrix} y_{11} & y_{12} & \cdots & y_{1n} \\ y_{21} & y_{22} & \cdots & y_{2n} \\ \vdots & \vdots & & \vdots \\ y_{m1} & y_{m2} & \cdots & y_{mn} \end{bmatrix}, \quad i = 1, 2, \cdots, m; \ j = 1, 2, \cdots, n \quad (5\text{-}18)$$

步骤2：计算出单一预测模型预测序列值的均值 $\overline{y}_i$：

$$\overline{y}_i = \frac{1}{n} \sum_{j=1}^{n} y_{ij}, \quad j = 1, 2, \cdots, n \quad (5\text{-}19)$$

步骤3：计算出单一预测模型预测序列值的标准差 S_j：

$$S_j = \sqrt{\frac{1}{n} \sum_{j=1}^{n} \left(y_{ij} - \overline{y}_i \right)^2}, \quad j = 1, 2, \cdots, n \quad (5\text{-}20)$$

步骤4：计算单一预测模型的变异系数 V_i：

$$V_i = \frac{S_i}{\overline{y}_i}, \quad i = 1, 2, \cdots, m \quad (5\text{-}21)$$

步骤5：对变异系数进行归一化处理，得到各指标的权重 ω_i：

$$\omega_i = \frac{V_i}{\sum\limits_{i=1}^{m} V_i} \quad (5\text{-}22)$$

其中，$\sum\limits_{i=1}^{m} \omega_i = 1$。

5.4.5 专家调查法

德尔菲法也称专家调查法，是一种采用通信方式分别将所需解决的问题单独发送到各个专家手中征询意见，然后同时汇总全部专家意见，并整理出综合意见。将该综合意见和预测问题再分别反馈给专家征询意见，各专家依据综合意见修改自己原有的意见，然后再汇总。专家调查法就是这样多次反复，逐步取得比较一致的预测结果的一种决策办法。

采用专家调查法进行指标权重的确定，其主要特点是综合利用参评专家的经验与意见，确定指标的权重，并在不断地反馈和修正中得到比较满意的权重分配结果。专家调查法的基本步骤如下（冯莹莹等，2013）。

步骤 1：选择专家。根据评估对象所处学科领域，选择在该领域中既有实际工作经验又有较深理论修养的专家数名（一般要求在 10~20 人），专家的选择是否得当将直接影响到指标权重的准确与否。

步骤 2：将待定权重的 m 个评价指标 $\{X_1, X_2, X_3, \cdots, X_m\}$ 和有关资料以及统一的权重确定规则发给选定的各位专家，请各位专家独立地给出各指标的权重。

步骤 3：回收结果并计算各指标权重的均值与标准差。设 n 名专家给出的 m 个评估指标权重系数分别为 $X_i\,(i=1,2,\cdots,m)$，则评估指标 $X_i\,(i=1,2,\cdots,m)$ 的权重系数均值 ω_i 为

$$\omega_i = \frac{1}{n}\sum_{k=1}^{n}\omega_i^{(k)} \tag{5-23}$$

ω_i 的标准差 σ_i 为

$$\sigma_i = \sqrt{\frac{1}{n-1}\sum_{k=1}^{n}\left(\omega_i^{(k)}-\omega_i\right)^2} \tag{5-24}$$

步骤 4：将 ω_i 和 $\sigma_i\,(i=1,2,\cdots,m)$ 的计算结果及补充资料返还给各位专家，要求所有的专家在新的基础上重新确定权重。

步骤 5：重复上述步骤 3 和步骤 4，直至各指标权重与其均值的偏差不超过预定的范围，即各专家意见基本趋于一致，此时各指标权重的均值可视为该指标的最终权重。

采用专家调查法虽然解决了指标权重确定的问题，但在应用的同时，也暴露了它的缺点：每位专家依靠其先验知识给出相应指标权重，主观因素较强；过程较为烦琐，需反复进行数轮才可确定最终指标权重。

5.4.6　主成分分析法

主成分分析法，也称主分量分析或矩阵数据分析，是通过因子矩阵的旋转得到因子变量和原变量的关系，然后将 m 个主成分的方差贡献率作为权重，给出一个综合评价值。该方法思路就是从简化方差和协方差的结构来考虑降维，即在一定的约束条件下，把代表各原始变量的各坐标通过旋转得到一组具有某种良好的方差性质的新变量，再从中选取前几个变量来代替原变量。

主成分分析法确定指标权重的具体步骤如下。

步骤1：提出假设。假设需确定权重的指标个数为 h 个。现分别咨询 L 位专家得出 h 组权重评分值，其中每组评分值中均有 L 个元素，具体形式可如表 5-2 所示。

表 5-2　专家打分

指标	w_1	w_2	...	w_L
v_1	p_{11}	p_{12}	...	p_{1L}
v_2	p_{21}	p_{22}	...	p_{2L}
$\vdots$	$\vdots$	$\vdots$		$\vdots$
v_h	p_{h1}	p_{h2}	...	p_{hL}

由于各位专家所研究方向不同，其打分也存在一定的偏向，从而给权重的确定带来一定的模糊性。研究发现，专家人数越多，得到的权重越科学，同时权重的确定也就越模糊。在此基础上提出以下假设，即在专家人数不变的情况下，利用各位专家评分之间的线性关系对实际评分专家数进行类似的简化，从而实现权重评判的精确性。该思路符合主成分分析的基本原理，故可尝试用主成分分析方法来确定权重。

步骤 2：权重确定过程。根据上述条件可知，权重的确定过程其实就是主成分分析求综合评价函数的过程。在此过程中，原评价系统中的指标变为样本，现有指标为各位专家，具体的权重确定流程如图 5-3 所示。

图 5-3　权重确定流程

步骤3：权重模型。首先确定的初级权重模型即主成分模型为

$$
\begin{cases}
F_1 = u_{11}w_1 + u_{21}w_2 + \cdots + u_{L1}w_L \\
F_2 = u_{12}w_1 + u_{22}w_2 + \cdots + u_{L2}w_L \\
\qquad\qquad\vdots \\
F_m = u_{1m}w_1 + u_{2m}w_2 + \cdots + u_{Lm}w_L
\end{cases}
\tag{5-25}
$$

$$
u_{ij} = \frac{f_{ij}}{\sqrt{\lambda_j}}, \quad j = 1, 2, \cdots, m
\tag{5-26}
$$

$$
F_Z = \sum_{j=1}^{m} \left(\lambda_j / \kappa \right) F_j = \alpha_1 \omega_1 + \alpha_2 \omega_2 + \cdots + \alpha_L \omega_L, \quad \kappa = \lambda_1 + \lambda_2 + \cdots + \lambda_m
\tag{5-27}
$$

$$
V_{Zi} = \sum_{j=1}^{L} \alpha_j p_{ij}, \quad i = 1, 2, \cdots, h
\tag{5-28}
$$

可得各指标权重为

$$
\omega_i = V_{Zi} \bigg/ \sum_{i=1}^{h} V_{Zi}
\tag{5-29}
$$

　　由综合评价函数、原有指标得分综合值函数与各指标权重函数可得二级权重模型：

$$
\begin{cases}
F_Z = \sum_{j=1}^{m} \left(\lambda_j / \kappa \right) F_j = \alpha_1 \omega_1 + \alpha_2 \omega_2 + \cdots + \alpha_L \omega_L \\
V_{Zi} = \sum_{j=1}^{L} \alpha_j p_{ij} \\
\omega_i = V_{Zi} \bigg/ \sum_{i=1}^{h} V_{Zi}
\end{cases}
\tag{5-30}
$$

因此可确定总的权重模型，如图 5-4 所示。

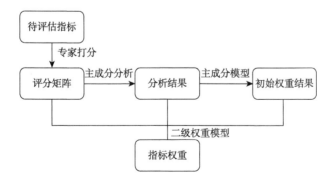

图 5-4　指标权重确定模型

5.4.7　CRITIC 法

CRITIC 法是一种客观权重赋值法。它的基本思路是确定指标的客观权重以两个基本概念为基础：一是对比强度，借鉴标准离差法的思想，认为若同一指标的所有评价指数差别越大，则所蕴含的标准差越大。二是评价指标之间的冲突性，指标之间的冲突性是以指标之间的相关系数为基础，如两个指标之间具有较强的正相关，说明两个指标冲突性较低。第 j 个指标与其他指标的冲突性的量化指标：

$$\sum_{i=1}^{n}\left(1-r_{ij}\right) \tag{5-31}$$

其中，r_{ij} 为评价指标 i 和 j 之间的相关系数。各个指标的客观权重的确定就是以对比强度和冲突性来综合衡量的。设 C_j 表示第 j 个评价指标所包含的信息量。C_j 的计算式：

$$C_j=\delta_j\sum_{i=1}^{n}\left(1-r_{ij}\right) \tag{5-32}$$

一般地，C_j 越大，第 j 个评价指标所包含的信息量越大，则该指标的相对重要性也就越大。设 W_j 为第 j 个指标的客观权重。W_j 的计算公式：

$$W_j=\frac{C_j}{\sum_{j=1}^{m}C_j} \tag{5-33}$$

5.4.8　环比评分法

环比评分法又称相邻比较法，是一种通过确定各因素的重要性系数来评价和选择创新方案的方法。该方法从上至下依次比较相邻两个指标的重要程度，给出功能重要度值，然后令最后一个被比较指标的重要度值为 1（作为基数），依次修正重要性比值，以排列在下面的指标的修正重要度比值乘以与其相邻的上一个指标的重要度比值，得出上一指标修正重要度比值，用各指标修正重要度比值除以功能修正值总和，即得各指标权重。

将同层所有子准则 $f_j(j=1,2,\cdots,m)$ 按对上层某准则（或总准则）的相对重要性，由大到小依次从上到下列于表 5-3 中。

表 5-3　相邻比较（举例）表

序 j	准则 f_j	相邻比较 $b_{j+1,j}/(1)$		举例		
				$b_{j+1,j}$	$\overline{\omega}_j$	$\omega_j = \overline{\omega}_j / \sum_j \overline{\omega}_j$
1	f_5	1		1	1	0.30
2	f_6	$b_{6,5}$	1	0.80	0.80	0.24
3	f_4	1	$b_{4,6}$	0.75	0.60	0.18
4	f_1	$b_{1,4}$	1	0.60	0.36	0.11
5	f_2	1	$b_{2,1}$	0.80	0.288	0.09
6	f_3	$b_{2,3}$		0.90	0.259 2	0.08

表 5-3 中，$b_{j+1,j}$ 表示准则 f_{j+1} 与相邻的上一个准则 f_j 相对重要性的比值，即

$$b_{j+1,j} = \frac{\omega_{j+1}}{\omega_j} \qquad （5-34）$$

且 $0 \leqslant b_{j+1,j} \leqslant 1 \left(j = 1, 2, \cdots, m \right)$，并假定上一个准则的相对重要性为 1。

环比评分法适用于各个评价对象之间有明显的可比关系，能直接对比，并能准确地评定功能重要度比值的情况。在运用时每个要素只与上下要素进行对比，不与全部的要素进行对比。评分时从实际出发，灵活确定比例，没有限制。

5.5　绿色增长评价方法

本书以区域、城市、煤电企业、制造企业为研究对象，针对四种不同类型的研究对象，选择绿色增长的评价方法。

5.5.1　灰色关联分析法

灰色关联分析法是灰色系统理论体系的核心内容之一，能很好地分析态势变化，是曲线形状相似性的衡量尺度（于化龙，2013）。灰色关联理论由我国学者邓聚龙教授于 1982 年提出，通过对部分已知信息的生成、开发，从而实现对现实世界的确切描述和认识（苏为华，2000）。灰色关联分析法的基本思路是根据各评价序列构成的曲线族与参考序列构成的曲线间的几何相似程度来确定序列之间的关联度。几何形状越相似，相应序列之间的关联度就越大（王学民，2009）。由于灰色关联分析法的计算简单且容易操作，其应用领域广泛，涉及社会科学与自然科学的各个领域。在实际应用过程中，需要注意的一点是，灰色关联分析法

并不能解决因指标间相关造成的信息重复问题。目前，灰色关联分析法已被应用于绿色创新绩效、绿色食品产业发展水平及绿色供应商选择分析中（高惠璇，2005；秦寿康等，2003；Marimin et al.，2014）。

根据灰色关联度的定义，可将关联度的计算步骤归纳如下。

步骤1：根据评价目的确定评价指标体系，收集评价数据，设 i 个数据序列为

$$X = \begin{bmatrix} x_0(1) & \cdots & x_0(k) \\ \vdots & & \vdots \\ x_i(1) & \cdots & x_i(k) \end{bmatrix} \tag{5-35}$$

其中，i 为影响因素类别数；k 为指标的个数；$X_i = \left(x_{i(1)}, x_{i(2)}, \cdots, x_{i(k)}\right)$。

步骤2：原始数据处理。由于各参数计量单位不同，原始数据存在量纲和数量级上的差异，为便于比较不同的参数，在计算关联度之前，将原始数据进行无量纲化处理。无量纲化后的数据序列转化为

$$X' = \begin{bmatrix} x_0'(1) & \cdots & x_0'(k) \\ \vdots & & \vdots \\ x_i'(1) & \cdots & x_i'(k) \end{bmatrix} \tag{5-36}$$

本节使用的无量纲化方法为均值化法，其计算公式为

$$x_i' = \frac{x_i(k)}{\frac{1}{n}\sum_{k=1}^{n} x_i(k)}, \quad i = 0,1,2,\cdots,n \tag{5-37}$$

步骤3：确定参考数据列 X_0。参考数据列是一个理想的比较标准，可以以各指标的最优值（或最劣值）构成参考数列，也可根据评价目的选择其他参照值。记作 $X_0 = \left(x_0(1), x_0(2), x_0(3), \cdots, x_0(n)\right)$。

步骤4：逐个计算每个被评价对象指标序列与参考序列对应元素的绝对差值：

$$\Delta i(k) = \left|x_0'(k) - x_i'(k)\right|, \quad k = 1,2,\cdots,n; i = 1,2,\cdots,n \tag{5-38}$$

步骤5：确定 $M = \max_i \max_k \left|x_0'(k) - x_i'(k)\right|$ 与 $m = \min_i \min_k \left|x_0'(k) - x_i'(k)\right|$。

步骤6：计算关联系数。分别计算每个比较序列与参考序列对应元素的关系数，计算公式为

$$r\left(x_0'(k), x_i'(k)\right) = \frac{m + \delta \times M}{\Delta i(k) + \delta \times M}, \quad k = 1,2,\cdots,n \tag{5-39}$$

其中，δ 为分辨系数，用来削弱过大而使关联系数失真的影响。人为引入这个系数是为了提高关联系数之间的差异显著性，一般在 $(0,1)$ 内取值，δ 越小，关联系数间的差异越大，区分能力越强。

步骤7：计算关联度。由于每个比较数列与参考数列的关联程度通过 n 个关

联系数来反映，关联信息分散，不便于整体上进行比较。因此，有必要对关联信息做集中处理，求平均值便是一种信息集中方式，其计算公式为

$$R_i = \frac{1}{n}\sum_{i=1}^{n} r_i(k)$$

（5-40）

关联度数越大，越说明研究对象与其影响因素的关联性越高。然后依据各观察对象的关联性，确定参考数据列的优劣关系，得出综合评价结果。

5.5.2　基于 Bootstrap 的主成分分析法

"主成分分析"最早由卡尔和皮尔逊于 1901 年提出，用于分析非随机变量问题，是把多维空间的相关多变量的数据集，通过降维，化简为少量而且相互独立的新综合指标，同时又使简化后的新综合指标尽可能多地包括原指标群中的主要信息或是尽可能不损失原有指标的主要信息的一种多元统计分析方法（Shang et al.，2015）。主成分分析法的准确程度十分依赖于原始数据的质量，当初始样本对于总体情况的代表性不佳，或是样本量过小而无法准确地反映总体情况时，主成分分析法将无法得到准确的评价结果。将 Bootstrap 偏差估计引入主成分分析中，可以有效提高小样本容量下主成分分析的准确程度。

在统计学中，"Bootstrapping"是指通过样本自身有放回的"重抽样"（resampling）来推断样本分布。Bootstrap 重抽样方法是一种估计估计量偏差的技术，它无须假设一个特定的理论分布，便可得到统计量的置信区间，并能检验统计假设（Shen et al.，2015）。在没有合适的参数方法、潜在分布未知、存在离群点、样本量过小等情况下，该方法是生成置信区间和检验统计假设的有效方法。采用 Bootstrap 方法纠正估计偏差，对小样本下的客观赋权方法具有重要意义。

基于 Bootstrap 的主成分分析步骤如下。

步骤 1：数据标准化。

步骤 2：计算指标 u 与 v（样本容量为 N，N 通常要大于 20）的 Bootstrap 偏差改进的相关系数。根据原始样本数据计算 u 与 v 的相关系数。

从原始样本 (u,v) 中有放回地随机抽取 N 次以生成 1 个 Bootstrap 样本 $x^* = \left(x_1^*, x_2^*, \cdots, x_N^*\right)$，其中 $x_i^* = \left(u_i^*, v_i^*\right), 1 \leqslant i \leqslant N$。

模拟标准正态独立随机变量 $\varepsilon_1, \varepsilon_2, \cdots, \varepsilon_N$。计算 $\hat{x}_i^* \begin{cases} \hat{u}_i^* = u_i^* + h\varepsilon_i \\ \hat{v}_i^* = v_i^* + h\varepsilon_i \end{cases}$，其中 $1 \leqslant i \leqslant N$，$h$ 为带宽（band width），得到 1 个平滑的 Bootstrap 样本 $\hat{x}^* = \left(\hat{x}_1^*, \hat{x}_2^*, \cdots, \hat{x}_N^*\right)$。

计算该平滑 Bootstrap 样本的相关系数 $\overline{\theta}_{uv}^*$。重复以上步骤 B 次，得到 Bootstrap 估计 $\left(\theta_{uv}^1, \theta_{uv}^2, \cdots, \theta_{uv}^B\right)$。

计算 B 个 Bootstrap 估计的均值得到 $\overline{\theta}_{uv}^*$。计算 $\overline{\theta}_{uv} = 2\hat{\theta}_{uv} - \overline{\theta}_{uv}^*$，得到 Bootstrap 偏差改进的相关系数。

步骤 3：计算所有指标（指标个数为 M）间 Bootstrap 偏差改进的相关系数，得到改进的相关矩阵 $\tilde{R}$。

步骤 4：计算 $\tilde{R}$ 的特征值 $\lambda_i (i = 1, 2, \cdots, M)$，$\lambda_i$ 是第 i 个主成分 F_i 所解释的原始指标数据的总方差，主成分 F_i 对原始指标数据的方差贡献率 ω_i 为

$$\omega_i = \frac{\lambda_i}{\sum\limits_{i=1}^{M} \lambda_i} \tag{5-41}$$

步骤 5：将 λ_i 从大到小依次排列，选取大于 1 的特征值对应的主成分，得到 k 个主成分：

$$F_i = \alpha_{i1} X_1 + \alpha_{i2} X_2 + \cdots + \alpha_{iM} X_M, \quad i = 1, 2, \cdots, k \tag{5-42}$$

其中，X_i 为第 i 个指标；α_{ij} 为第 i 个特征值对应的特征向量的第 j 个分量。

步骤 6：主成分综合评价函数为

$$S = \sum\limits_{i=1}^{k} \omega_i F_i \tag{5-43}$$

其中，$\omega_i = \dfrac{\lambda_i}{\sum\limits_{i=1}^{k} \lambda_i}$ 为主成分 F_i 权重。

5.5.3 数据包络分析法

数据包络分析法最早是由 Charnes 等（1979）基于 Farrell 的思想在固定规模报酬假设下提出的一种效率测度方法，用于评价决策单元（decision making unit，DMU）的技术效率。数据包络分析法处理多目标决策问题时具有绝对的优势。

简单来讲，数据包络分析法的基本原理主要是通过保持决策单元的输入或输出不变，借助于数学规划和统计数据确定相对有效的生产前沿面，将各个决策单元投影到数据包络分析法的生产前沿面上，并通过比较决策单元偏离数据包络分析法前沿面的程度来评价它们的相对有效性。一定投入水平下产出最大的决策单元可以形成效率最高的效率前沿面，在效率前沿面上的决策单元的效率值是有效的，而其他决策单元则为非有效单元。此外，对于非有效单元，利用"投影原

理"还能给出具体效率值与投入产出的调整量（赵奥，2012）。

数据包络分析法模型对使用技术不需做任何假设且操作简单，故被广泛应用于理论创新与实际研究中。目前，数据包络分析法模型已被应用在绿色效率、环境效率的测度研究中（钱争鸣和刘晓晨，2013；Goto et al.，2014；Chang et al.，2013；Chang et al.，2014）。此外，值得注意的是，数据包络分析法模型的应用需要有多个投入指标和多个产出指标，因此指标的控制与处理存在一定的难度，而且不能对评价对象进行定量化的排序，在指标之间的比较和分析方面存在不足。

数据包络分析法中具代表性的模型包括 C^2R、BC^2、C^2WH 和 C^2W 等多个模型。这里以 C^2R 模型为例，C^2R 模型表示为

$$
\begin{cases}
\min\left[\theta - \varepsilon\left(\sum_{r=1}^{t} s_r^+ + \sum_{i=1}^{m} s_i^-\right)\right] \\
\sum_{j=1}^{n} \lambda_j x_{ij} + s_i^- - \theta x_{ij}o = 0 \\
\sum_{j=1}^{n} \lambda_j y_{ij} - s_r^+ = y_{ri}o
\end{cases}
\begin{cases}
\lambda_j \geqslant 0 \\
s_i^- \geqslant 0, \quad j=1,2,\cdots,n \\
s_r^+ \geqslant 0
\end{cases}
\tag{5-44}
$$

首先，当 $\theta=1$，并且 $s_t^- = s_t^+ = 0$ 时，称决策单元数据包络分析法有效，其形成的有效前沿为规模收益不变，且决策单元为规模且技术有效。

其次，当 $\theta<1$ 时，称决策单元数据包络分析法无效，或者是技术无效，或者是规模无效；若 $\sum \lambda_i = 1$，则 DMU_j 是技术有效的，否则 DMU_j 是技术无效的。令 $K=1/\theta\sum\lambda_j$，当 $K=1$ 时，称决策单元规模有效；当 $K<1$ 时，规模收益递增，反之递减。

最后，若决策单元无效，可以通过决策单元在相对有效平面上的投影来改进非数据包络分析法有效的决策单元，令 $x_0^* = \theta x_0 - s_i^-$，$y_0^* = y_0 + s_r^+$，则 (x_0^*, y_0^*) 生产有效前沿面上的投影，即相对于原来的 n 个决策单元是有效的。

C^2R 模型可以用来衡量整体效率，但是无效率时，可能是技术因素造成的也可能是规模因素造成的。在 C^2R 模型的基础上增加了凸性假设 $\sum \lambda_j^* = 1$，并将 θ 改为 σ，就得到 BC^2 模型，使用 BC^2 模型可以评价各决策单元的纯技术效率，BC^2 模型下的数据包络分析法有效，是技术有效，但不一定是规模有效。

令 $s=\theta/\delta$，则 s 为规模效率。$s=1$，纯规模有效；$s<1$，则纯规模无效（Charnes et al.，1979）。

C^2R 模型和 BC^2 模型二者配合使用，便可评价每个决策单元的综合效率、纯技术效率和规模效率。

5.5.4　FCE 法

FCE法由国内学者汪培庄于1980年首次提出，是利用模糊集理论，从多个因素对评价事物隶属等级状况进行综合性评价的一种方法。模糊数学自从由美国控制论专家L. A. Zadeh于1965年提出以来，其实用性受到了社会各界的广泛认可，并得到了快速发展与应用（Wei et al., 2010）。

FCE 法的基本思想是应用模糊变换原理和最大隶属度原则，考虑被评价目标的主要因素或多个影响因素，对其所做出的综合评价。FCE 法不仅可以根据综合分值的大小对评价对象进行评价和排序，同时还可以根据模糊评价集上的值评定对象所属的等级。FCE 法适用于评判多因素、多层次的复杂问题，目前已被应用于健康、安全与环境的绩效评估体系和再生水质量安全保障体系的评价（Li et al., 2015；Zhou et al., 2013）。该方法也存在着一定的缺点：一是不能解决评价指标信息重复的问题；二是各因素权重的确定带有一定的主观性。

运用 FCE 法的步骤如下。

步骤 1：确定被评判对象的因素（指标）集，$U = (u_1, u_2, \cdots, u_m)$。

步骤 2：确定评语集，$V = (v_1, v_2, \cdots, v_n)$。

步骤 3：确定权数分配，$A = (\alpha_1, \alpha_2, \cdots, \alpha_m)$。

步骤 4：确定模糊单因素评价矩阵。确定每个备选方案的单因素评价矩阵，$\boldsymbol{R} = \left(r_{ij} \right)_{m \times n}$。

步骤 5：进行模糊运算，确定综合评价结果为 $B = A \times \boldsymbol{R}$，确定各方案指标的隶属度，根据最大隶属度原则，对各个方案进行综合评价。

步骤 6：以 B_j 为权重对评语权重 V 进行加权，得出最终评估值，进行综合评价，最终确定评价对象的优劣。

5.5.5　层次分析法

层次分析法最早由美国匹兹堡大学托马斯·萨蒂教授于1977年提出，是一种在复杂决策问题处理中进行方案比较排序的方法。它的基本思想是将决策问题的有关要素分解成目标、准则、方案等层次，依据要素间的关联影响和隶属关系，形成一个多层有序的分析结构模型。通过两两比较的方法确定各要素的权重，最后结合人的判断对决策因素进行优劣比较并排序，该方法特别适用于难以完全定量分析的问题。

在绿色增长领域，层次分析法主要被用于绿色生产力、绿色矿山及采矿业、煤炭城市的可持续发展评价研究中（Marimin et al.，2014；Shang et al.，2015；Shen et al.，2015；Zhang et al.，2012）。层次分析法在解决难以定量化问题上的确具有很大的优势，但该方法也存在着主观性强，易造成逻辑判断上的错误以及评价对象偏少等缺点。

层次分析法的主要过程包括以下几个方面：建立层次结构模型；专家评分，构造判断矩阵；层次单排序；层次单排序的一致性检验；层次总排序；层次总排序的一致性检验；最后得到总排序权值。

首先，建立层次结构模型，构造判断矩阵。对整个复杂问题进行深入分析，明确问题的范围以及与该问题相关联的各个因素，确定这些因素之间的隶属关系和制约关系。同时，将问题所包含的因素根据是否共同拥有某些特性将它们聚集成组，将这种共有的特性作为系统新层次中的某个因素；进一步地，这些新层次中的因素也能够按照另外一种共有特性整合成新的组，形成更高一层次的元素；以此逐层进行整合，直到最终形成单一的最高因素，即决策的目标。整个复杂的问题就被明确地划分为多个不同层次，层次间的递阶结构与各个因素的从属关系，可以通过框图（图 5-5）形式显示。若某一个层次所包含的因素大于 9 个时，可考虑将该层次进一步划分为若干子层次，以提高专家判断的准确性（Saaty and Tran，2007）。

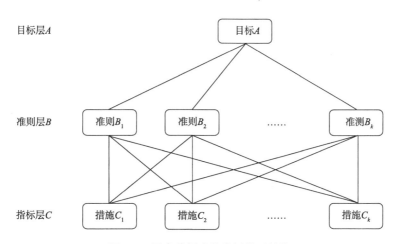

图 5-5　层次分析法的常用模型结构

在建立了结构层次模型之后，由多名专家各自对目标层以下的所有因素逐层评价，采用 1~9 来表示各层因素之间的重要性等级，综合多名专家评分标度情况得到因素间较为准确的重要性。判断矩阵元素的值是由同层次内各因素间的比值所确定的，反映了各因素相互之间的相对重要性。在构造时，当相互比较因素的重要性能够用具有实际意义的比值说明时，判断矩阵相应元素的值则可以取这个比值（Saaty and Shang，2007）。

其次，层次单排序及其一致性检验。对已知判断矩阵 A，可以通过下式解出判断矩阵 A 的特征根和特征向量 W，经归一化后即为同一层次相应各因素对于上一层次某因素的重要性的排序权值（即权重向量），这一过程称为层次单排序：

$$AW = \lambda_{\max} W \qquad (5\text{-}45)$$

根据矩阵理论，当判断矩阵不能保证具有完全一致性时，相应判断矩阵的特征根也将发生变化，这样就可以用判断矩阵特征根的变化来检查判断矩阵的一致性程度。因此，在层次分析法中引入判断矩阵最大特征根以外的其余特征根的负平均值，作为度量判断矩阵偏离一致性的指标，即通过式（5-46）进行层次单排序（或判断矩阵）的一致性检验：

$$CI = \frac{\lambda_{\max} - n}{n - 1} \qquad (5\text{-}46)$$

通过式（5-47）检验判断矩阵具有满意的一致性，可用其特征向量作为权向量，否则要重新调整判断矩阵，使之具有满意的一致性：

$$CR = \frac{CI}{RI} < 0.10 \qquad (5\text{-}47)$$

最后，层次总排序及其一致性检验。计算同一层次所有因素对于最高层（总目标）相对重要性的排序权值，称为层次总排序。这一过程是最高层次到最低层次逐层进行的，若上一层次 A 包含 m 个因素 $A_1, A_2, \cdots, A_m$，其层次总排序权值分别为 $a_1, a_2, \cdots, a_m$，下层次 B 包含 n 个因素 $B_1, B_2, \cdots, B_n$，它们对于因素 A_j 的层次单排序权值分别为 $b_{1j}, b_{2j}, \cdots, b_{nj}$（当 B_k 与 A_j 无联系时，$b_{kj} = 0$）。由式（5-48）可知 B 层次总排序权值：

$$B_i = \sum_{j=1}^{m} a_j b_{ij} \qquad (5\text{-}48)$$

其中，$i = 1, 2, \cdots, n$。

B 层次总排序这一步骤也是从高到低逐层进行的。如果 B 层次某些元素对于 A_j 单排序的一致性指标为 CI_j，相应的平均随机一致性指标为 CR_j，则 B 层次总排序随机一致性比率可通过式（5-49）得到：

$$RI = \frac{\sum_{j=1}^{m} \alpha_j CI_j}{\alpha_j CR_j} \qquad (5\text{-}49)$$

类似地，当 RI<0 时，认为层次总排序结果具有满意的一致性，否则需要重新调整判断矩阵的元素取值。

5.5.6　模糊层次分析法

采用 FAHP 法改进传统层次分析法在单一环境下对数据收集和决策时存在模糊性和不确定性的问题，以提高决策的可靠性。

具体步骤如下。

1. 构造三角模糊数指标权重判断矩阵

三角模糊数判断矩阵 A 可表示为

$$A=\left[\frac{1}{v}\times\sum_{k=1}^{v}\left(r_{ij}^{(q)}\right)_{k}\right]_{m\times n},\ q=\text{I,II,III};\ k=1,2,\cdots,v;\ i,j=1,2,\cdots,n \qquad （5\text{-}50）$$

其中，q 为判断矩阵 A 的指标层级数；n 为矩阵 A 的全部指标数量；v 为参与讨论指标权重值的专家数量；r_{ij} 为专家对指标 i 与指标 j 两个指标的相对重要程度的判断。为了将某一任意三角模糊数的专家判断矩阵 R 转化为其对应的互补矩阵，其转化方法如式（5-51）所示：

$$\begin{cases} r_{ij}=1/r_{ji}=\left(1/u_{ji},1/m_{ji},1/l_{ji}\right),r_{ji}\text{存在时} \\ r_{ji}=1/r_{ij}=\left(1/u_{ij},1/m_{ij},1/l_{ij}\right),r_{ij}\text{存在时} \end{cases} \qquad （5\text{-}51）$$

2. 检验 FAHP 判断矩阵的一致性

三角模糊数专家判断矩阵中指标两两比较得出的结果要符合其重要度协调性的要求，必须符合如下规律：若 X 比 Y 重要，Y 比 Z 重要，X 必须比 Z 重要。具体来说，首先利用式（5-52）将三角模糊数专家判断矩阵转化为对应的非模糊数专家判断矩阵，其次利用式（5-53）计算出该非模糊数专家判断矩阵的随机一致性比率 CR，最后通过与对应多阶矩阵 RI 值的比较，得出一致性检验的结果：

$$M_{\bar{T}}=\frac{l+4m+u}{6} \qquad （5\text{-}52）$$

其中，$M_{\bar{T}}$ 为 $M\left(l,m,n\right)$ 对应非模糊数。

$$\text{CR}=\frac{\lambda_{\max}\left(A\right)-n}{\text{RI}\times\left(n-1\right)} \qquad （5\text{-}53）$$

其中，$\lambda_{\max}\left(A\right)$ 为该非模糊数专家判断矩阵的最大特征根；n 为该矩阵的最大阶数。若该判断矩阵的随机一致性比率 CR<0.1，表示该判断矩阵符合一致性的要求，否则就不符合一致性的要求。

3. 指标权重综合重要程度的计算

$$S_i^{(q)} = \sum_{j=1}^{n} r_{ij}^{(q)} \otimes \left[\sum_{i=1}^{n} \sum_{j=1}^{n} r_{ij}^{(q)} \right]^{-1}, \quad q = \text{I, II, III}; i, j = 1, 2, \cdots, n \quad （5-54）$$

其中，S_i 为非模糊数专家判断矩阵中指标 i 相较于同一层级其他所有指标的综合重要程度比较值。

4. 归一化处理指标权重值

假设存在两个任意的三角模糊数分别为 $M_1 = \left(l_1, m_1, u_1 \right)$，$M_2 = \left(l_2, m_2, u_2 \right)$，以上两个三角模糊数 $M_1 \geqslant M_2$ 的可能性可被表示为 $P\left(M_1 \geqslant M_2 \right)$，由此可以得出：

当 $m_1 < m_2$ 时，

$$P\left(M_1 \geqslant M_2 \right) = \begin{cases} \dfrac{l_2 - u_2}{m_1 - u_1 - \left(m_2 - l_2 \right)}, & l_2 < u_1 \\ 0, & l_2 \geqslant u_1 \end{cases} \quad （5-55）$$

当 $m_1 > m_2$ 时，

$$P\left(M_1 \geqslant M_2 \right) = 1 \quad （5-56）$$

$$\begin{aligned} \mathrm{d}'\left(B_i^{(q)} \right) &= P\left(M_i^{(q)} \geqslant M_1^{(q)}, M_2^{(q)}, \cdots, M_n^{(q)} \right) \\ &= \min P\left(M_i^{(q)} \geqslant M_k^{(q)} \right) \end{aligned}, \quad k = 1, 2, \cdots, n; k \neq i; q = \text{I, II, III}$$

$$（5-57）$$

$$\boldsymbol{W}' = \left[\mathrm{d}'\left(B_1^{(q)} \right), \mathrm{d}'\left(B_2^{(q)} \right), \cdots, \mathrm{d}'\left(B_n^{(q)} \right) \right]^{\mathrm{T}} \quad （5-58）$$

$$\boldsymbol{W} = \left[\mathrm{d}\left(B_1^{(q)} \right), \mathrm{d}'\left(B_2^{(q)} \right), \cdots, \mathrm{d}'\left(B_n^{(q)} \right) \right]^{\mathrm{T}} \quad （5-59）$$

$$\mathrm{d}\left(B_i^{(q)} \right) = \frac{\mathrm{d}'\left(B_i^{(q)} \right)}{\mathrm{d}'\left(B_1^{(q)} \right) + \mathrm{d}'\left(B_2^{(q)} \right) + \cdots + \mathrm{d}'\left(B_n^{(q)} \right)}, \quad i = 1, 2, \cdots, n; q = \text{I, II, III} \quad （5-60）$$

其余层的指标权重也是重复上面的计算过程，直到最底层为止，可以得出所有指标相对于目标层的权重排序，可以实现所有指标的重要性排序。

5.5.7　综合指数法

综合指数法是一种综合指标体系评价法，既可以应用于不同地区同一时间的横向评价，也可以进行同一地区不同时间的纵向评价。综合指数法的基本原理是首先建立原始数据矩阵，并对原始数据进行无量纲化处理，再将指标折算成指数，然后进行加权平均计算综合指数，依据指数的大小评价优劣程度或者依其落入的范围将其评判为某个等级。

综合指数法的计算过程对资料没有特殊要求，应用灵活、方便。但因各指标权重主要采用专家打分法，受主观因素影响较大，当指标个数超过一定数目时，专家往往会出现循环判断的情况，效率与效果都差强人意。如今，综合指数法在绿色增长领域的应用，主要集中在绿色指数、工业绿色发展绩效指数与绿色发展水平的测度与评价（欧阳志云等，2009；苏利阳等，2013；张旺等，2013）。

按因子之间的相互关联性、组合模式，首先计算各评价因子的加权质量指数，然后按评价因子的隶属关系得出三个因子集的质量分指数，最后由因子集质量分指数得出评价区的生态环境质量综合指数。模式如下。

因子质量等级评分：P_{ni}；因子加权质量指数：

$$I_{ni} = P_{ni} \times W_{ni} \tag{5-61}$$

因子集的质量分指数：

$$EQ_i = k \times \sum I_{ni}, \quad i = 1, 2, \cdots, M \tag{5-62}$$

评价区生态环境质量综合指数：

$$EQ = k \times \sum I_{ni}, \quad i = 1, 2, \cdots, M \tag{5-63}$$

其中，k 为评价系数；M 为因子集中因子的个数；n 为同一个因子集中因子的个数；W_{ni} 为 i 类因子集第 n 个因子的系统权重；P_{ni} 为 i 类因子集第 n 个因子的质量等级评分；I_{ni} 为 i 类因子集第 n 个因子的加权质量指数；EQ_i 为 i 类因子集的质量指数；EQ 为评价区生态环境质量综合指数。

5.5.8　TOPSIS 法

TOPSIS 法由 Yoon 和 Hwang 于 1981 年首次提出，是常用的多目标决策分析方法之一，是一种逼近于理想解的排序方法（Tzeng and Huang，2011）。TOPSIS 法对样本资料要求较低，易于理解、应用方便，被广泛地应用于各研究领域。目前，TOPSIS 法已被应用于绿色供应商选择分析和绿色发展水平评价等研究中（郭永杰等，2015）。

TOPSIS 法的本质是通过衡量研究对象现实状态与理想状态之间的欧氏距离来判断研究对象的发展水平。总体思路是对归一化后的原始数据矩阵，确定出理想中的最佳方案和最差方案，然后通过求出各评价方案与最佳方案、最差方案之间的欧氏距离，得出该方案与最佳方案的接近程度，并以此作为判断各评价对象优劣的依据。从 TOPSIS 法的计算步骤来看，规范决策矩阵求解过程比较复杂，不易求出正理想解和负理想解，另外，指标权重一般为事先确定，其值通常是主观值，因而具有一定的随意性。

TOPSIS 法基本计算流程如下。

步骤 1：根据评估对象构造初始矩阵。设多属性决策问题的决策矩阵 $X=\left[x_{ij}\right]_{m\times n}$，该矩阵设有 m 个评估对象和 n 个评估指标。

步骤 2：用向量规范化的方法得到规范决策矩阵。因各指标的量纲不同，需进行评估指标的规范化处理，利用向量规范化方法得到规范化决策矩阵 $Y=\left[y_{ij}\right]_{m\times n}$：

$$y_{ij}=\frac{x_{ij}}{\sqrt{\sum_{i=1}^{m}x_{ij}^{2}}},\quad i=1,2,\cdots,m;j=1,2,\cdots,n \qquad (5\text{-}64)$$

步骤 3：构造加权的规范化决策矩阵。评估对象的每个指标往往在评估体系中占据不同权重，需要计算每个指标的权重值。设权重向量 $w=w_1,w_2,\cdots,w_n$，其中 $w_1+w_2+\cdots+w_n=1$，则得到加权规范化决策矩阵 $Z=\left[z_{ij}\right]_{m\times n}$：

$$z_{ij}=w_j y_{ij},\quad i=1,2,\cdots,m;j=1,2,\cdots,n \qquad (5\text{-}65)$$

$$z_j^{+}=\begin{cases}\max_i z_{ij},j\in T_1\\ \min_i z_{ij},j\in T_2\end{cases} \qquad (5\text{-}66)$$

$$z_j^{-}=\begin{cases}\min_i z_{ij},j\in T_1\\ \max_i z_{ij},j\in T_2\end{cases} \qquad (5\text{-}67)$$

其中，T_1 为越大越优型的效益型指标（或正指标）；T_2 为越小越优型的成本型指标（或逆指标）。

步骤 4：计算各评估对象到正理想解与负理想解的欧氏距离。用二阶范数（矩阵 A 的二阶范数，就是 A 的转置共轭矩阵与矩阵 A 的积的最大特征根的平方根值，是指空间上两个向量矩阵的直线距离）表示评估对象与正、负理想解向量的距离，各评估对象到正理想解的距离为

$$d_i^{+}=\left\|z_i-Z^{+}\right\|=\sqrt{\sum_{j=1}^{n}\left(z_{ij}-z_j^{+}\right)^2},\quad i=1,2,\cdots,m \qquad (5\text{-}68)$$

各评估对象到负理想解的距离为

$$d_i^{-}=\left\|z_i-Z^{-}\right\|=\sqrt{\sum_{j=1}^{n}\left(z_{ij}-z_j^{-}\right)^2},\quad i=1,2,\cdots,m \qquad (5\text{-}69)$$

步骤 5：计算各评估对象与正理想解的相对贴近度：

$$C_i=d_i^{-}/\left(d_i^{-}+d_i^{+}\right),\quad i=1,2,\cdots,m \qquad (5\text{-}70)$$

其中，d_i^+、d_i^-分别为各评估对象与正、负理想解的距离。相对贴近度C_i越接近1表示该评估对象越接近正理想解，在优劣排序中将占据靠前位置。

步骤 6：对评估对象进行排序。将相对贴近度C_i排序，C_i越大表示离理想方案越近，反之则越远。据此，可得出各个评估对象的优劣次序。

5.5.9 粒子群优化算法

用 PSO 法求解非线性优化问题简单易行，收敛速度较快，可以有效地克服多属性决策问题中用 FAHP 法确定指标权重时一致性检验难以通过的问题。

算法首先在给定的解空间中随机初始化粒子群，这个初始化过程确定每个粒子的初始位置和初始速度，粒子本身和同伴的飞行经验共同决定了粒子速度和粒子位置。所有粒子都有一个适应度值，该适应度值是被目标函数确定的，可以通过该适应度值来判断粒子的好坏程度。将粒子知道自己到目前为止发现的最好位置，记为 Pbest，该位置就是粒子本身的最优解，即粒子的飞行经验。此外，每个粒子还知道到目前为止整个群体中所有粒子发现的最好位置，即 Gbest，Gbest 是在 Pbest 中的最好值，即是全局最优解，该解可以被视作整个群体的经验。

当 Pbest 和 Gbest 被确定后，则该算法中的粒子进入最重要的过程，即"加速"过程。在这个过程中，每个粒子通过不断地改变在解空间中的速度，目的是尽可能靠近 Pbest 和 Gbest 区域，来获得最好的飞行经验。通常，粒子可以通过式（5-71）、式（5-72）来更新自己的速度和位置：

$$v_{id}^{k+1} = wv_{id}^k + c_1 \times \text{rand}_1^k \times \left(\text{Pbest}_{id}^k - x_{id}^k\right) + c_2 \times \text{rand}_2^k \times \left(\text{Gbest}_{id}^k - x_{id}^k\right) \quad (5\text{-}71)$$

$$x_{id}^{k+1} = x_{id}^k + v_{id}^{k+1} \quad (5\text{-}72)$$

其中，W为惯性因子（取值在 0.9~1.2）；c_1和c_2为非负的加速常数（根据经验$c_1 = c_2 = 2$）；rand_1和rand_2为 0~1 均匀分布的随机数。为了对移动的粒子进行飞行限制，可以为粒子的速度和位置设定一个区间，设定速度区间为$[v_{\min}, v_{\max}]$，位置区间为$[x_{\min}, x_{\max}]$。其中，$v_{\max}$是一个非常重要的参数。如果设置过大，粒子可能会飞出优秀区域；如果设置过小，粒子可能无法在局部最优之外的区域进行充分的探测。事实上，粒子有可能陷入局部最优，然后无法移动足够的距离来跳出局部最优达到空间中最佳的位置。

从式（5-71）可以看出，粒子的速度更新由下面 3 个步骤完成：首先是当前速度对粒子的影响，并与粒子的当前状态联系，主要起到局部搜索和平衡全局的能力。其次是粒子本身的记忆的影响。这个能力让粒子具备全局搜索的能力，避免陷入局部最小。最后是群体飞行状态对粒子本身的影响，反映了粒子之间的信息共享，能够加快该算法的收敛速度。通过这 3 个步骤，粒子不断地调整自己的位置，最终找到最优解。

简单来说，PSO 流程可描述为以下 7 个步骤。

步骤 1：取初始种群，包括 m 个粒子（取值一般为 20~40）。对种群中粒子进行随机初始化，并产生粒子的起始速度和起始位置以及设定最大速度 v_{max}。

步骤 2：计算粒子适应度，将当前各粒子的位置和目标值存在 Pbest 中，将目标值最优的粒子的速度和位置存在 Gbest 中。

步骤 3：选取适应度最小的粒子作为全局极值。

步骤 4：根据式（5-71）、式（5-72）对粒子的速度和位置进行更新。

步骤 5：比较每个粒子的当前目标值与 Pbest 的目标值。如果当前目标值优于 Pbest，则使用当前目标值 Pbest。

步骤 6：对 Pbest 和 Gbest 进行比较，如果 Pbest 优于 Gbest，则更新 Gbest。

步骤 7：判断算法结束条件，不能无限循环，针对具体处理问题设置条件，满足则结束，否则继续更新迭代。

综上，将本章的赋权方法与评价方法的优缺点以及适用对象归纳如表 5-4 所示。

表 5-4　不同赋权方法与评价方法的比较

方法	优点	缺点	适用对象
三角模糊法	1. 赋权能力强 2. 计算结果准确性高	存在数据丢失现象	适用于研究不确定环境下的赋权问题
层次分析法	1. 保留原始信息量，偏差小，可靠度高 2. 能将不易测量的目标量转化为易测量指标	1. 运算过程烦琐，工作量大 2. 主观性强，易造成判断上的逻辑错误	适用于研究难以完全定量分析的赋权问题
熵值法	1. 克服了随机性与臆断性问题 2. 善于解决多指标变量间信息的重叠问题	1. 缺乏指标间的横向比较及关联性的影响 2. 过意依赖样本，且对异常数据过于敏感	适用于研究信息获取较多且质量较好的赋权问题
变异系数法	1. 运算过程简单，具有较强的实用性 2. 指标数据的来源具有较强的客观性	1. 对指标的具体经济意义缺乏重视 2. 存在难以忽略的误差	适用于研究评价指标对于评价目标而言比较模糊的赋权问题
灰色关联分析法	1. 计算量小，易操作 2. 适用范围广	不能解决评价指标间相关造成的信息重复问题	适用于评价系统中各因素关联程度分析的问题
基于 Bootstrap 的主成分分析法	可以直观地分析出起决定性作用和对综合评价结果影响较大的评价指标	对于主要指标的依赖性过大	适用于评价多变量分析的问题

本章讨论了目前学术界主流的绿色增长测度与评价方法。首先，给出了构建绿色增长评价指标体系所必须遵循的六个原则，包括：科学性原则、可操作性原则、代表性原则、系统性原则、独特性原则与精简性原则。其次，通过对绿色增

长评价思路的讨论，得出了绿色增长指标体系构建过程的三个步骤，具体为：建立基本框架、海选指标与筛选指标。再次，探讨了绿色增长测度与评价的三个流程，分别为：指标标准化、权重确定与评价方法选择，为后文研究规范了流程。最后，具体讨论了国内外学术界流行的指标权重确定方法以及绿色增长测度与评价方法。其中，目前主流的研究文献中所采用的赋权方法主要有三角模糊法、层次分析法、熵值法、变异系数法、专家调查法、主成分分析法、CRITIC 法、环比评分法等。应用评价指标体系进行评价分析的研究方法主要包含灰色关联分析法、主成分分析法、数据包络分析法、FCE 法、层次分析法、模糊层次分析法、综合指数法、TOPSIS 法等多种研究方法，以上方法为本书的实证研究提供了方法支持。

第三篇 实 践 篇

第6章　区域绿色增长测度与评价研究

6.1　典型区域选择——中国区域

改革开放以来，中国经济蓬勃发展。经济的持续增长不仅提高了国民的生活水平，同时也增强了我国在国际上的地位与影响力。但由于生产方式落后、技术水平低下，长期以来我国资源消耗量大，污染排放强度高。居高不下的能源消耗，一度造成我国部分地区出现了油荒、煤荒、电荒等现象。可见，在我国经济快速增长的背后，隐藏着不容忽视的资源浪费与环境污染问题。面对日益恶化的资源环境问题，我国政府认识到了转变经济增长方式的重要性，开始借鉴发达国家的经验积极促进绿色增长战略在国家范围内的推行，并相继开展了建设"生态工业园"试点、"循环经济"试点、"低碳城市"试点和构建"资源节约型与环境友好型"社会等一系列谋求绿色发展的国家战略。党的十八大报告强调要"着力推进绿色发展、循环发展、低碳发展"，十八届五中全会公报明确提出"十三五"期间要贯彻创新、协调、绿色、开放、共享的发展理念，这表明了中国政府走绿色增长道路的决心。

中国地域辽阔，各地区在经济条件、科技实力、地理区位、资源禀赋等方面存在巨大差异，导致中国区域绿色增长水平呈现明显的地域差异。现有关于区域绿色增长差异的研究主要分为两方面：一方面是通过构建多指标综合评价体系来反映区域的绿色增长水平，如于惊涛和张艳鸽（2016）从产业结构、能源消耗和碳排放3个方面构建了包含15个指标的绿色增长评价指标体系，并对中国整体绿色增长水平进行分析；郭玲玲等（2016）通过定量化方法从社会经济、资源环境、自然资产、生活质量、政策支持5个方面开发了包含18个指标的绿色增长评价指标体系。另一方面是倾向于运用单指标衡量绿色增长水平，如张江雪等（2015）基于SBM-DDF方法构建工业绿色增长指数衡量各省域工业企业区域差异；韩晶等（2013）从绿色增长视角出发，运用四阶段数据包络分析法模型对中国绿色创新效率进行差异分析；王海龙等（2016）运用数据包络分析法测度中国区域绿色增长绩效和绿色技术创新效率，探讨我国绿色增长绩效省际差异。上述两种针对区域绿色增长差异的研究是建立在区域实体之间相互独立，不存在任何空间关联的假设前提下，事实上，相邻或相近区域的绿色增长存在着扩散和极化效应，可以影响周围区域缩小或扩大绿色增长的差异。从时间、空间等不同视角分析绿色增长区域差异，研究绿色增长的时空演变规律，挖掘其空间结构，对协调区域内空间平衡，因地制宜制定相应的绿色战略，实现区域共赢具有重要意义。

中国当前经济发展呈现出明显的区域差异。其中，东部地区第二、第三产业比重较大，农村工业化、城镇化程度较高，集体经济和非国有经济成分比重大，轻工业比重大，外资企业较多；中西部地区第一产业比重较大，第二、第三产业比重较小，国有经济成分比重大，集体和私有经济成分小，农村工业化程度低，乡镇企业发展缓慢，以原材料和初级产品加工为代表的重工业比重较大。区域差异的形成和扩展是历史、自然、社会等综合因素长期演化的结果。东部地区作为经济增长的核心区是中国未来发展的动力，中部、西部地区作为资源能源保障基地为中国经济健康发展夯实基础。中国作为世界经济大国，资源环境的利用效率仍与国际存在一定差距，其绿色增长路程仍处于向上负重爬坡阶段，需要解决众多复杂和累积性问题，对中国绿色增长水平最直接的分析是进行科学的绿色增长测度评价。我国各省域经济增长能力、资源储量、环境质量、城镇化水平、工业化程度等所处阶段不同，资源环境的压力以及高新技术产业的推动能力不同，在实现经济快速发展的同时，也带来了地区差距问题。以中国 30 个省（区、市）（不含西藏和港澳台）为研究对象，建立科学的区域绿色增长评价指标体系，对中国绿色增长能力进行评价，研究绿色增长的时空演变规律，挖掘其空间结构，对协调区域内空间平衡，因地制宜制定相应的绿色战略，实现区域共赢具有重要意义。

6.2　中国区域绿色增长评价指标体系构建

6.2.1　指标体系构建原则

指标体系的建立是"仁者见仁，智者见智"。不同的评价者从不同的角度出发，会得到完全不同的指标体系。本节在遵循 5.1 节绿色增长评价指标体系六大构建原则的基础上，结合区域特征，遵循以下原则建立区域绿色增长评价指标体系。

1. 目标性原则

目标性原则是指标体系建立的根本与出发点。指标体系建立是为了进行目标评价，根据绿色增长评价的目标，指标体系应能支撑高层次的评价准则，从而为绿色增长判定提供依据。绿色增长战略的实施具有阶段性，其发展也应该有一个顶级状态，此时的特征就是经济增长与资源环境压力实现完全脱钩，社会效益、经济效益与环境效益三者之间实现高度的协调与统一，指标体系的设计应该反映此类发展目标。

2. 动态性原则

在绿色增长战略的不同时期，决策者所关注的焦点也会有所不同，评价的内容也会与时俱进地发生改变，相应地，指标体系也需要进行调整与变化。另外，绿色增长战略本身就是一个持续改进的动态变化过程，产业经济、资源、环境等因素的改变都有可能引起绿色增长状况的变动。因此，绿色增长评价指标体系应具有一定的先进性与灵活性，并处于不断修改与补充中。

6.2.2 指标体系构建思路

测度与评价指标体系的建立是人们对于评价对象本质特征的认识逐渐深化、精细、完善直至系统化的过程，本质上是一个"具体—抽象—具体"的逻辑思维过程。本节指标体系建立可分为以下六个步骤。

1. 辨识基础理论

在构建中国区域绿色增长程度测度与评价指标体系之前，本书首先回顾了绿色增长的基础理论，明确了绿色增长的概念与基本特征，借鉴了目前国际上权威的绿色增长相关评价指标体系。在明晰上述内容的基础上对绿色增长测度与评价指标体系的基本框架进行了构建。

2. 构建基本框架

评价体系框架是指标体系组织的概念模式，它有助于为选择与管理指标所要测量的问题，提供一种便于研究真实世界的机制。不同评价体系框架之间的区别主要在于所选择的评价问题与构建方法不同。

目前，国际上较具代表性的绿色增长评价指标体系有 OECD 绿色增长衡量框架、UNEP绿色经济衡量框架、世界银行绿色增长政策衡量框架、GGGI绿色增长计划评价指标体系、中国北师大课题组编制的北京师范大学绿色发展指数及中科院课题组编制的中国科学院可持续发展能力指数等。在对这些绿色增长评价指标体系进行对比分析的基础上，通过结合绿色增长内涵与基本特征，构建出了区域绿色增长评价指标体系的基本框架，如图6-1所示。

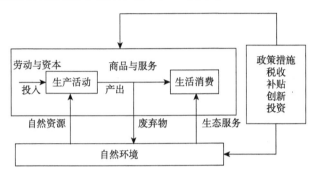

图 6-1　区域绿色增长评价指标体系的基本框架图

本节所构建的绿色增长测度与评价指标体系的基本框架特别注重生产活动、生活消费、自然环境与政策措施要素之间的相互关系，旨在揭示这些要素间的相互作用机制。从基本框架图可以看出，自然环境是绿色增长评价指标体系中的内在基础要素，不仅为人类的生产活动提供必需的自然资源，为生活消费提供所需的生态服务，同时也消化与吸收生产活动所产生的废弃物；生产活动与生活消费构成的经济活动过程是绿色增长评价体系的内在核心要素，是绿色增长经济领域成果的集中体现；政策措施则是绿色增长评价体系中的外在支撑要素，是推动经济活动与自然环境"绿色化发展"的政策保障。

同时，此框架也较为全面、系统地诠释了绿色增长的概念与特征，将经济、社会、资源、环境与政策紧密联系在一起，最终实现生产活动、生活消费、自然环境与政策措施领域的协调统一。本书将以此框架为基础，选择可测量的指标进行中国区域绿色增长程度的测度与评价。

3. 海选指标

在选取评价指标时，要注意选取一些能切实反映评价对象本质特征的、有代表性的评价指标。绿色增长是一个具有多重属性的评价对象，因此需要从多维角度出发选取评价指标。结合评价指标在国家权威绿色增长相关指标体系中的使用频率，首先选用专家咨询法（professional consultation method）主观选取评价指标，建立区域绿色增长评价指标"全集"。

4. 筛选指标

海选的指标集可能存在指标数目过多、指标信息重复、指标关联度较高等问题，因此，需要进行指标筛选，得到简洁且能反映评价对象特征的指标体系。本节根据六大基本原则进行指标初筛，在此基础上，结合相关分析法与变精度粗糙集对评价指标进行定量筛选，删掉同一准则层内信息重复性大并且对评价结果没有显著影响的指标，保证指标体系的典型性与代表性。

5. 补充指标

定量筛选法虽然能克服主观筛选法的不足，然而由于该方法过度地依赖客观数据，易忽视指标的实际含义，从而导致一些具有代表性的指标被误删。因此，需要咨询专家的意见对定量删除的指标进行理性分析，再次斟酌筛选。

6. 指标体系的构建及其应用

将最终构建的指标体系应用到实证研究中，分析评价结果的合理性。若发现不合理之处，应究其原因，并进行修正。

综上，区域绿色增长评价指标体系构建过程如图 6-2 所示。

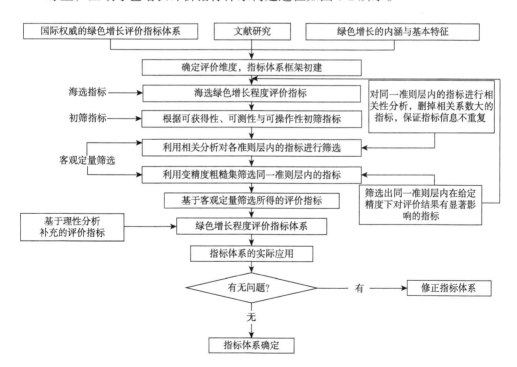

图 6-2　区域绿色增长评价指标体系构建过程

6.2.3　构建指标体系框架

为判断经济增长是否朝着绿色的方向发展需要建立科学的评价指标体系对绿色增长水平进行评价。UNEP、OECD、WWF 等国际组织和机构，中国科学院、北京师范大学等国内研究机构提出了以测度绿色增长为核心内容的指标体系，国内外专家学者也从不同的研究角度构建区域绿色增长评价指标（李晓西等，2014；张旭和杜瑶，2014；Zaman et al.，2016）。基于上述研究成果，提炼出评价区域绿色增长的五个核心要素，分别为社会经济、资源节约、环境保护、政策支持和社会福祉（Jänicke，2012；钞小静和任保平，2011；Antal and van den Bergh，2016；潘雄锋和杨越，2013；Woo et al.，2014；王兵和刘光天，2015；何小钢和王自力，2015；Lorek and Spangenberg，2014；Jeong et al.，2015）。在对中国区域绿色增长进行评价时，结合中国区域发展状态及特征，遵循上述五个绿色增长评价核心要素，构建中国区域绿色增长评价框架。

6.2.4　进行评价指标筛选

依据本书绿色增长评价框架，结合中国 30 个省域的区域特点以及经济政策特征等，选取评价指标。在社会经济方面，区域的可持续发展离不开社会的稳定及经济的持续增长，人口自然增长率、人均 GDP 等指标是对经济健康增长和社会稳定程度的衡量；在资源节约方面，能源、资源作为城市立足的根本一直是研究城市问题的核心关键，单位 GDP 能源消耗指标是对能源消耗量最直观的衡量，森林覆盖率、人均用水量是自然资源分配的重要部分；在环境保护方面重点关注资源消耗带来的环境质量问题，通常用二氧化硫排放量、烟粉尘排放量等指标衡量评价区域的环境状态；政策支持是推动区域变革的动力，必要适宜的政策是区域转变经济发展方式，实现绿色增长的重要手段，研发支出占 GDP 比重是衡量区域技术创新活力的重要指标，环境污染治理投资额占 GDP 比重是对区域经济能否实现绿色活力的重要支撑；在社会福祉方面，从衣食住行等各个方面对评价区域的生活福利进行衡量，教育支出占 GDP 比重衡量当前评价地区的教育重视程度，饮用水合格率、生活垃圾无害化处理率是居民生活环境质量的最直接的评价标准，人均医疗卫生支出是全民医疗体系评价的重要组成部分。

结合以上分析，本节构建了包含社会经济、资源节约、环境保护、政策支持、社会福祉 5 个维度 18 个指标的中国区域绿色增长程度测度与评价指标体系，如表 6-1 所示。

表 6-1　中国区域绿色增长程度测度与评价指标体系

要素	指标
社会经济	人口自然增长率
	人均 GDP
	城市化率
	工业增加值占 GDP 比重
资源节约	单位 GDP 能源消耗
	森林覆盖率
	人均用水量
环境保护	二氧化硫排放量
	废水排放总量
	烟粉尘排放量
	工业固废综合利用率
政策支持	研发支出占 GDP 比重
	环境污染治理投资额占 GDP 比重
	污水处理率
社会福祉	教育支出占 GDP 比重
	饮用水合格率
	生活垃圾无害化处理率
	人均医疗卫生支出

6.2.5　选择评价方法

中国地域广阔，存在明显的地域性特征，为了识别中国不同区域的绿色增长水平，本节在获得绿色增长评价结果的基础上，又引入了探索性空间数据分析（exploratory spatial data analysis，ESDA）法，对中国区域绿色增长水平的空间演进状态进行分析，以达到从时间和空间两个视角上分析中国区域绿色增长水平的目的，能够更为精确地为中国未来绿色增长发展方向提供具有针对性的意见和建议。

探索性空间数据分析度量事物之间的空间关联程度和依赖程度，分析对象的空间演变过程，是一种具有识别功能的空间数据分析法，分为全局空间自相关和局域空间自相关。全局空间自相关是一个总体统计指标，主要用来衡量区域整体的空间关联模式，采用莫兰指数（Moran's I）统计量估计来分析区域总体的空间关联和空间差异程度，其计算方法为

$$\text{Moran's I} = \frac{\sum_{i=1}^{n}\sum_{j=1}^{n}W_{ij}\left(Z_i - \bar{Z}\right)\left(Z_j - \bar{Z}\right)}{S^2\sum_{i=1}^{n}\sum_{j=1}^{n}W_{ij}} \tag{6-1}$$

其中，$S^2 = \frac{1}{n}\sum\left(Y_i - \bar{Y}\right)$；$n$ 为研究区域内的地区总数；W_{ij} 为空间权重。Moran's I 指数的取值一般在-1~1，Moran's I 指数大于 0 为正相关，越接近 1 表明具有相似属性的区域越聚集在一起（高高相聚，低低相聚），反之小于 0 为负相关，越接近 -1，表明具有相异属性的区域越聚集在一起（高低相聚，低高相聚）。当且仅当 Moran's I 指数接近期望值 $-1/(n-1)$ 时，各区域之间相互独立，在空间上随机分布。

局部空间自相关分析指标可以更加全面地反映局部空间差异的变化趋势，通过 Moran 散点图和 Local Moran's I 统计量分析每个区域与周边地区之间的空间模式和差异程度。Local Moran's I 统计量是全局空间自相关统计量 Global Moran's I 的分解，用来度量区域 i 与周围区域绿色增长在空间上的差异程度及其显著性，其具体表现形式为

$$I_i = z_i \sum_{j=1}^{N} w_{ij} z_j \tag{6-2}$$

其中，z_i 和 z_j 为标准化的空间参数观测值，用 Bonferroni 标准判断 I_i 的显著性。Moran 散点图描述的是局域空间的异质性，即空间变量 z 与其滞后向量 W_z 之间的关系。散点图横轴对应变量 z，纵轴对应滞后向量 W_z，共包含四个象限。第一象限（H-H）表示高绿色增长水平的地区与高绿色增长水平的其他地区相邻接，空间差异小，存在较强的空间正相关。第二象限（L-H）表示低绿色增长水平的地区与高绿色增长水平的其他地区相邻接，空间差异大，存在较强的空间负相关，异质性突出。第三象限（L-L）表示低绿色增长水平的地区与低绿色增长水平的其他地区相邻接，空间差异小，存在较强的空间正相关，弱弱集聚，是发展盲区。第四象限（H-L）表示高绿色增长水平的地区与低绿色增长水平的其他地区相邻接，空间差异大，存在较强的空间负相关，异质性突出。

6.3　中国区域绿色增长评价结果分析

6.3.1　数据来源

本节以 2005~2014 年的数据为基础，选择我国 30 个省（区、市）（不含西藏

和港澳台）作为研究对象。数据来源于《中国区域经济统计年鉴》（2005~2014年）、《中国环境统计年鉴》（2005~2014 年）和《中国能源统计年鉴》（2005~2014 年），以及各省（区、市）统计年鉴（2005~2014 年）。

6.3.2　分析结果

1. 总体特征分析

测算获得的 2005~2014 年中国 30 个省（区、市）绿色增长评价结果如图 6-3 所示。社会经济、资源节约、环境保护、政策支持、社会福祉各维度评价值如图 6-4~图 6-8 所示，由此分析中国省域绿色增长的时空演进总体特征。

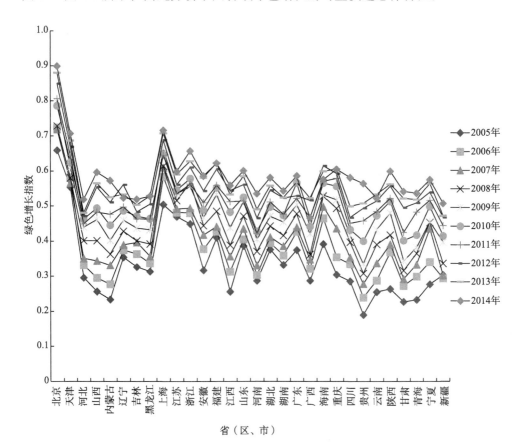

图 6-3　中国省域绿色增长评价结果

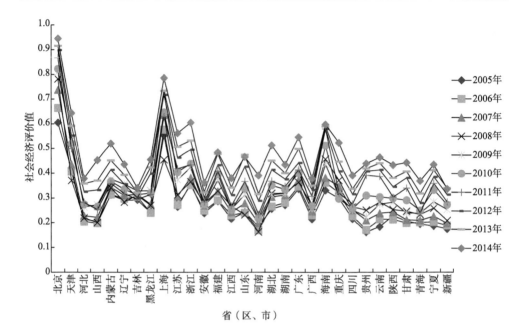

图 6-4　中国省域社会经济评价结果

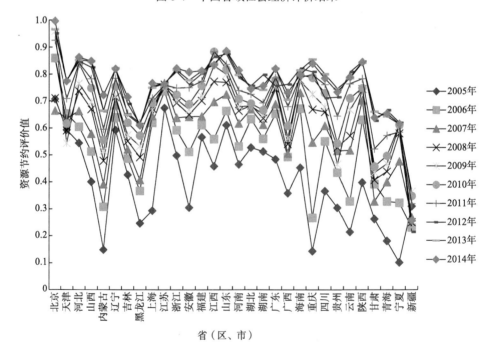

图 6-5　中国省域资源节约评价结果

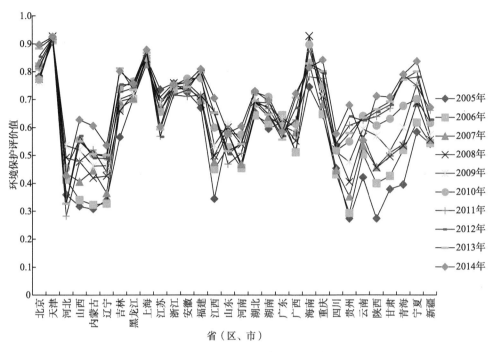

图 6-6   中国省域环境保护评价结果

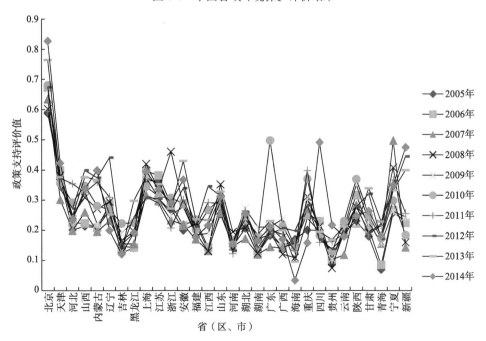

图 6-7   中国省域政策支持评价结果

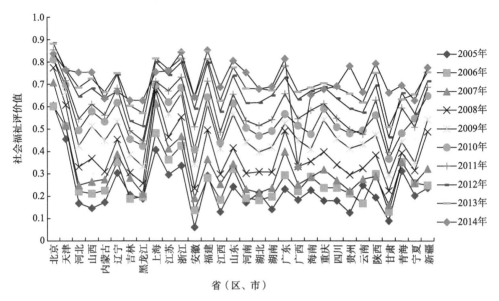

图 6-8　中国省域社会福祉评价结果

中国 30 个省（区、市）绿色增长时空演进呈现两个总体特征：

（1）中国省域绿色增长水平不断提高，总体呈现上升趋势。

根据图 6-3 所示的 2005~2014 年中国区域绿色增长的评价结果可以看出，2005~2014 年中国整体绿色增长趋势一致，呈现不断上升状态。自 2005 年开始绿色增长水平逐年递增，全国绿色增长平均水平由 2005 年的 0.338 增长至 2014 年的 0.584，达到中等发展水平。其中，北京、天津、上海是绿色增长最高发展区，2014 年三个直辖市的绿色增长水平分别达到 0.899、0.706、0.716；平均水平由 2005 年 0.335 上升至 2014 年 0.588，增长率达到 75.5%。这表明中国区域绿色增长能力在不断提升，各区域十分重视地区的经济增长方式转变，促使区域实现绿色增长。

根据图 6-4 可知，中国省域社会经济发展 2005~2009 年增速缓慢，平均增长率为 18.4%，自 2011 年开始增速明显提升，平均增长率已达到 27.2%，其中各区域 2014 年平均水平为 0.484。根据图 6-5 可以看出，省域资源节约力度 2005~2008 年提高迅速，平均增长率达到 35.8%，2009~2014 年增速减缓，平均增长率 12.9%，在 2014 年平均水平已达 0.76，各地区分配水平差距收敛。根据图 6-6 可以看出，环境保护效率方面整体增长率低，增长结果并不显著，各省域差距较大，大部分省域平均增长率为 16.6%，其中山西、内蒙古、江西、陕西、贵州、甘肃环境保护效率明显增长，增长率达到 52.9%，而江苏、浙江、广东个别省份负向增长。根据图 6-7 可以看出，政策支持评价结果与环境效率评价结果相似，平均增长率不高，为5.9%，且个别省份产生负向增长。根据图6-8可以看出各省域在2005~2014年社会福祉水平均产生较大提升，提升幅度明显，平均增长率达到67.2%，表明各省域的居民社会福祉水平明显进步，居民生活质量显著提升。

（2）中国省域绿色增长呈现出横向延伸，纵向拓展的空间演进态势。

表6-2是图6-3绿色增长评价结果的细化。绿色增长水平越高，级数越低，如从四级到一级表明绿色增长水平增高。由此可以发现2005~2014年中国区域绿色增长水平由东部地区向西部地区逐步扩散，并表现出以陕西、宁夏、重庆为中心点逐步向西北、西南地区扩散的态势，具体为：东部沿海地区（北京、天津、山东、江苏、浙江、福建、广东、海南）增长稳定，一直占据中国绿色增长高地（级别一直处于较高阶段）；陕西、宁夏、重庆作为中部地区核心点，带动山西、内蒙古、四川、湖北发展，形成纵向延伸的中部活跃带，并由此带动青海、甘肃等西部地区发展（级别由低至高）；东北区域陷入"塌方"状态，绿色增长水平逐渐下降，以辽宁、吉林为代表，2005~2014年绿色增长水平由中级发展水平降为最低发展水平（级别由高至低）。

表6-2　中国省域绿色增长评价结果空间分布表

省域	2006年	2008年	2010年	2012年	2014年
新疆维吾尔自治区	四级	四级	四级	四级	四级
青海省	四级	四级	四级	三级	三级
甘肃省	四级	四级	四级	四级	三级
四川省	三级	三级	四级	四级	二级
云南省	四级	三级	三级	三级	四级
黑龙江省	三级	三级	三级	三级	三级
吉林省	三级	三级	三级	四级	四级
辽宁省	三级	三级	三级	二级	四级
北京市	一级	一级	一级	二级	一级
天津市	一级	一级	二级	一级	一级
河北省	三级	三级	三级	四级	四级
山东省	三级	二级	三级	二级	二级
山西省	四级	三级	三级	二级	二级
河南省	四级	四级	四级	四级	三级
陕西省	三级	三级	三级	二级	二级
湖北省	三级	三级	三级	三级	二级
湖南省	三级	三级	三级	三级	三级
贵州省	四级	四级	四级	四级	三级
广西壮族自治区	四级	四级	四级	三级	四级

续表

省域	2006 年	2008 年	2010 年	2012 年	2014 年
广东省	二级	二级	二级	三级	二级
江西省	四级	三级	三级	三级	三级
福建省	二级	二级	二级	二级	二级
浙江省	二级	一级	二级	二级	二级
上海市	一级	一级	二级	一级	一级
江苏省	二级	二级	二级	二级	二级
安徽省	三级	三级	三级	三级	二级
重庆市	三级	二级	二级	二级	二级
海南省	二级	二级	二级	二级	二级
内蒙古自治区	四级	四级	四级	三级	二级
宁夏回族自治区	三级	二级	三级	三级	二级

2. 区域差异分析

通过 Moran 散点的分布情况可以判断各省份的空间分布情况。表 6-3 显示，中国大部分省份表现出显著的正向空间自相关，多数省份位于 H-H 和 L-L，且位于 L-L 的省份比例（平均 14 个）明显高于 H-H 的省份比例（平均 6 个），位于 L-H 与 H-L 省份的数目较少，表明中国省域绿色增长弱弱集合明显，发展盲区大。

表 6-3　中国区域绿色增长指数 Moran 散点分布表

年份	H-H	L-H	L-L	H-L	跨区域
2005	天津、北京、上海、江苏、浙江、福建	江西、河北、安徽	河南、重庆、广西、黑龙江、贵州、内蒙古、甘肃、青海、山西、云南、陕西、宁夏、四川、新疆	辽宁、吉林、湖南、湖北	山东（H-H，H-L）广东（H-H，H-L）海南（H-H，H-L）
2006	天津、北京、上海、江苏、浙江、福建	江西、河北	辽宁、河南、重庆、广西、黑龙江、贵州、内蒙古、甘肃、青海、山西、云南、陕西、宁夏、四川、新疆	山东、湖北、广东、	海南（H-H，H-L）安徽（H-H，L-H）湖南（L-L，H-L）吉林（L-L，H-L）
2007	天津、北京、上海、江苏、浙江、福建、安徽	江西、河北	湖南、辽宁、河南、广西、黑龙江、贵州、内蒙古、甘肃、青海、山西、云南、陕西、宁夏、四川、新疆	山东、湖北、广东、重庆	海南（H-H，H-L）吉林（L-L，H-L）
2008	天津、北京、上海、江苏、浙江、福建	江西、河北、安徽	辽宁、吉林、河南、广西、黑龙江、贵州、内蒙古、甘肃、青海、山西、云南、陕西、宁夏、四川、新疆	山东、湖北、广东、重庆	湖南（L-L，H-L）海南（H-H，H-L）
2009	天津、北京、上海、江苏、浙江、福建	江西、河北、安徽	湖北、湖南、辽宁、吉林、河南、广西、黑龙江、贵州、内蒙古、甘肃、青海、山西、云南、陕西、宁夏、四川、新疆	山东、重庆	海南（H-H，H-L）广东（H-H，H-L）

续表

年份	H-H	L-H	L-L	H-L	跨区域
2010	天津、北京、上海、江苏、浙江、福建	江西、河北、安徽	湖北、湖南、辽宁、吉林、河南、广西、黑龙江、贵州、内蒙古、甘肃、青海、山西、云南、陕西、宁夏、四川、新疆	山东、重庆	海南（H-H, H-L） 广东（H-H, H-L）
2011	天津、北京、上海、江苏、浙江、福建	江西、河北	湖北、辽宁、吉林、河南、广西、黑龙江、贵州、内蒙古、甘肃、青海、山西、云南、宁夏、四川、新疆	重庆	海南（H-H, H-L） 广东（H-H, H-L） 陕西（L-L, H-L） 山东（L-L, H-L） 湖南（L-L, L-H） 安徽（L-L, L-H）
2012	天津、北京、上海、江苏、浙江、福建	江西、河北	湖北、湖南、辽宁、吉林、河南、广西、黑龙江、贵州、内蒙古、甘肃、青海、山西、云南、宁夏、四川、新疆	山东、陕西、重庆	安徽（L-L, L-H） 广东（H-H, H-L） 海南（H-H, H-L）
2013	天津、北京、上海、江苏、浙江、福建	江西、河北	辽宁、吉林、河南、广西、黑龙江、贵州、内蒙古、甘肃、青海、山西、云南、宁夏、四川、新疆	山东、陕西、重庆	广东（H-H, H-H） 海南（H-H, H-L） 安徽（L-L, L-H） 湖南（L-L, L-H） 湖北（L-L, L-L）
2014	天津、北京、上海、江苏、浙江、福建	江西、河北、安徽	湖南、辽宁、吉林、广西、黑龙江、贵州、内蒙古、甘肃、青海、云南、宁夏、四川、新疆	山东、陕西、重庆、广东、山西	河南（L-L, L-H） 湖北（L-L, H-L） 海南（H-H, H-L）

（1）绿色增长空间格局稳定，22 个省份没有出现明显跃迁现象。

2005~2014 年 22 个省份（占比 73%）表现出了空间上的持续稳定性。其中北京、天津、上海、江苏、浙江、福建 6 个省份始终位于 H-H，该地区绿色增长水平高，与周边地区差异小，一直处于中心位置，表现出极强的强强集聚现象；河南、广西、黑龙江、辽宁、贵州、内蒙古、甘肃、青海、山西、云南、宁夏、四川、新疆 13 个省份大多时位于 L-L，该类地区绿色增长能力弱，自身内部差异较小，影响周边能力弱，处于绿色增长的弱弱集聚区；江西、河北位于 L-H，自身绿色增长能力弱，但是与周围差异大，弱性极化效应突出；山东位于 H-L，绿色增长能力强，但是周围地区能力弱，强性异质能力突出。上述结果表明，2005~2014 年中国省域绿色增长空间关系格局并没有发生大的转变。

（2）未来将呈现东部、中部持续活跃，东北惰性坍塌的空间格局。

相比 22 个省份的持续稳定，8 个省份（广东、重庆、陕西、湖南、山西、湖北、安徽、吉林）表现出了空间活跃性。广东从 H-H 转向 H-L 后一直在跨象限区域徘徊，表现出异质性的广东对周边区域的影响较弱，并未显现出较强的绿色空间溢出效应，由此表现出与广东相邻的广西、湖南、江西处于绿色增长较弱区；重庆和陕西均从 L-L 转到 H-L，表现出较强的绿色溢出效应，重庆、陕西作为中西部地区的门户，带动相邻地区四川、宁夏、陕西发展，空间溢出效应明显，实现了弱弱聚集到强性异质的转变，由此带动整个中部地区实现绿色增长。在 2014 年中部地区、中北部地区均达到绿色增长强势区；湖北 2008 年由 H-L 变为 L-L，安徽 2007 年由 H-H 转向 L-H，2010 年由 L-H 转向 L-L 再徘徊于 L-L 与 L-H 之间，安徽、湖北受到弱性扩散影响，处于强强聚集区（江苏、上海、浙江等）与弱弱聚集区（河南、河北、湖北）的中间地带，发展并不稳定；吉林 2005~2008 年由 H-L 转向 L-L，由强性异质区变为弱弱聚集区，自身优势不断减弱，且周边黑龙江、辽宁等地一直处于 L-L，呈现惰性坍塌的发展态势。

　　总结未来发展态势：东部沿海地区多数省份均处于 H-H 阶段，发展势头强劲，中部地区以重庆、陕西为中心点，带动周围省份活跃发展，并已实现中北部省份进入绿色增长强势区，西部地区受到中部相邻省份的带动，正处于绿色增长萌芽阶段，东北地区凹陷现象明显，已呈现惰性坍塌的发展态势。

第7章 城市绿色增长测度与评价研究

7.1 典型城市选择——资源型城市

资源型城市依托资源开发而发展，是支撑着国民经济发展的脊梁。全国 262 个资源型城市的资源产业产值约占全国资源产业产值的 80%。随着国家资源需求的增多和资源开采加速，一些资源型城市相继进入资源开采后期，"矿竭城衰"现象接续出现。在资源紧缺、环境破坏的大背景下，资源型城市以何种方式破解当前种种难题将成为国家探索社会、经济和环境协调发展的核心问题。绿色增长正是资源型城市突破发展瓶颈，实现可持续发展的必经之路。

本章将以具有代表性的资源型城市作为研究对象，以绿色增长为研究主题，从绿色增长的研究视角，借助文献可视化分析软件 CiteSpace 来梳理绿色增长的研究脉络。借鉴国际权威机构 OECD、UNEP、GGGI、世界银行、北京师范大学、中国科学院及其他相关研究机构等绿色增长的相关衡量尺度，并结合资源型城市的特点，从社会经济、资源环境、生活质量、政策支持四方面构建资源型城市绿色增长评价指标体系。利用三角模糊数和熵值法组合熵组合赋权，充分发挥专家学者的知识经验优势与城市数据本身的特点，将绿色增长指数作为衡量资源型城市绿色增长能力的手段，采用灰色关联投影评价模型，来测度资源型城市的绿色增长指数，评价资源型城市的绿色增长能力，为城市制定绿色增长的管理政策提供理论支撑及建议指导。

7.1.1 资源型城市概念

资源型城市是以本地区矿产、森林等自然资源开采、加工为主导产业的城市。资源型城市的基本特征就是对资源的强烈依赖性，因资源储量丰富而获得经济进步，同样也因资源枯竭而衰败。

作为我国重要的能源资源战略保障基地,资源型城市是国民经济持续健康发展的重要支撑。根据《全国资源型城市可持续发展规划(2013-2020 年)》,我国 262 个资源型城市,其中地级行政区(包括地级市、地区、自治州、盟等)126个,县级市 62 个,县(包括自治县、林区等)58 个,市辖区(开发区、管理区)16 个。这些资源型城市分布于全国 28 个省份,供给整个国家的资源使用。在我国工业化发展的进程中,以资源作为核心动力的资源型城市是国家经济持续发展的重要支撑。但随着资源的不断开采与过度浪费,资源型城市的资源优势正逐渐消失,大量的环境污染、资源浪费、生态破坏问题在其日益深化的改革进程中不断显露,严重制约了资源型城市经济的高质量发展。

为了解决这一问题,国务院在 2007 年、2013 年相继出台了《国务院关于促进资源型城市可持续发展的若干意见》《全国资源型城市可持续发展规划(2013-2020 年)》,用以促进资源型城市可持续发展。其中,《全国资源型城市可持续发展规划(2013-2020 年)》提出,到 2020 年,资源枯竭城市历史遗留问题基本解决,资源集约利用水平显著提高,资源产出率提高 25 个百分点,资源性产品附加值大幅提升,接续替代产业成为支柱产业,矿山地质环境得到有效保护,生态环境质量显著提升。面对如此迫切的目标,资源型城市需要转变经济发展方式,以绿色增长方式指导城市发展。加快转变经济发展方式,促进产业转型创新,实现绿色增长,是资源型城市实现可持续发展战略目标的有效方式,也是实现全面建成小康社会奋斗目标的必然要求(钟山,2013)。

7.1.2 资源型城市特点

资源型城市基本特征就是对资源的强烈依赖性,其发展呈现以下三个特点。

1. 经济产业结构失衡,高度依赖资源产业

资源型城市以资源产业为支撑,重点聚焦资源的开发利用。城市围绕本身所具有的丰富资源形成强烈的竞争优势,由此导致第二产业独大,经济产值占比高,城市内部的第三产业即以高新技术为主的现代服务产业发展缓慢,缺乏能够实现经济结构转型的潜在市场。资源产业的强烈依赖性,使得其他产业无法获得经济主动权,内部经济结构不合理,一旦资源发生变动、衰退、枯竭都将会极大地影响资源型城市的经济发展(杜辉,2013)。

2. 就业结构单一,人员就业前景不容乐观

由于第二产业的绝对主导,当地经济呈现出就业结构单一、产业结构趋同、社会生计严重依赖资源产业等特征。社会就业的合理与否高度依赖资源产业的兴起与衰退，由此导致的最终结果就是形成以资源产业集聚为核心的独特就业社会文化（刘云刚，2009）。但是，现今资源过度开采，资源产业不断萎缩，由此导致的失业率也在不断提升，而具有替代效应的第三产业还未兴起，居民的就业前景堪忧。

3. 环境污染，生态破坏

当今社会可持续发展三大难题是环境、人口和资源，以煤矿为主的煤矿开采、以石油为主的石油冶炼加工，以及其他矿产开采加工都是高污染的产业，对城市的自然景观、生活环境都会产生严重的影响。资源环境保护的压力在资源型城市中尤为明显。在改革开放初期，为提升经济收益而出现的过度开采与资源浪费，导致资源型城市生态环境的严重破坏。现今资源型城市的空气质量、生态环境严重低于全国城市平均水平。例如，2013 年山西省临汾市全年空气质量高于二级的天数仅有 167 天，全年中有一半的时间空气受到严重污染，这样的生活环境对人体健康产生了极大的危害。资源型城市想要恢复被破坏的生态环境需要耗费大量的人力、物力和财力，且其需要漫长的恢复周期。

资源型城市的友好健康发展，很大程度上可以缓解我国资源压力，减轻环境污染程度，在我国城市经济绿色转型，实现高质量发展的过程中具有举足轻重的重要地位，所以本章以资源型城市作为研究对象，对其绿色增长进行测度与评价。

7.2　资源型城市绿色增长评价指标体系构建

资源型城市绿色增长评价指标体系是一个可以衡量资源型城市绿色增长能力的工具，利用绿色增长评价指标体系来评价资源型城市的绿色增长可以为城市管理者在城市的发展决策、未来规划过程中提供科学依据。由于资源型城市本身所具有的特殊资源优势，影响资源型城市实现绿色增长的因素错综复杂，构建科学合理的评价指标体系是一个相当复杂的过程。因此，在对资源型城市绿色增长进行评价时，构建主题鲜明、科学有效的评价指标体系是关键。

7.2.1　指标筛选方法

保证评价结果正确性的基本要求是要建立科学合理的评价指标。要利用评价指标达到评价资源型城市绿色增长能力的目标，需要找到一组既能契合绿色增长真正内涵、全面反映其增长能力，又具备典型性与代表性的特征指标，这些指标及其组合能够恰到好处、科学有效地表达对资源型城市绿色增长能力的定量判断。本章在进行绿色增长评价指标的选择时，在遵循 5.1 节绿色增长评价指标体系六大构建原则的基础上，还采用了如下的指标筛选方法。

1. 高频统计法

梳理并归纳目前有关绿色增长评价指标体系的报告、论文，筛选其中所采用的高频率指标，如森林覆盖率、人均 GDP、万元 GDP 能耗、工业废水排放量、城镇登记失业率、居民人均可支配收入等。这些指标从不同角度评价资源型城市绿色增长的特征，并且其相关数据可通过统计年鉴获得。基于其有效性和可得性，本章将这类指标作为资源型城市绿色增长评价指标的一部分。

2. 理论分析法

深入分析资源型城市绿色增长的内涵、特征及基本影响因素，选择具有关键性作用的评价指标。在指标选择的过程中，并不是所有的指标都具有数据可得性，很多指标的含义十分重要，需要定性地判断其指标和已有数据之间是否存在一一对应关系，所以在定量选择的基础上，定性分析的作用是不可忽视的。另外，单个指标只能反映问题的某个方面，要全面综合地反映绿色增长能力，就需要将各个指标加以综合。

3. 专家咨询法

在初步提出适宜的绿色增长评价指标体系的基础上，进一步咨询相关学科的专家意见，对指标进行调整，保证指标的适宜性和权威性。

7.2.2 理论框架构建

科学合理、真实有效的评价方法和模型是评价绿色增长能力的重要工具，能够对资源型城市的绿色增长进行评估，获得具有科学性和可借鉴性的评价结果。

2011 年 OECD 提出了以生产和消费系统为核心的经济系统，以包括资本存量、环境质量及环境服务在内的自然系统作为基础系统，关注政策措施、机遇等人类经济活动对以上两大系统的调节及干预，将经济系统、自然系统及人类活动系统对其的调节作为基础模型评价绿色增长。这一框架确保了经济增长最大化的前提，并考虑了绿色创新、政策投资等外部政策因素的影响，具有较强的系统性。UNEP 从环境、政策与幸福公平 3 个准则层、14 个要素层开发可持续发展评价模型，对农业、森林、绿色建筑、可再生能源和核能、城市生活垃圾、城市公共交通、水泥产业等行业从绿色经济角度进行界定，分析绿色经济对经济、社会和环境系统的影响。GGGI 从国家状态、人类福祉、经济系统、资源系统、环境系统和生态系统六个方面构建国家绿色增长规划可持续发展评价模型，强调经济增长与环境可持续发展的兼容性。

　　本章借鉴 OECD 提出的绿色增长评价模型、UNEP 的绿色经济模型及 GGGI 的国家绿色增长规划可持续发展评价模型，结合资源型城市自身的特点，将资源型城市经济社会核心的自然系统扩展为既能体现自然资源的静态发展状况的资源环境系统，又能体现由资源环境变化所带来的人类生活水平变化的动态发展状况的生活质量系统，从社会经济、资源环境、生活质量、政策支持四个方面构建资源型城市绿色增长评价理论框架（图 7-1）。

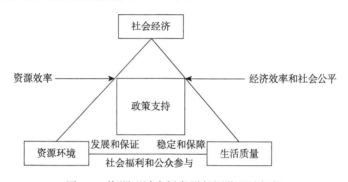

图 7-1　资源型城市绿色增长评价理论框架

7.2.3　指标体系构建

　　本节依据图 7-1 所示的资源型城市绿色增长评价理论框架，参照 OECD、UNEP、GGGI、世界银行、北京师范大学、中国科学院等国际权威机构建立的有关绿色增长评价体系，结合近年来国内外具有影响力和实践采用较多的指标，以及可持续发展理论、循环经济理论相关文献中有关资源型城市的评价指标，依据指标使用频率的高低建立资源型城市绿色增长评价指标库，在此基础上采用专家咨询法，构建资源型城市绿色增长评价指标体系。

　　资源型城市绿色增长能力是评价资源型城市经济增长对环境影响程度与其城市环境可承载力之间的博弈协调关系的标准之一。资源型城市对环境系统造成负面影响的主要经济活动包括能源资源的消耗和污染废弃物的排放，从而对环境产生压力，而资源型城市所承受的环境压力大小将直接影响其环境系统进行自身修复的程度和范围。

　　本节运用人均 GDP、第三产业占 GDP 比重、财政收入等指标代表社会经济水平，评价资源型城市的社会经济增长能力；通过单位 GDP 能耗、人均生活能源消费量、三废排放水平等指标评价资源型城市的资源环境消耗水平；运用居民人均可支配收入、空气质量、绿化水平等指标来判断居民的生活质量；通过废物治理率、综合利用率、投资程度等指标来评价资源型城市的政府支持程度。运用这四个方面来表征资源型城市绿色增长能力，采用递阶多层次结构，构建了一个包含 33 个指标的绿色增长评价指标体系，用来测度资源型城市绿色增长能力（表 7-1）。

表 7-1　资源型城市绿色增长评价指标体系

维度	具体指标	标准化方向
社会经济	GDP 总量（亿元）*	正向
	人口数量（万）*	正向
	人均 GDP（元）*	正向
	第三产业占 GDP 比重（%）*	正向
	工业增加值（亿元）***	正向
	财政收入（亿元）**	正向
	人口增长率（%）*	适中
	城市化率（%）*	适中
	城镇登记失业率（%）*	负向
	社会消费品零售总额（亿元）*	正向
资源环境	单位 GDP 能耗（吨标准煤/万元）**	负向
	人均生活能源消费量（千瓦时）**	负向
	工业废水排放量（万吨）**	负向
	工业废气排放总量（亿标准米³）**	负向
	工业二氧化硫排放量（吨）**	负向
	工业烟尘去除量（吨）***	正向
生活质量	居民人均可支配收入*（元）	正向
	居民消费价格指数*	正向
	生活垃圾无害化处理率（%）*	正向
	城镇污水处理率（%）*	正向
	空气质量好于二级及以上天数（天）*	正向
	人均公园绿地面积（米²）**	正向
	建成区绿化覆盖率（%）*	正向
	人均住房面积（米²）***	正向

续表

维度	具体指标	标准化方向
政策支持	工业废水排放治理率（%）**	正向
	工业用水重复利用水率（%）**	正向
	二氧化硫排放治理率（%）**	正向
	工业固废综合利用率（%）**	正向
	全社会固定资产投资总额（亿元）***	正向
	社会保障覆盖率（%）**	正向
	研发经费支出占 GDP 比重（%）**	正向
	社会保障占财政支出比重（%）***	正向
	节能环保支出占财政支出比重（%）***	正向

注：标记*的指标是国际权威机构定义的指标；标记**的指标是选取相关文献中的高频指标；标记***的指标是针对资源型城市绿色增长特色，并结合相关统计年鉴数据获得的指标

7.2.4　评价方法

　　分析绿色增长的发展脉络发现，在生态安全、循环经济、可持续发展理论等评价方面，已经形成一系列具有影响力的评价方法。例如，李中才等（2010）基于 PSR（pressure-state-response，压力–状态–响应）模型及层次分析法，综合应用生态足迹、能力理论提出了计算生态状态指数、响应指数、压力指数的评价方法；陈晓红等（2012）从输入、生产消耗与循环、输出 3 个维度构建循环经济评价指标体系，采用模糊数学理论及层次分析法测算循环经济发展指数并对有色金属冶炼的循环发展进行综合评价；史亚琪等（2010）以连云港为研究对象，将综合考虑与计算发展潜力、发展水平等变量后所得到的综合发展指数纳入经济与环境协调评价模型中，并利用 GM(1,1)灰色模型，预测系统未来的发展状态。因此，本节借鉴上述指数的计算方法，用绿色增长指数作为测度城市绿色增长能力的依据，选择三角模糊法与熵值法相结合的指标赋权方法，采用灰色关联投影评价模型计算资源型城市的绿色增长指数。

　　1. 指标权重的计算

　　针对主客观赋权法的优缺点，本节采用三角模糊法和熵值法相结合的组合赋权方法，一方面，通过指标间离差最大原则，尽可能地分散各评价对象的多属性综合评价值，更加清晰地体现指标之间的差异；另一方面，通过组合赋权，既能对三角模糊法主观赋权专家的专业知识进行深入挖掘，又保留了熵值法等客观赋权对实际情况的真实反映和对未来的预测。

依据本书三角模糊赋权法和熵值赋权法的运算步骤，采用组合赋权法确定资源型城市绿色增长评价指标的权重。

依据模糊数学原理，三角模糊权重 w'_j 主要依赖于专家评分过程中的模糊判断，通过专家给出的 a、b、c 三种最悲观估计、最可能估计和最乐观估计，建立三角模糊合成矩阵，采用加权平均型算子 $M(\otimes,\oplus)$ 进行模糊合成（迟国泰等，2010）。依据指标的模糊得分 $v'_j = (a_j + 4b_j + c_j)/6(j=1,2,\cdots,m)$，确定最终三角模糊权重 w'_j 为

$$w'_j = v'_j / \sum_{j=1}^{m} v'_j \tag{7-1}$$

根据熵值计算公式，第 j 个评价指标的熵权为（宋英华，2014）

$$w''_j = (1-e_j)/\left(m - \sum_{j=1}^{m} e_j\right), \quad j=1,2,\cdots,m \tag{7-2}$$

其中，熵值 e_j 为

$$e_j = -\frac{1}{\ln n}\sum_{i=1}^{n} p_{ij}\ln(p_{ij}) \tag{7-3}$$

根据离差最大化组合赋权原则，建立目标函数 $J(W)$ 为（张启銮等，2010）

$$J(W) = \sum_{j=1}^{m}\sum_{i=1}^{n}\sum_{k=1}^{n}|p_{ji}-p_{jk}|w_j \tag{7-4}$$

于是，基于离差最大化多指标评价的组合赋权方法，即解决如下最优化问题：

$$\begin{cases} \max F(\theta) = B_1 W(\theta) \\ \text{s.t.} \sum_{j=1}^{2}\theta_j^2 = 1, \ \theta \geqslant 0 \end{cases} \tag{7-5}$$

其中，B_1 具体表示为

$$B_1 = \left[\sum_{i=1}^{n}\sum_{k=1}^{n}|p_{1i}-p_{1k}|, \sum_{i=1}^{n}\sum_{k=1}^{n}|p_{2i}-p_{2k}|, \cdots, \sum_{i=1}^{n}\sum_{k=1}^{n}|p_{mi}-p_{mk}|\right] \tag{7-6}$$

用拉格朗日方法求解，求得组合评价权重：

$$\theta_j = \frac{\sum_{i=1}^{n}\sum_{k=1}^{n}|p_{ji}-p_{jk}|}{\sum_{j=1}^{m}\sum_{i=1}^{n}\sum_{k=1}^{n}|p_{ji}-p_{jk}|} \tag{7-7}$$

以此，得到指标的最终评价权重 w_j 为

$$w_j = \theta_1 w'_j + \theta_2 w''_j \tag{7-8}$$

其中，w'_j 为三角模糊权重；w''_j 为熵值法权重；θ_1 为组合赋权中三角模糊权重所

占比例；θ_2 为组合赋权中熵值法权重所占比例。

2. 指数测算模型选择

考虑到灰色关联分析能够度量所评价事物的发展变化趋势以及与理想状态的接近程度，更好地体现绿色增长的实际发展趋势的特点。本节选择灰色关联分析测算资源型城市绿色增长指数，并利用矢量投影原理改进原有灰色关联分析过程中参评数据曲线几何关系形状的方向缺陷，以此灰色关联投影分析值作为资源型城市绿色增长指数，评价资源型城市绿色增长能力。

灰色关联是指事物或因素间的不确定关联程度，通过比较评价系统中统计数据序列的几何关系来判断因素间关联的紧密程度，利用数据间的变化发展趋势来度量。若数据变化的几何形状越接近，说明所评价的因素间的灰色关联程度越大，反之则越小（陈启明和赵明华，2011）。单纯地依赖数据间几何关系形状的相似性而不考虑其方向的一致性容易导致评价数据的方向误差，为此将灰色关联分析引入矢量投影原理。通过比较评价数据与理想数据之间几何曲线形状的相似性及方向的一致性，全面而准确地反映了比较序列与参考序列的接近程度，有效地避免了传统灰色关联分析法中因指标的正负向而导致误差的弊端，其评价思路如下。

根据标准化后的评价矩阵 $\boldsymbol{Y} = \left(y_{ij}\right)_{(m+1)\times n}$ 进行初值化处理，建立初始评价矩阵 $\boldsymbol{Y}' = \left(y'_{ij}\right)_{(m+1)\times n}$，以理想方案 y'_{0j} 为母因素，以评价方案 y'_{ij} 为子因素，计算子因素 y'_{ij} 关于母因素 y'_{0j} 的关联度 r_{ij}，构建评价方案与理想方案的灰色关联度判断矩阵 $\boldsymbol{R} = \left(r_{ij}\right)$，其中 r_{ij} 为

$$r_{ij} = \frac{\min_m \min_n \left|y'_{0j} - y'_{ij}\right| + \delta \max_m \max_n \left|y'_{0j} - y'_{ij}\right|}{\left|y'_{0j} - y'_{ij}\right| + \delta \max_m \max_n \left|y'_{0j} - y'_{ij}\right|} \qquad (7\text{-}9)$$

其中，$\delta \in (0,1)$ 为分辨系数，用于调节比较环境的大小，通常取 $\delta = 0.5$。

随后计算决策方案 A_i 在理想方案 A^* 上的灰色关联投影值 D_i，D_i 计算公式为

$$D_i = \left\|A_i\right\| \cdot \cos\theta = \left\|A_i\right\| \cdot \frac{A_i \cdot A^*}{\left\|A_i\right\| \cdot \left\|A^*\right\|} = \frac{\sum_{j=1}^n r_{ij} \cdot w_j^2}{\sqrt{\sum_{j=1}^n w_j^2}} = \sum_{j=1}^n r_{ij} \cdot \left(\frac{w_j^2}{\sqrt{\sum_{j=1}^n w_j^2}}\right) \qquad (7\text{-}10)$$

D_i 越大，说明决策方案与理想方案越接近，越趋于最优。根据 D_i 的大小可对各个决策方案进行排序比较和分析。

7.3　资源型城市绿色增长评价结果分析

7.3.1　数据来源

本节以 2013 年人均地区生产总值为标准，对我国 126 个地级资源型城市进行排序，综合考虑城市的地区生产总值、人口数量、省（区、市）均匀分布情况以及数据的可得性，选取了地区生产总值位于资源型城市排名前 30 位内的 17 个城市作为研究对象，分别是鄂尔多斯、包头、大庆、榆林、唐山、邯郸、淄博、东营、马鞍山、焦作、鞍山、洛阳、郴州、吉林、咸阳、徐州、临汾（表 7-2）。上述 17 个城市分布于全国不同省（区、市），其地区生产总值占资源型城市地区生产总值的 43%，基本涵盖了国内综合实力比较强的资源型城市。

表 7-2　研究对象

省份	城市名称	省份	城市名称
黑龙江	大庆	山西	临汾
吉林	吉林	河南	洛阳、焦作
辽宁	鞍山	安徽	马鞍山
河北	邯郸、唐山	江苏	徐州
山东	东营、淄博	内蒙古	鄂尔多斯、包头
陕西	榆林、咸阳	湖南	郴州

本节所选择的资源型城市的研究数据评价时间为 2000~2013 年，数据来源于《中国城市统计年鉴》、《中国环境年鉴》、《中国能源统计年鉴》、各城市《国民经济和社会发展统计公报》和相关样本城市统计年鉴等。

7.3.2　分析结果

采用灰色关联投影法，以 2000~2013 年资源型城市绿色增长评价数据为基础，结合资源型城市绿色增长指标权重值，最后获得资源型城市绿色增长指数，如表 7-3 所示。

表 7-3　资源型城市绿色增长指数

城市	2000 年	2001 年	2002 年	…	2009 年	2010 年	2011 年	2012 年	2013 年	排名
唐山	0.088	0.088	0.105	…	0.133	0.115	0.120	0.132	0.133	1
徐州	0.089	0.090	0.105	…	0.133	0.115	0.118	0.129	0.131	2
鄂尔多斯	0.085	0.087	0.100	…	0.122	0.104	0.109	0.125	0.128	3
淄博	0.085	0.088	0.104	…	0.123	0.103	0.096	0.116	0.126	4
邯郸	0.086	0.088	0.105	…	0.140	0.118	0.109	0.117	0.126	5
吉林	0.085	0.088	0.103	…	0.120	0.099	0.093	0.114	0.124	6
大庆	0.091	0.092	0.106	…	0.120	0.124	0.101	0.114	0.122	7
东营	0.087	0.091	0.107	…	0.120	0.100	0.096	0.111	0.118	8
包头	0.084	0.086	0.103	…	0.123	0.101	0.095	0.109	0.117	9
洛阳	0.084	0.087	0.105	…	0.123	0.101	0.096	0.106	0.115	10
鞍山	0.089	0.091	0.107	…	0.123	0.097	0.091	0.102	0.109	11
马鞍山	0.082	0.085	0.101	…	0.118	0.096	0.088	0.099	0.109	12
榆林	0.083	0.087	0.102	…	0.116	0.095	0.091	0.103	0.107	13
焦作	0.081	0.084	0.100	…	0.116	0.093	0.086	0.097	0.106	14
咸阳	0.084	0.088	0.098	…	0.116	0.095	0.088	0.097	0.105	15
郴州	0.082	0.084	0.099	…	0.113	0.092	0.085	0.095	0.104	16
临汾	0.079	0.082	0.098	…	0.114	0.093	0.086	0.096	0.104	17

为了更好地分析资源型城市绿色增长能力以及各个城市绿色增长能力之间的差异，研究根据评价所得的绿色增长指数，从资源型城市绿色增长的综合分析和差异分析两个方面对数据进行分析。

1. 资源型城市绿色增长的综合分析

根据 17 个资源型城市 2000~2013 年绿色增长指数变化曲线（图 7-2），拟合出 17 个资源型城市 2000~2013 年绿色增长综合指数变化曲线（图 7-3），发现资源型城市绿色增长能力呈现以下特点。

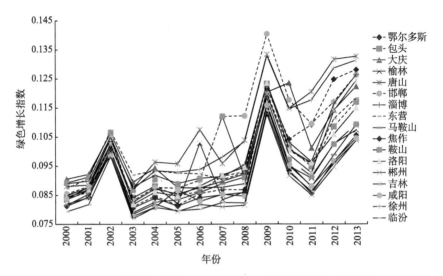

图 7-2　17 个资源型城市 2000~2013 年绿色增长指数变化曲线

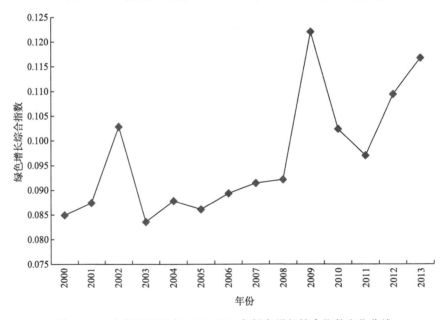

图 7-3　17 个资源型城市 2000~2013 年绿色增长综合指数变化曲线

第一，资源型城市绿色增长能力总体呈现上升趋势。

本节所选的 17 个资源型城市是我国具有代表性的资源型城市，很大程度上代表整个国家的资源型城市绿色增长能力。从图 7-3 可以看出，中国资源型城市绿色增长综合指数从 2000 年的 0.085 提升到 2013 年的 0.117，增长率为 37.6%。13 年间 17 个资源型城市的绿色增长发展趋势总体趋于一致，均呈现上升趋势。究其原因，是城市整体开始重视绿色增长，注重污染减排，减少资源浪费。这表明中国资源型城市绿色增长能力在不断提升，各城市绿色增长意识在觉醒，开始重视经济增长方式的转变，从而促进城市实现绿色增长。

第二，资源型城市绿色增长具有明显的波动性。在 2002 年、2009 年均有一次明显的增长波峰，通过分析波动原因发现推动资源型城市绿色增长能力实现突破的主要驱动因素是国家政策的实施。

资源型城市绿色增长综合指数在 2002 年出现第一次波峰，由 2000 年的 0.085 提升到 2002 年的 0.103，增长率为 21.2%。这是资源型城市绿色增长能力的第一次突破，产生此次波峰的主要原因是国家 2000 年实行的西部大开发战略。国家 2000 年实行的西部大开发战略调动了全国范围内资源型城市的优势资源，在国家西部大开发战略的引导下，资源型城市通过资源挖掘、资源输出产生了经济收益，实现了经济飞跃增长。此阶段绿色增长指数的提升主要缘于社会经济活动维度的拉动，经济增长的快速发展推动了整个资源型城市绿色增长能力的提升。

2009 年资源型城市绿色增长能力出现了第二个波峰。绿色增长综合指数由 2008 年的 0.092 增长为 2009 年的 0.122，增长率为 32.6%，实现了第二次飞速增长。此次波峰的主要原因是 2007 年 12 月国务院下发了《关于促进资源型城市可持续发展的若干意见》，国家意识到资源型城市面临的经济产业结构转型问题，提出了包括有序开发综合利用资源、构建多元化产业体系、切实保障和改善民生、加强环境治理和生态保护在内的八项政策，强力促进资源型城市的可持续发展。在该政策的促动下，资源型城市的绿色增长能力在 2009 年得到明显提升。此后资源型城市根据自身城市产业资源特点，不断解决经济社会发展和生态环境建设中的突出矛盾。2013 年各城市的绿色增长综合指数为 0.117，已经明显高于 2002 年第一次波峰值 0.103，表明中国资源型城市的绿色增长能力在持续稳步提升。在评价 2000~2013 年资源型城市绿色增长的过程中，两次波峰的形成均与国家政策的推动实施相对应。该现象显示，国家政策的颁布实施是资源型城市绿色增长能力产生波动的主要原因。国家政策的颁布实施，各省、市政府的积极推动是资源型城市实现绿色增长的重要决定因素。资源型城市 2000~2013 年绿色增长能力综合分析表明，资源型城市的绿色增长能力在评价期内具有一定的规律，呈现稳步上升趋势，并且随着国家政策的颁布实施其绿色增长能力会出现明显的波动现象。依据资源型城市绿色增长的发展规律，2013 年《全国资源型城市可持续发展规划（2013-2020 年）》的颁布，将强力推动资源型城市绿色发展。可以预测，中国资源型城市会在 2015~2016 年出现绿色增长的第三个波峰，其绿色增长能力将持续稳步提升。

2. 资源型城市绿色增长的差异分析

依据资源型城市绿色增长指数对 17 个资源型城市进行分类，并分析每个类型资源型城市的发展状态并进行差异分析。

1）分类标准

本节以 2013 年资源型城市绿色增长指数为依据，以 17 个城市 2013 年绿色增长指数平均值与其对应的标准差相结合作为分类标准，对 17 个资源型城市绿色增长能力进行排名。将 17 个资源型城市划分为创新升级型、发展成熟型、稳步提升型和意识崛起型四种类型，如表 7-4 所示。其中，创新升级型城市绿色增长指数大于 0.127，表明绿色增长能力强，基本实现城市转型升级；发展成熟型城市绿色增长指数介于 0.117 和 0.127 之间，表明绿色增长能力较强，城市正在积极改进经济增长方式；稳步提升型城市绿色增长指数介于 0.106 和 0.117 之间，表明绿色增长能力较弱，城市绿色增长能力正在逐步提升；意识崛起型城市绿色增长指数小于 0.106，表明绿色增长能力弱，城市发展刚迈入绿色增长行列。

表 7-4　资源型城市绿色增长能力分类标准

类型	绿色增长指数	评价标准
创新升级型	0.127≤绿色增长指数	平均值+标准差≤绿色增长指数
发展成熟型	0.117≤绿色增长指数 < 0.127	平均值≤绿色增长指数 < 平均值+标准差
稳步提升型	0.106≤绿色增长指数 < 0.117	平均值−标准差≤绿色增长指数 < 平均值
意识崛起型	绿色增长指数 < 0.106	绿色增长指数 < 平均值−标准差

2）各类型城市差异分析

采用资源型城市绿色增长能力分类标准可以看出 17 个典型资源型城市绿色增长能力的差异，根据其绿色增长能力高低进行排名，如表 7-5 所示。

表 7-5　资源型城市绿色增长能力排名

城市	绿色增长指数	绿色增长能力排名	类型
唐山	0.133	1	创新升级型
徐州	0.131	2	创新升级型
鄂尔多斯	0.128	3	创新升级型
淄博	0.126	4	发展成熟型
邯郸	0.126	5	发展成熟型
吉林	0.124	6	发展成熟型
大庆	0.122	7	发展成熟型
东营	0.118	8	发展成熟型
包头	0.117	9	稳步提升型

城市	绿色增长指数	绿色增长能力排名	类型
洛阳	0.115	10	稳步提升型
鞍山	0.109	11	稳步提升型
马鞍山	0.109	12	稳步提升型
榆林	0.107	13	稳步提升型
焦作	0.106	14	稳步提升型
咸阳	0.105	15	意识崛起型
郴州	0.104	16	意识崛起型
临汾	0.104	17	意识崛起型

创新升级型城市：唐山、徐州、鄂尔多斯。这 3 个城市在 17 个样本城市中绿色增长指数位居前三甲。绿色增长能力整体水平较高，在 2000~2013 年其绿色增长能力一直处于领先地位，评价期内绿色增长指数平均为 0.131，明显高于其他城市。这 3 个城市基本摆脱了资源依赖，通过改造提升传统资源产业，培育发展新兴产业，已经初步实现创新升级发展，其经济社会开始步入良性发展轨道，是资源型城市转变经济发展方式的示范城市。

发展成熟型城市：淄博、邯郸、吉林、大庆、东营。这 5 个城市位于 4~8 名。它们绿色增长能力较强，整体发展较为稳定，在 2000~2013 年平均绿色增长指数为 0.123，处于相对较高水平。这 5 个城市资源储量丰富，资源保障能力强，经济发展水平较高，是我国现阶段能源资源保障的核心区。此类型的城市发展过程中，资源产业是其支柱型产业，主要通过资源产业的升级改造来实现绿色增长，其能源的高效利用、产业技术水平的升级均是绿色增长能力发展成熟的主要推动力。

稳步提升型城市：包头、洛阳、鞍山、马鞍山、榆林、焦作。这 6 个城市位于第 9~14 名，其绿色增长能力较弱，2000~2013 年绿色增长指数平均水平为 0.110，处于较低水平。这类城市的绿色增长能力正在逐步提升，城市本身的资源保障能力较弱，资源产业不再是城市具有核心竞争力的产业。虽开始步入城市转型发展阶段，但还没有形成具有稳定发展潜力的产业链条，绿色增长能力的稳步提升需要进一步优化经济产业结构，发展战略性新兴产业。

意识崛起型城市：咸阳、郴州、临汾，分别处于第 15~17 名。这 3 个城市 2000~2013 年绿色增长发展脉络显示其绿色增长能力一直处于 17 个城市中的末端，平均绿色增长指数为 0.104。这类城市绿色增长意识薄弱，还未形成稳定发展的绿色增长发展路径，迫切需要规划未来发展方向，合理确定资源开发强度，严格进行环境影响评价，处理资源开发与城市发展之间的关系，竭力实现经济发展方式转变，提高绿色增长能力。

7.3.3　资源型城市绿色增长能力提升路径

不同类型资源型城市其绿色增长能力提升路径不同。

1. 创新升级型城市保障经济新常态，提升创新动力

当今世界经济正步入"大调整"和"大过渡"时期，我国经济整体发展进入增速阶段性回落的"新常态"，并且呈现出与周期性调整不一样的新现象和新规律。资源型城市面对经济新常态的反应尤为明显，如何激活市场力量、实现创新驱动是未来改革的关键，也是面对经济新常态，稳定经济发展趋势，实现绿色增长的关键。新时代背景的经济绿色增长与高质量发展要求转变经济发展引擎，由以人口红利和投资驱动的要素驱动转向创新驱动，通过培育壮大优势替代产业、发展可再生能源和清洁能源等创新产业，以适应市场需求变化和科技进步趋势。创新升级型城市已突破原有资源依赖型生产方式，如何应对当今复杂的经济环境是关键，因此也需要充分发挥新时代的经济创新动力，开发创造新兴高新技术产业集群，保障城市能够应对多重环境变化。

2. 发展成熟型城市稳健发展，构建多元化产业体系

实现经济增长不可避免地会带来资源环境的破坏，具有经济效益才会有持续发展的动力。对于发展成熟型城市来说，资源产业是其支柱产业，在其城市经济增长总量中，第二产业占比大，需要从城市优势资源出发，优化发展资源深加工产业，培育壮大优势替代产业，积极发展就业能力强的产业，坚持产业结构转型升级与扩大就业良性互动，大力发展以高新技术为主的第三产业。结合资源型城市的产业基础和发展导向，发展特色服务业，全面缓解依赖资源获得经济收入的压力。

3. 稳步提升型城市有序开发，综合利用资源

多元化的不可再生资源是资源型城市获得竞争优势的核心竞争力，完全脱离资源的发展是不现实的。稳步提升型城市本身的资源保障能力较弱，资源产业不再是城市具有核心竞争力的产业。虽开始步入城市转型发展阶段，但还没有形成具有稳定发展潜力的产业链条，绿色增长能力的稳步提升需要认清城市自身的资源优势、产业基础和区域特色，发挥地区优势，在资源产业相关行业不断突破，增强资源保障能力。在保证资源型城市经济社会协调发展的情况下，推动资源的循环利用，统筹重要资源开发与保护，形成集约高效的资源开发格局，进一步优化经济产业结构，提升资源使用效率，拓宽第二产业链条，发展战略性新兴

产业。

4. 意识崛起型城市转变经济发展方式，提升绿色增长新意识

资源型城市是国家众多城市分类中最需要转变经济发展方式，实现绿色增长新模式的城市集群，其绿色增长能力的提升能最大限度地提高整个国家的绿色增长能力。国家政策的实施在一定程度上能够推动城市实现绿色增长转型，但是城市本身的发展方向需要与国家意志相符合，形成绿色增长的发展意识远比盲目的污染减排、交通限号等具体措施更有效。现在很多资源型城市仍属于意识崛起阶段，此时城市的未来发展规划重点在于绿色增长意识的塑造，借鉴转型成功的创新升级型城市的发展经验，转变经济发展方式，改进现有重污染企业，拓宽经济发展产业链条，实现资源型城市的绿色化发展。

第8章 企业绿色增长测度与评价研究

8.1 典型企业选择——煤电企业

煤电企业作为国家重要的能源型企业，既肩负着保障国家能源安全，满足社会经济发展和人民群众用电需求的经济重任，又担负了清洁用煤、高效用煤的环境重任。一方面，电力的生产需要消耗大量的化石能源，有着高强度的排放；另一方面，作为终端产品的电力是典型的清洁能源。随着国家电力企业改革的深化进行，煤电企业面临着急剧升高的违法成本和排放成本，绿色增长正是煤电企业突破资源环境瓶颈、摆脱环境规制、破解企业难题迫在眉睫而又切实可行的有效途径。

改革开放以来，我国电力工业取得了辉煌的成就，电力供应不足问题得到解决，社会经济发展的用电需求得到满足。2013 年，我国发电装机容量达到 12.5 亿千瓦时，首次超越美国，跃居世界第一，发电量为 5.35 万亿千瓦时，是美国的 1.3 倍，欧盟的 1.8 倍。在这光鲜的数字背后，是巨额的能源消耗与污染排放。2013 年我国煤炭消费量为 36.1 亿吨，占世界煤炭消费总量一半以上，其中煤电企业是煤炭消耗的主要贡献者，占全部燃煤的 50% 以上。2013 年全国二氧化硫、氮氧化物、烟尘排放中煤电行业排放量分别占到 38%、43% 和 17%。电力的生产需要消耗大量的化石能源（2014 年全国燃煤发电量同比下降，但依然占 75% 以上），有着高强度的排放量（2014 年煤电烟尘排放量为 98 万吨，二氧化硫排放量为 620 万吨，氮氧化物排放量为 620 万吨）。作为终端产品的电力却是典型的清洁能源，电力消费过程中不产生任何污染，城市中散烧煤锅炉正逐渐转向电煤，以电代煤、以电代油是节能减排的关键。

2014 年 3 月，国家发展改革委、环境保护部印发《燃煤发电机组环保电价及环保设施运行监管办法》，明确了燃煤发电机组二氧化硫、氮氧化物、烟尘排放浓度按小时均值考核这一世界最严考核方式。2015 年 1 月 1 日开始实施的新修订的《中华人民共和国环境保护法》规定了按日连续处罚的新制度，对环境违法行为的处罚将不设上限。煤电企业面临着急剧升高的违法成本。2014 年 9 月，国家发展改革委、财政部和环境保护部印发《关于调整排污费征收标准等有关问题的通知》，要求各地调整排污费征收标准，煤电企业面临着急剧升高的排放成本（如北京市随即将排污费的收费标准提高了 15 倍）。2015 年 12 月，国家发展改革委、环境保护部、国家能源局印发《关于实行燃煤电厂超低排放电价支持政策有关问题的通知》，对符合超低排放要求的煤电企业给予电价支持。在这一系列改革的大背景下，高效清洁的煤电企业、绿色新能源企业将脱颖而出，迎来新的发展机遇。

煤电企业资源消耗和污染物排放水平的高低，不但关系到企业本身的生存与发展，而且影响到整个行业节能减排的实施，维系着全国经济和社会发展总体目标的实现。2017 年 10 月，习近平总书记在十九大报告中强调，要"坚定走生产发展、生活富裕、生态良好的文明发展道路"，一语道破煤电企业绿色增长的根本诉求。衡量增长，确定差距，绿色增长的评价至关重要。通过煤电企业绿色增长评价，有助于政府了解采取的政策是否促进了经济、环境的协调发展，是否营造了鼓励竞争与创新的环境；企业能了解到自身绿色增长的能力和水平，以确立或调整绿色增长战略，在竞争压力、成本压力不断加剧的情况下求得生存和发展。一方面是发展中国家对可靠、廉价能源的必要需求；另一方面是资源环境逐渐成为全面建成小康社会"最短的短板"。煤电企业既肩负着保障国家能源安全，满足社会经济发展和人民群众用电需求的经济重任，又担负了清洁用煤、高效用煤的环境重任。煤电企业能否实现绿色增长成为我国走向生态文明新时代，建设"美丽中国"的关键。本章正是在这样的背景下，提出了煤电企业绿色增长测度与评价研究。

目前以煤电企业绿色增长为研究主题的较少，但学者们分别从煤电企业的可持续发展、绿色竞争力及绿色度等方面进行了相关研究。例如，张晓红和权小锋（2009）从经济效益、管理水平、科技水平及协调水平 4 个角度构建评价指标体系，运用空间距离综合评价法对 5 家煤电企业的可持续发展水平进行了评价。米国芳（2012）从低碳角度出发，以电力生产、经济协调度、社会协调度、环境承载力及资源承载力为维度构建了煤电企业可持续发展评价指标体系。王建明等（2008）分析了企业绿色竞争力理论内涵，以每股总资产、每股主营成本为输入指标，以每股收益、绿色绩效为输出指标，采用数据包络分析法对 25 家长江三角洲地区上市企业的绿色竞争力进行了评价。张伟娜和王修来（2010）从绿色竞争力的发展度、协调度与持续度 3 个角度选取指标，将主成分分析法与多维偏好分析的线性规划法相结合，建立主成分分析-多维偏好线性规划耦合模型对企业绿色竞争力进行了评价。武春友等

（2014b）以企业绿色技术、绿色生产、绿色投入、绿色排放、绿色文化为维度选择指标，根据可拓学原理构建企业绿色度评价模型，分析绿色增长与企业竞争力之间的关系。刘敬山和孙敏（2006）从规模实力、学习创新能力、文化力、市场开拓能力、管理能力、营利能力、经营安全能力及政策支持度等方面选择指标，采用全息雷达图法对发电企业的核心竞争力进行评价。国内外煤电企业相关研究表明，煤电企业面临的经济发展、资源消耗、环境污染之间的矛盾是不争的事实。大多研究指出了煤电企业应该进行环境保护和资源节约，但针对其环境保护和资源节约的动因及障碍的分析不足。现有研究主要以煤电企业实现绿色增长这一目标为主，缺乏对揭示和衡量煤电企业绿色增长影响要素的梳理，对于绿色增长测度方法的研究主要集中于理论方法的介绍，针对煤电企业绿色增长的定量化测度研究仍不多见，导致无法对煤电企业绿色增长程度进行定量测评。

8.1.1 煤电企业特点

煤电企业是指利用煤作为燃料生产电能的企业，即通过煤燃烧加热水生成蒸汽，蒸汽推动汽轮机旋转，汽轮机带动发电机旋转，将燃料的化学能转化为热能，热能转化为机械能，机械能最终转化为电能的企业。

煤电企业的特点主要包括以下八个方面。

1. 煤电企业与经济发展关系密切

电力需求与经济增长密切相关，当经济增速上升时，电力需求增长，煤电企业利润空间上升。当经济增速放缓，电力需求低迷，煤电企业利润空间受到压缩。同时，煤电企业本身具有固定成本沉淀性以及巨大的经济规模，导致煤电企业存在一定的垄断性。2012 年，国家能源局颁布的《国家能源局关于鼓励和引导民间资本进一步扩大能源领域投资的实施意见》文件中降低了电力行业的准入门槛，加大对民间资本投资参与到能源项目开发建设中的鼓励和引导力度，提高了电力市场的活力。该文件的出台，意味着电力市场的竞争会越来越激烈。据不完全统计，仅 2016 年，可再生能源和新能源领域的民间投资粗略估计已经达到了10 520 亿元，主要涉及煤炭冶炼、石油天然气管网建设项目、炼油产业、电力建设、新能源开发等领域。

2. 成本压力大

煤电企业常被称为"煤老虎"，燃煤成本占企业发电成本的 60%~70% 以上。燃煤成本管理是煤电企业生产管理的重要环节，煤炭利用效率对煤电企业经济效益、环境效益有直接的影响。

3. 技术要求高

煤电企业成本压力大的特点，促使煤电企业只有采用设备先进的大机组才有利于节能降耗，简化管理，提高劳动生产率，保证如期安全经济运行。只有企业员工的技术水平不断提高，跟上设备更新步伐，才能充分利用这些先进设备，创造更高的企业和社会效益。因而有必要将技术研发投入、设备新度系数和人员培训投入作为评价煤电企业绩效的指标。另外，燃煤机组作为燃煤发电的主要设备，其主要发展方向是清洁与高效，故燃煤机组需有足够高的供电效率。运行可靠，可用率高；污染排放低，投资和发电成本低，这些对燃煤技术的高要求，迫使企业不断提高科技含量，追求技术改造和技术创新。

4. 污染排放多

煤电企业通过消耗大量一次能源产生电能，煤炭在燃烧过程中不可避免地产生大量的污染物。因此，尽管煤电企业通过各种手段控制这样的污染排放，但从总量上来看，煤电企业依然是三项典型大气污染物烟尘、二氧化硫、氮氧化物的主要贡献者。

5. 社会责任大

煤电企业正常生产，关系到整个经济的发展与社会的稳定。安全是电力生产的基础，大型电力设备一旦发生事故，轻则给电网运行带来冲击，重则损坏设备、造成人员伤亡，给社会生产和人民生活带来重大损害。因此，作为电力生产方面的核心，煤电企业承担着电力生产领域重大的社会责任，安全可靠供电是基础，在任何环境下都应保证电力的供给。另外，煤电企业也要致力于节能减排，减少污染排放，降低电煤消耗，提高用煤效率。

6. 公共服务性

煤电企业的产品特征具有部分公共品的性质，对社会生产和消费影响重大。尽管煤电企业的产品属于生产商品中的一种，但该产品涉及所有社会成员，并且直接关系到国计民生，所以产品的价格也会受到各方面的影响，这一点是其他商品无法比拟的。另外，在经营过程中煤电企业的上网电价必须由政府部门核定，新项目投资和规模扩张须经政府有关部门批准,煤电企业与人们日常生活具有较大的关联性,因此需要更加重视其快速发展给社会带来的环境问题。

7. 关注度高

电力应用的广泛性、社会性和不可或缺性决定了煤电企业是具有公用事业性质的社会服务性企业,是国民经济的基础设施,会受到更多的关注。特别是近年来,随着我国雾霾污染的猖獗,煤电企业作为造成雾霾的"罪魁祸首",成为社会关注的焦点。媒体造势、专家引导、百姓关注、利益相关者的推进、国有电力企业带头,催生了煤电企业不断趋严的环保要求。

8. 政策监管严格

发电设备使用功能具有专一性,因此,产业投资规模需要受到政府的管制,避免恶性竞争可能带来的整个产业的巨大损失。另外,电力能源是国家基础能源,因此发电产业上网电价受到政府的监管。同时,考虑到煤电企业污染排放多、社会责任大、受到关注高等特征,促使政府对煤电企业的监管越来越严,表现为排放标准与总量控制要求不断趋严,执行范围扩大、执行时间提前,环境影响评价标准提高,地方要求比国家要求更严等多个方面。

8.1.2 煤电企业绿色增长概念

人类是在与自然环境之间不断作用以及不断协调的过程中发展的。煤电企业绿色增长是对社会经济可持续发展的理论创新,是社会经济可持续发展的重要组成部分。煤电企业绿色增长研究一方面有利于从经济角度提高企业的生存发展能力;另一发面有利于从环境角度进行节能减排,提高企业的环境效益。

本节以绿色增长的相关理论为基础,结合煤电企业自身特点对煤电企业的绿色增长进行如下定义:煤电企业通过运用现代管理手段与先进科学技术,提高自身的生产效率,在满足社会电力需求的同时,积极采取措施保护生态环境,使企业自身的经济利益诉求、应尽的社会义务和履行的环保责任达到和谐统一。它的核心是通过企业内部人与人、人与设备、人与企业的和谐及外部企业与社会、企业与环境的和谐,实现企业的经济效益、社会效益和环境效益的协调一致。

煤电企业绿色增长包含以下内涵:首先,煤电企业作为市场经济中的微观主体,需要面对激烈的内外部竞争环境,必须以市场为依托,遵守客观经济规律,保持和提升自身的营利能力。其次，煤电企业的发展必须满足国民经济与人民生活的需要，煤电企业的绿色增长要求企业必须以满足国民经济和人民生活的电力需要为己任。最后，煤电企业在追求经济效益的同时，必须科学合理地使用自然资源，积极采取环境保护的生产方式，为整个社会谋求福利。

　　综上所述，煤电企业要保持绿色增长，就要在企业追求经济效益的同时，合理有效地使用自然资源和能源，妥善采用保护环境的生产方法和措施，积极为社会谋求利益，以实现经济效益、社会效益和环境效益的协调一致。

8.2　煤电企业绿色增长评价指标体系构建

8.2.1　指标体系构建原则

本节在遵循绿色增长评价指标体系六大构建原则的基础上，结合煤电企业特征，遵循政策相关性原则、分析完整性原则、可测量性原则和可比性原则建立煤电企业绿色增长评价指标体系。

1. 政策相关性原则

指标具有明确的政策相关性，均衡地包含绿色增长的关键特点；指标易于解读和公开透明，以便使用者评估指标相关的价值及其变化的重要性；指标能够适应不同国情，并且能够以不同的深度或广度对其进行分析。

2. 分析完整性原则

指标必须在分析上是完整可靠的，在理论上具有科学与技术的基础作为支撑，以国际性标准及其有效性的国际共识为基础，并进一步与经济、环境的建模和预测相联系。

3. 可测量性原则

为保证所建立的评价指标体系具有普适性，煤电企业绿色增长的评价及比较所选择的具体指标数据必须可以获得，可靠并能定期更新，以此来提升指标体系的有效性，保证研究成果的广泛使用。

4. 可比性原则

指标要能在不同时期、不同地区、不同规模的企业间可比，在指标选取过程中，尽量选择理论界公认的比率类指标。例如，对于指标"总负债"与"资产负债率"，依据可比性原则删除"总负债"指标，仅保留"资产负债率"指标，以"资产负债率"指标涵盖"总负债"指标。

8.2.2 理论框架构建

1. 煤电企业绿色增长评价维度划分

OECD 以经济增长为主线，强调从经济角度出发来解释环境退化和气候变化等问题，其建立的绿色增长评价框架核心是将经济产出与用来生产它的经济、环境、社会和技术投入联系起来。投入既包括劳动力、生产资本的传统投入，也包括一般情况下很少被量化纳入经济模型和核算框架的投入，尤其是自然资产的投入。无论是以能源、原料、水、土地、生物、空气等资源的形式投入，还是以容纳污染物、废弃物等"汇"的形式投入，该框架充分考虑到了自然资源的价值。根据这个完整涵盖生产、消费与环境问题的绿色增长评价框架，OECD 界定了评价绿色增长的 4 个方面，即经济活动中的环境及资源生产率、自然资产基础、生活质量的环境因素、经济机遇与政策应对。

ESCAP 鉴于发展中国家特殊的政策环境与目标，指出评价发展中国家的绿色增长程度应更加关注分配不均、基本的生态系统服务、人力资本投资、城市化模式、基础设施建设及政策的透明、问责、包容性等问题。将评价焦点从增长的数量转向增长的质量，确立了衡量增长质量的经济、环境、社会、政策 4 个维度，由此提出了一个旨在反映发展中国家特殊环境的绿色增长评价框架。该框架基于一个更广泛的增长质量的观念，界定了评价绿色增长的 5 个方面，即平等与包容、效率和生产力、结构转变、自然资本投资及生态底线。

2. 煤电企业绿色增长评价维度

本章综合分析国内外相关组织及学者对绿色增长概念的界定和绿色增长评价指标的研究，挖掘评价煤电企业绿色增长的 5 个核心要素，即经济、环境、社会系统、技术创新及政府政策支持。并借鉴 OECD、ESCAP、世界银行等宏观层面的绿色增长评价框架，结合企业层面绿色增长评价的相关研究，重点分析经济、环境、社会系统、技术创新及政府政策支持在煤电企业绿色增长中扮演的角色与发挥的作用，构建包含企业经济效益、环境效益、社会效益、技术创新和政府政策支持 5 个维度的煤电企业绿色增长评价框架，如图 8-1 所示。

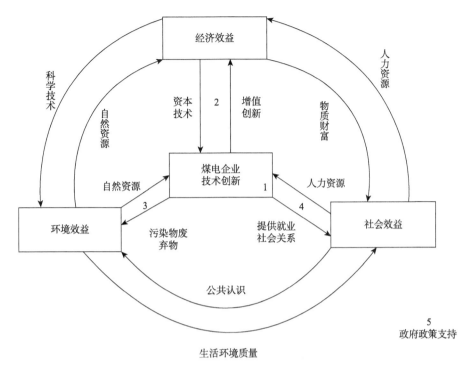

图 8-1　煤电企业绿色增长评价框架

煤电企业绿色增长评价的 5 个维度：

（1）企业的技术创新，衡量企业所具备的优良节能减排技术，以及企业对新兴绿色环保技术的重视与投入，保障企业能够在复杂多变的环境中生存下来。

（2）企业的经济效益，衡量企业与经济系统的资本交换和技术交换。企业通过资本积累及资本积累过程中的技术创新，提升企业的经济效益。

（3）企业的环境效益，衡量企业与环境系统的物质交换，即企业生产过程中对自然资本的消耗与损耗。自然资本包括自然资源、能源、空气、水、生物多样性、生态健康等。

（4）企业的社会效益，衡量企业与社会系统的人力资本交换。企业对社会，尤其是对人力资本的贡献，主要表现为提供就业；提升员工价值，如经验和技能；提供安全、包容和激励的工作环境；建立和谐的社会关系，如客户忠诚、投资者信任、社区爱戴等。

（5）企业的政策，衡量企业与政府政策及自身规章制度的相互作用。主要包括企业自身的管理政策对企业的影响、政府政策对企业的影响及企业对相关政策的反应。

8.2.3 指标体系构建

1. 煤电企业绿色增长评价指标选取方法

本章结合高频统计法、理论分析法和专家咨询法建立煤电企业绿色增长评价指标体系。首先，通过文献研读，从企业绿色增长评价的相关研究，如企业可持续发展评价、企业绿色竞争力评价、企业循环经济发展水平评价、企业绿色度评价等中遴选高频指标作为企业绿色增长评价指标的基础，依据煤电企业绿色增长评价框架对指标进行归类。其次，深入分析各指标的科学内涵，严格遵循煤电企业绿色增长评价体系构建原则对指标进行筛选，删除不符合政策相关性原则、分析完整性原则、可测量性原则及可比性原则的指标。最后，咨询相关学科专家的意见并到煤电企业进行实地调研，以确保建立的指标体系科学适用。

2. 指标遴选

由于本书使用的绿色增长评价指标体系是在文献研读的基础上筛选而成的，为了保证评价指标体系的可用性和实用性，采用企业调研的形式对评价指标进行遴选，以中国华能集团旗下节能减排能力最高的华能国际电力股份有限公司长兴电厂为调研对象，调研时间为 2016 年 11 月。调研期间，访谈了长兴电厂的厂长、党委书记及工程部、财务部、人力资源部等多个部门的领导与工作人员，上述管理人员结合自己的工作经验及燃煤电厂的特点，考虑到指标的交叉性和指标对煤电企业绿色增长的重要性，对初步建立的指标体系进行修正，共删减了 31 项测量指标。最终结合绿色增长的概念体系，形成如表 8-1 所示，包含经济效益、环境效益、社会效益、技术创新和政策支持 5 个维度，21 个测量指标的煤电企业绿色增长评价指标体系。为了保证数据的可用性，本节指标体系中大部分指标为比率类指标。对绝对量指标，本节依据可比性原则对指标数据进行了消除比较差异的调整。其中经济效益维度包含 4 个指标，分别为资产负债率、营业收入、利润总额和纳税总额；环境效益维度包含供电煤耗、发电厂用电率、二氧化硫排放强度、氮氧化物排放强度、烟尘排放强度和灰渣综合利用率 6 个指标；社会效益维度包含在岗员工总数和全员劳动生产率 2 个指标；技术创新维度包含科技活动次数、发明专利申请数、清洁能源占总装机容量比和技术创新投入占总资产比 4 个指标；政策支持维度包含规章制度标准体系、机构建设、节能减排预算政策、燃料管理条例和设备管理条例 5 个指标。

表 8-1　煤电企业绿色增长评价指标体系

维度	指标	指标类型
A. 经济效益	1. 资产负债率	负向
	2. 营业收入	正向
	3. 利润总额	正向
	4. 纳税总额	正向
B. 环境效益	1. 供电煤耗	负向
	2. 发电厂用电率	负向
	3. 二氧化硫排放强度	负向
	4. 氮氧化物排放强度	负向
	5. 烟尘排放强度	负向
	6. 灰渣综合利用率	正向
C. 社会效益	1. 在岗员工总数	正向
	2. 全员劳动生产率	正向
D. 技术创新	1. 科技活动次数	正向
	2. 发明专利申请数	正向
	3. 清洁能源占总装机容量比	正向
	4. 技术创新投入占总资产比	正向
E. 政策支持	1. 规章制度标准体系	正向
	2. 机构建设	正向
	3. 节能减排预算政策	正向
	4. 燃料管理条例	正向
	5. 设备管理条例	正向

3. 指标释义

1）经济效益

经济效益类指标主要衡量企业从经济系统获取的资本，通过经营使资本升值的成果和效率。经济效益的 4 个指标中，资产负债率是指总债务占总资产的百分比，它表明企业的总资产中来源于负债的比率，可以衡量企业清算时对债权人的保护程度。资产负债率越低，企业偿债越有保障，贷款越安全，企业继续举债也越容易。营业收入是指企业在从事销售商品、提供劳务和让渡资产使用权等日常经营业务过程中形成的经济利益的总流入。利润总额是指企业在生产经营过程中的各种收入扣除各种耗费后的盈余，反映企业在报告期内实现的盈亏总额。纳税总额指标为企业某一时期内，实际缴纳的税款合计，包括增值税、营业税、消费税、企业所得税、城市维护建设税和教育费附加等。

2）环境效益

环境效益类指标是对人类社会活动引起的环境影响的衡量，该指标衡量企业使用自然资源的效率及生产的清洁程度，包括能源消耗类指标与污染排放类指标，这两类指标均为负向指标，即指标数值越低说明企业的环境效益越好。其中，能源消耗类指标包括供电煤耗、发电厂用电率。供电煤耗是指发电机组提供单位供电量所耗用的标准煤量，反映了煤电企业能源消耗水平。发电厂用电率是指单位时间内厂用电耗电量与发电量的百分比，反映了电力生产过程中设备设施消耗的电量占发电量的比例。

二氧化硫、氮氧化物和烟尘是煤电企业典型的大气污染物，采用二氧化硫排放强度、氮氧化物排放强度、烟尘排放强度和灰渣综合利用率作为煤电企业污染物的排放类指标。其中，二氧化硫排放强度是煤电企业每发 1 千瓦时电能平均排放的二氧化硫量。氮氧化物排放强度是指煤电企业每发 1 千瓦时电能平均排放的氮氧化物量。烟尘排放强度是煤电企业每发 1 千瓦时电能平均排放的烟尘量。同时，本节也加入了灰渣综合利用率，即电厂对粉煤灰的利用强度来表征煤电企业的环境效益。

3）社会效益

社会效益是指最大限度地利用有限的资源，满足社会上人们日益增长的物质文化需求。该类指标用于衡量企业在社会，尤其是在社会就业中的表现。本节企业社会效益包括在岗员工总数和全员劳动生产率两项指标。在岗员工总数是指在企业取得劳动报酬的在职员工数量，员工总数体现了企业为社会提供的就业岗位数。全员劳动生产率是指根据产品的价值量指标计算的平均每一个从业人员在单位时间内的产品生产量。

4）技术创新

技术创新类指标用来衡量企业对节能、减排、环保技术的重视程度，包括技术创新投入指标和技术创新产出指标两部分。

技术创新投入指标包括经费投入。在经费投入方面，技术创新投入占总资产比是指煤电企业技术改造、引进和消化吸收经费的总额与企业总资产的比值，可以反映煤电企业实际愿意用于技术创新的费用，从企业所有者的角度衡量企业技术创新的意愿程度。科技活动次数是指企业为提高员工技术创新能力而进行的整体培训，反映煤电企业对员工技术创新能力培训的重视程度。

技术创新产出指标包括发明专利申请数、清洁能源占总装机容量比。发明专利申请数表明煤电企业在技术创新方面取得的具体成效；清洁能源占总装机容量比是指煤电企业目前所拥有的清洁能源占总装机容量的比值。清洁能源占总装机容量比和发电量增加比都可以从实际层面反映煤电企业在绿色技术创新方面的投入产出。

5）政策支持

政策支持类指标衡量政府政策与投资对绿色增长战略的支持力度，包括规章制度标准体系、机构建设、节能减排预算政策、燃料管理条例和设备管理条例。

规章制度标准体系包括企业规章制度完备性、标准完备性和规章制度可操作性三个方面。企业规章制度完备性是指企业是否建立了完备的与节能减排相关的规章制度；标准完备性主要以各先进燃煤电厂的能效标准数量为衡量依据，是指设备的能效标准；规章制度可操作性反映了制定的规章制度得到有效执行的程度。

机构建设是指煤电企业是否设置了专门的部门机构和是否配备专业责任人对全厂的节能减排工作进行指导监督并定期总结汇报，该管理机构能否定期对各种资源能源的消耗与污染物的排放进行监测以及有效贯彻执行本厂的节能减排规章制度和标准。

节能减排预算政策通过节能减排预算与电厂支出预算之间的关系来考核。提高企业的节能减排水平，一般的途径包括增加设备改造和技术改造的经费支出、支持节能减排技术研究与开发项目等。

燃料管理条例是指是否有一套健全的计划、采购、调运、验收、耗用、储存、盘点的燃料管理制度。

设备管理条例是指企业对锅炉、汽轮发电机及脱硫装置等设备的管理情况，包括检查设备正常运行的管理制度，以及设备是否存在耗电计量、耗水计量，用于对电厂自身耗电、耗水的分析等。

8.3　煤电企业绿色增长评价结果分析

本节选择基于 Bootstrap 的主成分分析法作为评价企业绿色增长能力的重要方法，使用当今国际统计研究的主流语言——R 语言来实现。

8.3.1　数据来源

煤电企业能否实现绿色增长直接关系着一个行业、地区乃至国家绿色增长水平的强弱。虽然近年来我国煤电企业节能减排方面的技术和设备逐渐提升，部分企业的清洁生产水平已达到或超过国家规定的标准，但由于煤电企业资源消耗总量和污染排放量巨大，整体上煤电企业的绿色增长能力还存在很大的提升空间。因此，为了有效预估煤电企业的绿色增长趋势，系统地分析各影响因素之间的作用关系，考虑到上市企业会定期披露财务信息和公司日常信息，受到审计机构的审计，可靠性较高；上市企业作为本行业内的翘楚，具有更强的市场理性，市场运营更为规范，利用其数据得到的结论较为客观。所以，本节从中信证券电力行业板块56家上市企业中选取以燃煤发电为主营业务且具有代表性的国家五大发电集团作为实证研究对象，选择中国五大发电集团作为研究对象主要基于以下原因：第一，我国煤炭、电力上市企业数量众多，无法将所有运营中的企业纳入研究样本，过多的样本也会造成样本数据的难以收集整理，增加研究难度。第二，五大发电集团在国内甚至全球发电行业中都具有较高的地位和影响力。2016年全球全口径发电量约为248 163.52亿千瓦时（《世界能源统计年鉴2017》），其中大约10%的电量（24 855.82亿千瓦时）由上述5家发电企业提供，五大发电集团基本情况分别如下。

1. 华能国际电力股份有限公司（以下简称华能国际）

华能国际成立于1994年6月30日，截至2016年底，公司在境内外拥有全资及控股电厂装机容量为16 554万千瓦，荣膺全球第一。华能国际在中国发电企业中率先进入世界企业500强，2016年排名第217位。

2. 中国电力投资集团公司（以下简称中电投）

中电投是全国唯一同时拥有水电、火电、核电、新能源资产的企业，是国家五大发电集团之一，是国家三大核电开发建设运营商之一。2015年5月29日，经国务院批准，中国电力投资集团公司与国家核电技术有限公司重组成立国家电力投资集团有限公司。

3. 中国国电集团公司（以下简称中国国电）

2017年8月28日，经报国务院批准，中国国电集团公司与神华集团有限责任公司合并重组为全世界最大火力发电集团——国家能源投资集团有限责任公司，在资产与装机容量一举超越华能国际，位列中国第四大能源央企。

4. 中国华电集团公司（以下简称中国华电）

中国华电拥有全球首台百万千瓦超超临界空冷机组和国内单机容量最大、国产化程度最高的百万千瓦超超临界湿冷机组，是一家具有国际竞争力的世界一流能源集团。

5. 大唐国际发电股份有限公司（以下简称大唐国际）

大唐国际是 2002 年 12 月 29 日在原国家电力公司部分企事业单位基础上组建而成的特大型发电企业集团，拥有全世界在役最大火力发电厂——内蒙古大唐国际托克托发电有限责任公司和全世界最大在役风电场——内蒙古赤峰塞罕坝风电场。

本节的研究数据来源于各企业公布的《年度报告》与《社会责任报告》中 2012~2016 年的面板数据。

8.3.2　分析结果

1. 综合评价结果

由主成分综合评价函数求得 2016 年 5 家企业的绿色增长水平得分及排名，结果如表 8-2、表 8-3 所示。

表 8-2　2016 年 5 家企业绿色增长水平

煤电企业	经济效益 (F_1)	技术创新 (F_2)	社会效益 (F_3)	环境效益 (F_4)	政策支持 (F_5)	绿色增长水平 (S)
华能国际	85 131	−50 852	87 268	−54 824	−18 797	42 569
中电投	78 084	−45 823	79 681	−49 663	−15 721	39 300
中国国电	76 295	−44 224	77 012	−47 836	−14 311	38 531
中国华电	74 924	−43 834	76 058	−47 416	−14 887	37 724
大唐国际	59 057	−35 682	61 238	−38 627	−13 860	29 433

表 8-3　2016 年 5 家企业绿色增长得分及排名

煤电企业	经济效益 (F_1)	技术创新 (F_2)	社会效益 (F_3)	环境效益 (F_4)	政策支持 (F_5)	绿色增长水平 (S)
华能国际	1	5	1	5	5	1
中电投	2	4	2	4	4	2
中国国电	3	2	3	3	2	3
中国华电	4	3	4	2	3	4
大唐国际	5	1	5	1	1	5

由表 8-2 可知，2016 年 5 家企业绿色增长水平（S）得分从高到低依次为华能国际、中电投、中国国电、中国华电及大唐国际。5 家企业的绿色增长水平（S）排名与经济效益成分（F_1）排名相一致，表明企业的绿色增长水平主要由企业的经济效益决定，技术创新、社会效益、环境效益及政策支持对企业绿色增长水平具有一定的影响。以排名第一的华能国际、排名第三的中国国电和排名第五的大

唐国际为例，分析煤电企业绿色增长水平。

1）华能国际

排名第一的华能国际的优势在于其经济效益（F_1）和社会效益（F_3）。华能国际全资拥有 17 家营运电厂、控股 12 家营运电力公司及参股 5 家营运电力公司，其发电厂设备先进，高效稳定。公司的主要业务是利用现代化的技术和设备，以及国内外资金，在全国范围内开发、建设和运营大型发电厂。该企业在多年的探索和总结当中，制定出了一套完整、有效的成本控制和内部管理制度，这些优势促使企业表现出较强的营利能力、高效的运行效率、有力的成本控制、较低的负债率、较小的财务压力。同时，它的主力电厂集中在经济发达、供电偏紧的京津唐及珠江三角洲地区，该区域电力消费需求强劲，电价承受能力强，企业的利润空间大，员工的薪酬水平高，促使华能国际经济效益与社会效益均领先于其他企业。

相对而言，华能国际的劣势在于其环境效益（F_4）和政策支持（F_5）。华能国际作为中央企业，在全国 22 个省、自治区、市投资建厂。在响应国家政策号召方面，华能国际始终秉承"节能减排、清洁发展"的环保理念，坚持"不仅要做到规范，更要做到模范"的节能减排工作准则，认真落实国家节能减排政策和相关节能减排目标责任，积极开发建设大容量、高参数、高效率、低排放的燃煤火电机组和其他清洁能源项目，努力降低资源消耗和污染物排放，提高能源利用效率，把"注重科技、保护环境"的"绿色"公司理念落实到工作的细微之处，走科技含量高、经济效益优、资源消耗低、环境保护好的可持续发展之路，但现代化技术和设备的应用还处于探索和不断优化阶段，故在环境效益和政策支持方面相较于其他煤电企业相对落后。华能国际经济效益和社会效益等方面的优异表现，弥补了其在环境效益等方面的不足，促使其在绿色增长综合得分中领先于其他企业。

2）中国国电

排名第三的中国国电的优势在于其技术创新（F_2）和政策支持（F_5）。中国国电始终坚持"强化科技研发、强化协同创新"，以科技项目为抓手，以重大项目为突破，不断培育竞争优势，取得丰硕成果，科技创新能力持续提升。2013 年，中国国电获得国家科研资金 1.3 亿元，新增专利 521 项，累计拥有专利 1 217 项。中国国电根据发展形势，围绕风电、太阳能、天然气发电等政策变动调整发展战略。截至 2014 年 12 月年末，国电联合动力技术有限公司有效专利拥有量达到 480 项，在全国同类企业中排名第一。另外，中国国电继续加大环保改造的工程投入，安排环保技改资金 67 亿元，顺利完成了 166 个环保改造项目，使得集团在脱硫、脱硝机组装机占比在可比企业中处于领先水平。2014 年 10 月 9 日，中国国电旗下的布连电厂被国家能源局授予"国家煤电节能减排示范电站"称号，成为全国节能减排示范单位之一。截至 2014 年底，公司营业收入达到 2 134 亿元，实现利润总额 195 亿元，同比增长 22%，世界 500 强排名大幅提升至 297 位。2016 年，中国国电紧跟国家政策，以目标和战略为引领，高质量完成 300 万千瓦投产目标，总装机达 2 583 万千瓦，继续保持世界第一，促使中国国电在技术创新和政策支持方面跻身同行业领先行列。

中国国电的相对劣势在于其经济效益（F_1）、社会效益（F_3）和环境效益（F_4）。2015 年，"十二五"收官之年，受宏观经济尤其是工业生产下行、产业结构调整、工业转型升级等因素影响，电力消费换挡减速趋势明显。在此背景下，中国国电的全年发电量出现了罕见的下降，被中国华电反超，屈居行业第三位，在世界 500 强企业中的排名也下降了 46 名。而且，在 2015 年，我国实施了史上最严的《中华人民共和国环境保护法》，出台了煤电节能减排升级与改造行动计划、煤炭清洁高效利用行动计划、水污染防治行动计划等一系列环保新政，对发电企业节能减排工作形成了倒逼之势。五大发电集团为完成"十二五"减排目标，积极加快节能减排升级改造步伐，不断降低能耗水平和污染物排放强度，持续降低碳排放强度和供电煤耗。其中，中国华电成为供电煤耗、供电煤耗降幅"双料冠军"，而中国国电则出人意料地被甩到了五大发电集团的末尾（华能国际 305.78 克/千瓦时、合并后的国家电投 307.5 克/千瓦时、中国华电 308.5 克/千瓦时、大唐国际 309.62 克/千瓦时、中国国电 310.4 克/千瓦时）。另外，无论是在超低排放机组容量方面，还是在清洁能源装机占比上，中国国电的劣势都十分显著，这些无疑会对其在经济效益、社会效益及环境效益等方面产生重大的负面影响。

3）大唐国际

排名第五的大唐国际优势在于其技术创新（F_2）、环境效益（F_4）和政策支持（F_5）。大唐国际是第一家在伦敦上市的中国企业、第一家在香港上市的中国电力企业及第一家同时在香港、伦敦、上海三地上市的中国企业。规模庞大、实力雄厚的大唐国际以结构调整为动力，坚持风光并重、海陆并重，加快提升非水可再生能源发电量比重，大力发展新能源。大唐国际拥有大容量、高参数、节能特点的机组占比很高，且拥有多台百万千瓦等级超临界燃煤发电机组，该型机组的能源效率与清洁程度国际领先，这些机组的优异表现促使其在技术创新、环境效益及政策支持方面处于领先地位。

大唐国际的劣势在于其经济效益（F_1）和社会效益（F_3）。大唐国际作为中央企业，在全国 18 个省、自治区、市投资建厂，其规模庞大的组织机构增加了企业管理的难度，企业运营效率较差，成本控制不佳，营利能力不足。庞大的规模与统治性的市场地位，使大唐国际敢于利用杠杆推进其多元化及后向一体化的发展战略。同时，大唐国际高居不下的资产负债率在增加企业财务负担的同时，也侵蚀了企业的利润，导致其在经济效益和社会效益方面落后于其他企业。

大唐国际在经济效益、社会效益等方面的不足，减弱了其在环境效益、技术创新等方面的优势，导致其在绿色增长综合得分中落后于其他企业。

2. 变化趋势分析

2012~2016 年 5 家企业绿色增长水平变化趋势曲线如图 8-2 所示。综合来看，2012~2016 年五家企业的绿色增长水平均有所提高，整体呈现上升趋势，但各自的变化趋势略有不同。华能国际和大唐国际两家企业的绿色增长水平 2012~2016 年呈现出稳中有升的态势，但在总体上升的过程中，2013 年和 2015 年出现了明显的波动。其中，2012~2015 年被电力行业称为"黄金四年"，电煤市场"跌跌不休"，金融市场相对宽松。五大发电集团牢牢抓住有利时机，经营发展"逆势而上"，经营指标创 2002 年电改以来最高纪录，最终实现了"黄金四年"的"业绩置顶"，稳居央企板块前列，由此可知煤电企业绿色增长水平整体上升的趋势与国家政策的调整是密不可分的。

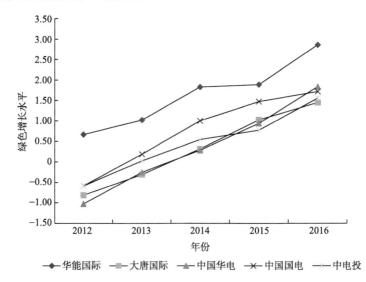

图 8-2　2012~2016 年 5 家企业绿色增长水平变化趋势曲线

国务院最早于 2008 年施行了《中华人民共和国节约能源法》，开始重视环境保护、资源节约利用。2014 年颁布了《煤电节能减排升级与改造行动计划（2014—2020 年）》和《关于调整排污费征收标准等有关问题的通知》，明确了新建煤电机组的节能减排目标，即全国新建燃煤发电机组平均供电煤耗低于 300克标准煤/千瓦时，重新调整了各地的排污费征收标准，煤电企业面临着急剧升高的排放成本。在保护环境和高排污费政策的高压下，各大煤电企业都进行了节能减排、资源节约、技术创新的实践，探索企业发展的有效方法。随着实践经验的积累，煤电企业逐渐将绿色增长战略作为企业可持续发展行之有效的途径。随着政策的推行和实施，各煤电企业逐渐形成适用于本企业的绿色转型方法，并建立了相关的管理体系和办法。但降低能耗、技术创新并不是一蹴而就的，需要较长时间的推行和实施，而绿色增长战略的长期性和缓慢性也正是煤电企业绿色增长水平提升不明显的原因。

除排名第一的华能国际一直呈现持续上升的趋势外，其余 4 家企业均呈现出曲折的上升趋势。其中，大唐国际、中国华电、中电投 3 家企业的波动较小，中国国电波动剧烈，出现了明显的波峰波谷。其中，2012~2014 年绿色增长水平快速提升，但在 2015 年出现了明显的波谷，于 2016 年再次明显提升并达到 5 年绿色增长水平的峰值；2015~2016 年其绿色增长水平不断提升。这与中国国电自身的改革发展有很大关联。

在 2012~2013 年，中国国电的绿色增长水平呈现了大幅增长。在此期间，中国国电认真落实国家政策，积极进行集团内部改革，努力进行技术创新，不断加强外部合作，最终促进了企业的绿色发展。中国国电不断加快布局结构调整，不断缩减煤炭发电比重，积极推动风力发电，2013 年 5 月，中国国电大约 80%是火电。在调整火电结构方面，中国国电将"上大压小"作为重要举措，与国家发展和改革委员会签订了关停小火电机组责任书。2011 年和 2012 年关停了 19 台，204.5 万千瓦，累积关停 864 万千瓦。2012 年 9 月，中国石油化工集团有限公司与中国国电签署《煤电化一体化项目合作框架协议》。在职责分工上，中国石油化工集团有限公司主要负责化工装置的运营管理，中国国电负责煤炭开采和热电装置运行管理。在 2014~2015 年中国国电绿色增长水平增速变缓，与集团内部改革侧重点转化息息相关。2013 年，中国国电制定了《对职务犯罪问题依据党风廉政建设责任制进行责任追究的规定》，2014 年印发了《关于落实党风廉政建设党委主体责任和纪委监督责任的意见》。中国国电根据纪检监察部门的统计分析，分析近年来该集团发生的案件，违纪违法问题成了重点整治问题。此外，安全问题也被提升到了重要位置，2014 年 9 月 16 日，中国国电在本部召开安全生产工作视频会议，通报了 1~8 月份安全生产工作情况，并且分析了面临形势，部署近期安全生产重点工作。由此可以看出，这个阶段，中国国电的重点在内部的生产安全和内部作风建设，在绿色发展方面并没有重要的改革或重大的建设进程推进。在 2015 年国家对发电企业的改造放在了推进化石能源清洁化、改善大气质量、缓解能源约束的方面，其他四家集团都进行了积极的响应。无论是在降低能耗水平和污染物排放强度、持续降低碳排放强度、降低供电煤耗等方面，还是在超低排放机组容量、清洁能源装机占比上，都交出了不错的成绩单。然而中电投在这些方面却表现得有些差强人意，这也是其在 2015 年绿色增长水平大幅下跌的重要原因。所幸，中电投发现了自己的问题，在 2016 年确定了优化发展布局、优化科研设计、优化管理模式的"三个优化"发展理念，紧跟国家政策，以目标和战略为引领，坚持创新驱动、问题与目标导向，狠抓能源结构、管理体系、营销机制等重点工作，企业绿色增长水平逐渐提升并保持稳定增长的局面。

以上分析表明，绿色增长战略有助于企业进行成本控制、提高环境效益、降低运行成本，助力企业走出发展困境，但绿色增长战略的实施并非朝夕之间可以完成，需要紧跟国家发展步伐，不断探索与改革。在国家环保政策的推行之下，各大煤电企业不断落实政策措施，寻求绿色环保，实现经济增长的有效路径，绿色增长水平不断提升。总之，绿色增长已被实践所证实，是行之有效的可持续发展战略，应得到煤电企业重视和关注。

3. 对策建议

针对 5 家煤电企业绿色增长评价结果，提出各家煤电企业绿色增长的对策与建议。

1）华能国际

在经济效益和社会效益方面具有明显的优势，具有较强的营利能力、较高的运营效率、合理的财务结构、优质的员工待遇，但在技术创新、环境效益和政策支持方面处于劣势地位。华能国际应充分利用自身的经济和社会优势，紧跟国家节能减排条例、政策，加大技术研发的投入与创新，通过技术、设备、制度的提升，减少污染物的排放，增加资源的循环利用。

2）中电投与中国国电

中电投和中国国电的优势较为均衡，没有明显的劣势，但中国国电在 2012~2016 年的绿色增长水平出现了较为明显的上升与下降波动，下降的主要原因如下：自 2014 年起，国家颁布了多项节能减排规章制度。例如，《煤电节能减排升级与改造行动计划（2014—2020 年）》，明确新建煤电机组的节能减排目标，即全国新建燃煤发电机组平均供电煤耗低于 300 克标准煤/千瓦时；《"十三五"节能减排综合工作方案》，强调资源环境问题仍是制约我国经济社会发展的瓶颈之一，节能减排依然形势严峻、任务艰巨，这些政策迫使煤电企业重新调整燃煤机组建设。中国国电对国家政策采取的相关行动措施缓慢，导致绿色增长水平在 2014~2015 年出现了大幅下降。这两个企业都应坚持稳中求进，充分发挥自身的优势，遵照国家能源生产总体部署，把握绿色增长的机遇，将绿色增长作为创新发展的新路径，找到经济"新常态"下的经营模式和增长方式，准确把握经济效益、环境效益与社会效益的平衡，努力向国际领先水平迈进。

3）中国华电

中国华电在环境效益方面表现优异，但在其他方面存在着一定的劣势，尤其是在企业的社会效益方面。中国华电应在保持其优势的基础上，完善企业结构，加强人员管理，建立市场化机制，优化人力资源配置，实现组织的精简高效；改革工资分配模式，深化绩效体系建设，在提高企业社会效益的同时，发挥薪酬绩效的激励导向作用，为企业今后的发展奠定基础。

4）大唐国际

大唐国际的优势在于其技术创新性强、能源效率高、污染排放少，劣势在于其营利能力较差、运营效率不佳。大唐国际应在保持自身优势的基础上，"千方百计"地提升企业的营利能力，优化组织机构，提升企业管理水平；强化内部控制，提高企业运营效率；拓宽融资渠道，调整贷款结构，降低财务费用；充分发掘企业绿色投资、绿色技术的潜力，将绿色增长能力转化为企业实实在在的竞争优势。

本章研究的目的是进行煤电企业绿色增长评价研究，构建煤电企业绿色增长评价理论模型，并对煤电企业的绿色增长能力进行探讨，从而提出有利于煤电企业发展的意见及建议。通过梳理煤电企业绿色增长研究脉络，借鉴国际权威机构的绿色增长评价理论模型，构建煤电企业绿色增长测度与评价指标体系。采用基于 Bootstrap 的主成分分析法，对煤电企业绿色增长指数进行测算，为有效地评价煤电企业绿色增长能力提供依据。同时，本章从中信证券电力行业板块 56 家上市企业中选取以燃煤发电为主营业务且具有代表性的国家五大发电集团作为实证研究对象，运用主成分综合评价函数求得 2016 年 5 家企业的绿色增长水平得分及排名以及 2012~2016 年 5 家企业绿色增长水平变化趋势曲线，基于 5 家煤电企业绿色增长的评价结果，提出针对各家煤电企业绿色增长的对策与建议。

第9章 社区绿色增长评价研究

9.1 典型社区选择——绿色养老社区

9.1.1 绿色养老社区的发展

根据世界银行发布的《中国养老服务的政策选择：建设高效可持续的中国养老服务体系》报告预测，在 2020~2050 年，中国人口老龄化水平持续攀升，65 岁及以上老年人口比例预计将从 12%增长到 26%。该报告主要作者、世界资深经济学家葛霭灵（Elena Glinskaya）在报告中指出，中国需要建立一个适合中国国情的养老服务体系来应对人口老龄化危机（第一财经，2018）。同时，我国陆续颁布了一系列有利于养老服务业发展的政策措施，社会养老服务体系建设被提升至国家宏观战略发展层面。2017 年 3 月 6 日，国务院印发《"十三五"国家老龄事业发展和养老体系建设规划》（以下简称《规划》），为提升我国新时期老龄事业发展水平、完善养老服务体系进行了顶层设计（吴强，2017）。全国老龄办有关负责人表示，《规划》突出了养老服务体系建设的内容，对提升老年人的社会参与感、获得感和幸福感，增进老年人福祉具有重要意义。

伴随着我国人口老龄化的快速发展和国家对养老服务业政策支持力度的不断加大，我国的社会养老服务体系建设与过去相比有了飞速发展，取得了显著成就。据全国老龄办有关专家预测，2020~2030 年前后，伴随着人口结构的变化、养老需求的增长、社会经济的发展，我国养老服务业有望出现持续 10 年左右的"井喷式"增长，预计年均增长率达 10%以上。在我国传统的养老方式和养老观念向社会养老转变的同时，对养老服务机构的需求也迅速增加，推动养老服务模式的转型升级已迫在眉睫。从传统以养老院为代表的机构养老模式，到后来居家养老与社区服务相结合的社区养老模式，再到如今朝着专业化与规模化方向发展的养老社区模式，我国社会化养老模式逐步走向成熟和完善。

　　近些年来，在全球资源日趋枯竭和环境日益恶化，全球经济面临前所未有的资源与环境压力的大背景下，绿色发展、低碳发展的理念受到各国政界、学术界、社会公众和企业界高度关注。习近平总书记在党的十九大报告中明确指出，加快生态文明体制改革，建设美丽中国，开展创建节约型机关、绿色家庭、绿色学校、绿色社区（green community）和绿色出行等行动，增强人们的绿色意识（王红星，2018）。绿色生态社区（green ecological community）作为一种新兴的可持续社区（sustainable community）发展模式，越来越多地应用于人们生活的各个领域中，并因其绿色生态的性质逐渐成为城市环境建设中越来越重要的组成部分。作为社会养老服务领域凸显老年宜居需求及绿色生态特点相结合的绿色养老社区，将扮演极其重要的角色。当前我国绿色养老社区主要模式有三种：第一种是青老两代合居型绿色养老社区，即在普通居住小区内进行专项老年宜居住宅及配套服务设施的建设，并在原有的基础上增添有利于养老社区可持续发展的设计；第二种是由地方政府或开发商开发建设的新型专业化绿色养老社区，如北京太阳城、上海梧桐人家等；第三种是环境优美、风景怡人、适宜旅游休闲的度假型绿色养老社区。研究发现，我国绿色养老社区建设、服务及资源配置至少存在以下几个问题：①缺乏专业标准。老年人养老问题及养老社区绿色化近些年才成为政府关注的焦点，所以绿色养老社区建设缺乏专业的规划指导条例。我国的绿色养老社区建设都是在摸索中前进，虽偶有养老社区建设成功的案例，但其成功的经验很难复制，并不适用于其他绿色养老社区。目前我国缺少这方面的专业规范和标准，仅依靠开发商的设计团队进行规划，即使最后建成了绿色养老社区，难免还会存在一些不规范的设计。②照搬国外模式。很多开发者出国学习国外的建设和管理经验，希望可以带回国进行照搬照抄并完全推行，但是国外和国内的基本国情不一样，资源环境状况不一样，老年人的思维方式和生活方式也不一样，如果直接照搬照抄，就会出现问题。例如，一些国家人均收入较高，高端的养老社区较为普遍，其配套设施也比较完善，老年人对绿色养老社区的接受程度也比较高，国外的老年人比较注重隐私和享受独自空间，而国内的老年人喜欢陪伴和群居。另外，国内人口与资源、环境等的比例也与国外不同，所以我国的绿色养老社区规划设计规范也与国外不同。③可持续程度不高。一些绿色养老社区在前期设计阶段功能比较齐全，但后期由于各种原因有些功能慢慢衰退。

　　近年来，政府部门、各大企业、新闻媒体及社会公众对绿色养老社区表现出了浓厚的兴趣，已经引起了学术界的高度重视，但研究工作尚处于起步阶段。研究成果较为分散而难以形成理论体系，既没有清晰的定义，也没有准确的定量界定，更没有建立统一的、较完善的评价指标体系和评价方法。理论研究远远滞后于实际业务的发展要求，对绿色养老社区的发展造成了一定程度的制约。在挑战与机遇并存的现状下，绿色养老社区评价研究为绿色养老社区指出了发展的方向和道路。为了促进我国绿色养老社区的发展，亟待出台一套适应我国国情的绿色养老社区评价指标体系。通过借鉴其他国家的发展经验，结合我国国情，从社会经济、资源环境、规划设计三方面建立绿色养老社区评价指标体系，探寻一套科学有效的评价方法，能够实现对绿色养老社区的科学评价；引导绿色养老社区的建设，明确评价标准，量化评价结果，可为绿色养老社区的学术研究和应用实践提供理论支撑与指导建议。

9.1.2　绿色养老社区的概念

对于绿色养老社区，一个基本的问题至今还没有达成共识，即绿色养老社区，究竟是养老社区绿色生态化，还是绿色社区老年宜居化，或是两者交互作用的结果？目前来看，绿色养老社区的定义还没有一个统一的可接受的概念。基于此，本节从解构主义视角将绿色养老社区的概念解构为绿色生态社区和老年宜居社区（age-friendly community，AFC）两个已经相对成熟的概念，并通过对这两个概念的梳理与解读，重构绿色养老社区的概念。

1. 绿色生态社区

绿色生态社区又被称为绿色社区、生态社区（ecological community）、可持续社区等，是以可持续发展为指导思想，将人性化、生态化作为社区创建的宗旨，在开发实践中遵循建筑美学的审美观，协调人与自然、建筑、环境的审美关系，以绿色经济为基石、绿色技术为支撑、绿色环境为标志建设而成的，并以人性化为出发点进行运营和管理的新型居住社区（隋立军等，2019）。绿色生态社区的建设强调资源和能源的合理利用，注重人与自然、人与社会的和谐共生，关注资源节约利用、环境可持续发展及生态良性循环。绿色生态社区既是与生态文明时代相适应的人类社会生活新的空间形式，又是在一定空间内人与自然系统和谐、可持续发展的人类居住区。总的来说，绿色生态社区的意义在于它是适应21世纪社会经济发展的人类聚居模式，满足了经济社会和社区居民的双重需求。绿色生态社区建设决不能以牺牲生态环境为代价，更不能只顾眼前的经济利益而不顾社会的可持续发展，必须走开发与保护相结合的道路。因此，从中国绿色生态社区发展的实际状况来看，开展社区资源环境的综合规划及系统建设十分必要。

事实上，绿色生态社区的思想由来已久。早在战国中期，中国伟大的思想家庄子就率先提出了反映古时候人与自然和谐的"天人合一"思想，是绿色生态学思想的发端。19 世纪末期，英国当代著名的社会学家霍华德率先提出了"花园城市"（garden cities）理论，标志着人类开始运用绿色生态意识研究人类居住区（高吉喜和田美荣，2007）。20 世纪早期，美国学者巴洛斯和波尔克等正式提出将现代生态学思想运用于人类聚落研究，绿色生态社区思想的雏形开始形成（Howard，2007）。人类开始越来越清楚地意识到，人类对世界总有着无尽的欲望，无限纵容自己的欲望，很可能会违背自然规律，破坏生态平衡。1984 年，中国著名生态学者马世骏和王如松（1984）提出了"社会-经济-自然"思想符合生态系统理论与生态控制原则，很快受到国际社会的重视和广泛认同并迅速成为绿色生态社区思想核心理论。此后，绿色生态社区理论及实践开始在世界范围内蓬勃发展。

作为人居环境五大层次（全球、区域、城市、社区、建筑）中的第四层次，绿色生态社区是城市空间环境和居民居住环境最基本的组成部分（吴良镛，2001）。因此，绿色生态社区可以被视为连接绿色建筑和生态城市的纽带，其功能主要体现在减少区域资源消耗、改善住区居住环境、促进城市生态发展等方面。近年来，一些国家在绿色生态社区建设方面进行了大胆的探索和尝试，并取得了一系列的研究成果。例如，由建筑师保罗及政治与生态活动家切丽联合设计完成的哈里法克斯生态城（Halifax ecocity），被认为是澳大利亚乃至世界范围内第一例城市生态社区的规划以及绿色生态社区的最佳实践范例（陈勇，2001）。

2. 老年宜居社区

与绿色生态社区不同，老年宜居社区的概念似乎更加简洁明了。老年宜居社区是一种为使得老年人安度晚年而提供政策、服务、环境和规划等各方面支持的新型社区，其概念来源于世界卫生组织（World Health Organization，WHO）于 2007 年发起的关于老年宜居城市（age-friendly cities）倡议。同时，WHO 还将以下 8 个领域确定为建设老年宜居社区的关键方面：①室外空间与建筑物；②住宅；③交通；④尊重与社会包容；⑤社会参与；⑥通信与信息；⑦公民参与和就业；⑧社区支持与健康服务（World Health Organization，2007）。同年，WHO 在老年宜居社区概念和框架指导下又发起了一项关于"抓住健康、参与及安全机遇以提高老年人生活质量"的倡议（Kalache and Gatti，2003）。从此以后，老年宜居社区在全世界范围内一直呈现蓬勃发展的强劲势头。

事实上，老年人所处的环境对他们的生活具有深远的影响，这一观点在老年环境科学中有着悠久的历史。自从英国生态学家劳顿在老年环境科学领域做出开创性的理论和实践工作以来，人们对该领域各种类型环境的有效性进行了大量的讨论。然而，学术界对老年宜居社区相关研究的主题更多为社区养老模式、社区设施配置策略、社区住房建设等，而对社区养老环境等方面的关注度不大（杨熙，2013；齐杰，2015；Štaube et al.，2016）。相比之下，政策制定者则越来越关注社区养老环境及其如何促进社会健康老龄化发展。因此，给予老年宜居社区生态化建设方面较多的关注是及时和必要的，且一些国家已经对该领域进行了一些有益的理论探索和实践探索。

通过文献回顾可以发现，不同国家学者对老年宜居社区研究工作的侧重点并不相同。例如，国内学者对于老年宜居社区生态化建设方面的研究主要集中在社区规划、社区选址、中外研究对比、社区开发运营模式、建筑设施绿色生态化设计等方面；发达国家和地区对于老年宜居社区生态化建设方面的研究则主要集中在社区多样性、老年生态宜居标准、老年生态宜居维度和关键特征（如社会与自然环境、交通与住房、公民参与等）、社区规划、成本效益、绿色生态视角下的老年宜居社区等方面。由此可见，老年宜居社区的绿色生态化建设是近些年来国内外学者都比较关注的科学问题。

3. 绿色养老社区概念

结合上述绿色生态社区和老年宜居社区两个已经相对成熟的概念解析，绿色养老社区应满足新时期社会养老服务的需求，缓解社会人口老龄化矛盾，促进资源环境、养老服务与社会经济三者有机结合，和谐共生，从而实现社会的和谐发展。作为社会机构养老的主要形式，绿色养老社区具有绿色生态社区与老年宜居社区两方面的内涵，是以绿色生态环保理念、绿色生态设计理念及老年宜居理念为基础，着重从绿色生态环保与老年生态宜居两个方面进行研究设计的一种满足老年人养老需求的新型养老模式。

9.1.3 绿色养老社区评价指标体系研究

1. 绿色生态社区评价指标体系

英国绿色建筑研究院采取"因地制宜、平衡效益"的核心理念，于1990年开发出了世界上第一个也是全球最广泛使用的绿色建筑评估体系（building research establishment environmental assessment method，BREEAM）。该评估体系包含了治理、社会经济福祉、资源与能源、土地利用优化与生态学、交通和运输、创新6个维度，共41个指标，是描述社区建筑环境性能最权威的国际标准（BRE，2012）。英国建筑研究院通过 BREEAM 体系创立了适用于当地的绿色建筑评估标准。在 BREEAM 的基础上，美国于 1998 年创立了绿色建筑评估体系

（leadership of energy and environmental design，LEED）。LEED2018 家族中共有 6 个家族成员，其中社区规划与发展评估（LEED for neighborhood development，LEED-ND）标准专门针对绿色养老社区的评价研究，该评估标准包括智能定位与联动、邻里格局与设计、绿色基础设施和建筑、创新、区域优先 5 个维度，共 56 个指标，旨在绿色生态社区设计中有效地减少对环境和住户的负面影响（Leck et al.，2016）。2001 年，亚洲绿色建筑评价的先驱者——日本可持续建筑联盟（Japan Sustainable Building Consortium，JSBC）公布了日本建筑物综合环境性能评价体系（comprehensive assessment system for built environment efficiency，CASBEE）。CASBEE 家族中有 4 个主要家族成员，其中城区开发（CASBEE-urban development，CASBEE-UD）体系包括自然环境、指定区域的服务功能、对当地社区的贡献、环境影响、社会基础设施、当地环境管理 6 个维度，共 82 个指标（Research Committee for CASBEE，2007）。CASBEE-UD 切实考虑了日本和亚洲地区的地域特征后开发，具有良好的地区适应性。绿星社区（green star community，GSC）是一个澳大利亚社区的可持续评级系统，于 2003 年由澳大利亚绿色建筑委员会发起，包括治理、宜居性、经济繁荣、环境、创新 5 个维度，共 64 个指标（GBCA，2016）。2013 年，澳大利亚国际商学院发布了一份调查报告，该报告分析了 428 个 GSC 认证项目的数据，并将其与"平均"澳大利亚建筑和最低实践基准进行了比较。研究发现，平均而言，GSC 认证社区的温室气体排放量减少了 62%，电力消耗量比澳大利亚普通建筑少 66%，饮用水比普通建筑少 51%。2014 年，中国建筑科学研究院与上海市建筑科学研究院（集团）有限公司在原国家标准的基础上修订完成《绿色建筑评价标准》（GB/T 50378-2014）（green building evaluation standard，GBES），该标准在新增了社区层面的评价条款后，包括节地与室外环境、节能与能源利用、节水与水资源利用、节材与材料利用、室内环境质量、施工管理、运营管理、提高与创新 8 个维度，共 31 个指标（刘凯英和田慧峰，2014）。以上 5 个绿色生态社区或与绿色生态社区直接相关的评价指标体系是当前国际学术研究领域和实践领域发展最成熟、影响力最大的评价指标体系，代表了国际绿色生态社区评价指标体系研究的主流与前沿，因此可以作为研究绿色养老社区评价指标体系初始指标库构建的依据。

2. 老年宜居社区评价指标体系

根据 WHO 公布的资料，老年宜居社区指标体系由硬性指标（如交通、服务与便利设施、住宅、建筑物等）和软性指标（如社会参与、公民参与和就业、尊重与社会包容等）组成。2002 年，WHO 提出了促进"积极老龄化"（active ageing）的政策框架和行动计划，旨在通过促进个人健康、社会参与和公众安全来提高老年人的生活质量。在此目标的指引下，WHO 从室外空间与建筑物、住宅、交通、尊重与社会包容、社会参与、公民参与和就业、通信与信息、社会参与和健康服务 8 个维度提出了老年宜居社区层面的硬件和软件建设指南，该指南包括70个指标。2011 年，英国政府从居民赋权、可达性、服务与便利设施、建筑物与自然环境、社会网络/福利、住宅 6 个维度，建立了全龄化养老社区（lifetime neighborhood，LN）评价指标体系，该体系包括39个指标（Bevan and Croucher，2011）。中国全联房地产商会创会会长聂梅生从住区设施、养老服务、安全保护、运营管理、运行效果评定、住区规划与住区环境、能源与环境、室内环境质量、住区水环境、材料与资源、运行管理、住宅减碳量化评价、住宅性能认定13个维度出发，以"老年宜居"为目标建立了中国绿色养老住区联合评估认定体系（comprehensive evaluation indicator system of green aged settlements，CEIS-GAS），该体系包括 77 个指标。2012 年，美国政府从满足基本需求、优化身心健康与福祉、保障弱势群体独立性、促进社会和公民参与 4 个维度，提出了老年友好型社区（elder-friendly community，EFC）的建设指南，该指南包括 17 个指标。2015 年，美国芝加哥设立国际宜居社区（liveable community，LC）大奖，该奖项从规划和社会参与、住宅、移动性与可达性、健康与福利 4 个方面出发，对候选社区进行评价（National Association of Area Agencies on Aging，2015）。以上 5 个老年宜居社区或与老年宜居社区直接相关的评价指标体系和建设行动指南并没有停留在单纯的理论研究层面，而是将理论研究成果应用到了老年宜居社区建设和评价中，并且经受住了实践的考验，因此可以作为本节研究绿色养老社区评价指标体系初始指标库内指标的来源。

3. 绿色养老社区评价指标体系

绿色养老社区作为社会养老领域的一个新生概念，相关研究仍停留在现象介绍和简单分析的层面，在评价指标体系研究方面始终没有突破性的进展。国外的绿色养老社区评价指标体系研究起步较早，但真正具有实践指导价值的研究成果并没有出现，相关研究仅仅停留在理论层面。国内的绿色养老社区评价指标体系研究相对较晚，直到 2011 年 11 月，才有了第一个绿色养老社区评价指标体系——《中国绿色养老住区联合评估认定体系》。该指标体系虽然为我国的绿色养老社区评价系统给出了详细的评价指标与打分系统，但依然存在指标权重分配不合理、评价重心偏离绿色生态和社区居民及评价系统较复杂等问题，因此并没有得到广泛应用和推广。

总的来说，现今为止，在绿色养老社区评价指标体系的建设方面，国内外均未能有一套科学且易于操作的评价指标体系，因而评价结果存在一定偏差；同样在评价标准与评价方法等方面研究不足，在一定程度上也影响了评价的合理性和可操作性。

9.1.4 绿色养老社区指标筛选方法研究

绿色养老社区评价指标体系建立的核心在于采用科学合理的方法进行关键指标的选取，关键指标的选取在绿色养老社区的后续研究中至关重要且具有一定难度，关键指标太少会使信息量不足而影响分析与评价结果，关键指标太多则会出现大量的冗余信息，增加了分析、计算的难度。

指标筛选方法的相关研究已逐渐成为近年来的研究热点。例如，英国学者AlQahtany 等（2013）围绕着六大关键点（six key point）建立了一套评价可持续城市社区的综合评价指标体系；西班牙学者 Tanguay 等（2013）通过使用一级指标、二级指标建立了一套普通的七选标准（seven-selection criteria），从指标数据库中筛选关键指标；委内瑞拉学者 García-Melón 等（2012）提出了一种基于传统德尔菲法及网络分析法（analytic network process）的新型指标筛选方法，该方法要求研究人员、专家、利益相关者、管理人员 4 个方面的人员组成专家团共同参与指标的筛选；水博（2014）基于频数统计法与专家咨询法为绿色养老社区筛选出了一套包含 8 个维度、25 个主要指标和 108 个次要指标的指标体系；Kunasekaran 等（2017）通过简单的随机调查及定制加权技术（random survey and a customized weighting technique）筛选出了关键指标；Zhang（2017）通过对利益相关者进行访谈，成功筛选出了 24 个关键指标，并根据该指标进行了探索性与验证性因素分析。另外，西班牙学者 Blancas 等（2018）通过一套六选标准（six-selection criteria）成功地将一个包含 200 个指标的指标集减少到 65 个。评价指标的主要遴选方法如表 9-1 所示，各个评价方法各有其优势，但也都存在着不同程度的缺陷，并不能直接应用于绿色养老社区的评价，因此如何构建一种科学有效的指标筛选方法对绿色养老社区评价就变得越来越重要。

表 9-1 筛选关键指标的方法集合

方法	来源
六大关键点	AlQahtany 等（2013）（英国）
七选标准	Tanguay 等（2013）（西班牙）
传统德尔菲法及网络分析法	García-Melón 等（2012）（委内瑞拉）
频数统计法与专家咨询法	水博（2014）（中国）
随机调查及定制加权技术	Kunasekaran 等（2017）（马来西亚）
利益相关者访谈法	Zhang（2017）（中国香港）
六选标准	Blancas 等（2018）（西班牙）

通过回顾近十年来的相关典型文献不难看出，根据对象的差异提出具有针对性的一个或多个方法来筛选关键指标并将获得的关键指标组成一个评价指标体系是普遍采用的指标遴选方法。因此，本节选择运用频数统计法与模糊德尔菲法相结合的筛选方法，从 9.1.3 节收集到的 5 个主流的绿色生态社区评价指标体系和 5 个典型的老年宜居社区评价指标体系中筛选符合绿色养老社区特征的指标。某个指标在相关领域文献中出现的频率越高就表明该指标越具有典型性和代表性，因此选择采用频数统计法将出现频数较高的指标统计为初选指标。频数统计法虽然具有简单易于操作的优点，但也有缺点，如无法筛选出该领域中新兴的关键指标。模糊德尔菲法依赖于权威专家对相关指标的接受程度，专家的接受程度越高的指标就越权威，恰好可以弥补频数统计法的缺点。因此，本节也选择采用模糊德尔菲法将具有较高专家认可度的指标筛选入最终的评价指标体系中。考虑到传统德尔菲法进行迭代的过程中，在单一环境下保证收集到的专家数据的有效性存在困难，并且专家决策过程也存在模糊性和不确定性。因此，采用频数统计法和模糊德尔菲法分别对获得的绿色生态社区和老年宜居社区相关指标集合进行筛选，然后再对两种方法筛选得到的指标进行分析比较，最终获得评价绿色养老社区的关键性指标。

9.1.5　绿色养老社区评价方法研究

建立绿色养老社区评价指标体系对绿色养老社区发展的重要性日益得到人们的关注。相比之下，将绿色养老社区指标体系应用于实践的关键步骤——指标标准与评价方法缺乏专业研究，在一定程度上影响了评价的合理性和可操作性。绿色养老社区的评价包括指标标准（指标赋权）和评价方法两部分。

以绿色养老社区为研究对象，在综合比较各赋权方法和评价方法的基础上，采用 FAHP 法和 FCE 法作为绿色养老社区评价指标体系指标标准和评价方法。FAHP 法是 20 世纪 70 年代美国运筹学托马斯·萨蒂教授提出的一种定性与定量相结合的系统分析方法。该方法为量化评价指标选择最优方案提供了依据，并得到了广泛的应用。自提出以来，其实用性受到了社会各界的广泛认可，并得到了快速发展与应用。另外，FAHP 法在进行指标赋权的时候存在主观性强，判断上易出现逻辑错误的问题，引入 PSO 法来克服多属性决策问题中 FAHP 法存在的问题。因此，本章以 FAHP 法、PSO 法、FCE 法为基础，提出了绿色养老社区评价的方法组合，尝试对绿色养老社区进行测度和评价。

9.2　绿色养老社区评价指标体系构建

9.2.1　构建原则

结合 SMART 原则与国家《绿色建筑评价标准》（GB/T 50378-2014）的要求，在构建绿色养老社区评价指标体系时，严格遵循以下五个原则。

1. 科学性原则

绿色养老社区评价指标体系构建过程中既要保证评价指标选取科学合理，又要绿色养老社区评价指标体系各维度具有良好的适应性，从而使得我国绿色养老社区的评价具有科学性。

2. 可操作性原则

绿色养老社区评价指标体系构建过程中要求各评价指标具有可操作性，即在指标筛选的过程中尽量保留那些数据获取难度较低、数据质量较好的评价指标，以使得本章建立的指标体系对于我国绿色养老社区的评价具有可操作性。

3. 直接相关性原则

社区中的老人是绿色养老社区建设的行为主体，因此指标的选取必须要坚持"以人为本"的理念，并且保证每个指标均与社区的绿色养老社区建设有直接的相关性，尽量反映老人对绿色养老社区的主观感受和需求。

4. 动态性原则

绿色养老社区的建设是全生命周期的动态建设过程，构建评价指标体系不仅要照顾到绿色养老社区的发展现状，也要考虑到关键指标在将来有可能出现的发展变化情况，以适应我国绿色养老社区评价的动态发展要求。

5. 定量与定性相结合原则

对绿色养老社区的研究包含了对社区社会经济环境的研究，为评价社区社会经济环境所包含的社会福祉、社会参与等，需要进行主观判断，指标中不可避免地涉及一些定性因素。因此，在绿色养老社区评价指标体系构建的全过程，要保证定量指标与定性指标的结合，最终才能进行综合准确的评价。

9.2.2　构建方法

在进行绿色养老社区评价指标的选择时，除了要遵循上述的原则之外，还采用了如下的指标筛选方法。

1. 频数统计法

频数统计法通过总结目前有关研究中的评价指标体系，选取高频率的指标，如住宅利用率、绿色建筑率、土地规划利用率、生活垃圾无害化处理率等。这些指标从不同角度评价绿色养老社区，并且其相关数据可通过社区走访调查获得，因此将这类指标作为绿色养老社区评价指标的一部分。本章通过计算收集到的绿色生态社区和老年宜居社区各指标的出现频率，参照以往相关研究结论将出现频率不低于 60%的指标作为主流指标，筛选出一个高频率的绿色生态社区指标集和一个高频率的老年宜居社区指标集。

2. 模糊德尔菲法

采取模糊德尔菲法从初始指标库中选取专家认可的指标组成绿色生态社区指标集和老年宜居社区指标集，与频数统计法筛选出的两个指标集进行联合分析，建立绿色养老社区评价指标体系。具体步骤包括：

第一步：设计调查问卷。该调查问卷要求每一位专家决策者判断绿色生态社区和老年宜居社区各项指标对我国绿色养老社区发展的重要性。同时，专家决策者被要求使用模糊语义评价量表（表 9-2）对各项指标的重要性做出判断。

表 9-2　模糊语义评价量表

语言变量	符号	正三角模糊数	说明
非常重要	VI	(7, 9, 9)	该指标在绿色养老社区中非常重要
重要	I	(5, 7, 9)	该指标在绿色养老社区中重要
中等	M	(3, 5, 7)	该指标在绿色养老社区中中等重要
不重要	U	(1, 3, 5)	该指标在绿色养老社区中不重要
非常不重要	VU	(1, 1, 3)	该指标在绿色养老社区中非常不重要

第二步：确定调查对象。在群体决策当中，参与决策者的数量并不等于决策质量，增加不符合标准的专家可能会削弱调查结果的准确性。被要求回答调查问卷的专家应具备以下条件：①具备绿色养老社区方面的实践经验或对相关领域具有浓厚的兴趣；②具备五年以上的绿色养老社区、绿色生态社区或老年宜居社区方面的专业经验；③具备丰富的绿色养老社区方面的知识储备；④具备促进或组织面向绿色养老社区方面的项目或活动的工作经历。最终共有四大类专家，16 人

参与了调查，分别为管理人员、利益相关者、专家与研究人员，如表 9-3 所示。

表 9-3　专家及其职务

类型	单位	职务
管理人员	大连市生态环境局	局长
	大连市生态环境局	生态环境事务服务中心主任
	大连市住房和城乡建设局	局长
	大连市人力资源和社会保障局	就业服务中心副主任
利益相关者	大连乐椿轩养老发展有限公司	总经理
	大连乐椿轩养老发展有限公司	服务中心副经理
	大连都源置业有限公司	总经理
	大连九里控股有限公司	部门经理
专家	大连理工大学生态规划与发展研究所	所长&教授
	大连理工大学生态规划与发展研究所	副所长&副教授
	大连理工大学生态规划与发展研究所	副所长&副教授
	大连理工大学项目管理研究中心	副主任&教授
研究人员	大连理工大学项目管理研究中心	博士后
	大连理工大学项目管理研究中心	博士后
	大连理工大学旅游与环境管理研究所	博士
	大连理工大学旅游与环境管理研究所	博士

第三步：收集并整理指标。列出收集到的绿色生态社区指标和老年宜居社区指标，并通过归纳总结和去冗余与整理进行筛选。如果两个指标具有相同、相似的指标含义或者指标含义存在重叠时，它们将被合并成为一个指标；如果一个指标包含两个或者两个以上不同的指标含义时，该指标将被分解为两个或者两个以上不同的指标，然后采用模糊德尔菲法对处理后的指标进行筛选。

第四步：专家打分，根据专家打分结果做出判断。收集所有专家决策者所填写的调查问卷数据，他们被要求使用表 9-2 来确定每个候选指标的重要性。在三角模糊数中，$\tilde{b}_i^k = \left(b_{iL}^k, b_{iM}^k, b_{iU}^k \right)$ 表示第 t 个决策者决定的每个候选指标 i 的重要性。对回收的有效问卷的决策结果进行计算，计算公式为

$$\tilde{b}_i = (b_{iL}, b_{iM}, b_{iU}) = \left(\min_k b_{iL}^k, \frac{1}{K} \sum_{k=1}^{K} b_{iM}^k, \max_k b_{iU}^k \right) \tag{9-1}$$

其中，$\tilde{b}_i$ 为总的三角模糊数。

然后，使用质心积分法对三角模糊数 $\tilde{b}_{ij}$ 做去模糊化处理，计算公式为

$$b_i = \frac{b_{iL} + 4b_{iM} + b_{iU}}{6} \tag{9-2}$$

其中，b_i 为每个候选指标的总体重要性。

最后，设置期望的 α 值，以使得专家期望值获得平均的 b_i 值。

若 b_i 小于 α，则该候选指标将被拒绝；若 b_i 大于或等于 α，则该候选指标将被接受。结合频数统计法筛选出的另外两个指标集，对所有满足要求的指标进行汇总讨论，共同建立绿色养老社区评价指标体系。

9.2.3 构建过程

1. 目标层的构建

我国绿色养老社区评价指标体系的目标层即绿色养老社区评价。为了达到绿色养老社区评价的最终目标，应当从哪几个维度着手进行分析，各个维度又分别涉及哪些与绿色养老社区评价相关的指标，这就需要在评价绿色养老社区的总目标下，制定准则层和指标层。

2. 准则层的构建

在绿色养老社区理论与实践研究的基础上，借鉴《绿色建筑评价标准》（GB/T 50378-2014）、LEED-ND 等宏观层面的评价框架，结合中国全联房地产商会创会、英国卡迪夫大学工程学院等组织层面的相关研究，重点分析绿色生态环保理念、绿色社区设计理念及老年宜居理念在绿色养老社区中扮演的角色与发挥的作用，从社会经济、规划设计、资源环境 3 个方面构建绿色养老社区评价指标体系准则层。

3. 指标层的构建

1）指标收集

从 BREEAM、LEED-ND、CASBEE-UD、GSC、GBES 5 个绿色生态社区评价指标体系和 AFC、LN、GEIS-GAS、EFC、LC 5 个老年宜居社区评价指标体系中，共收集到绿色生态社区指标 30 个及二级指标 351 个，老年宜居社区相关指标 35 个及二级指标 203 个。

2）指标整理

根据各指标在绿色养老社区中的相关性对各指标进行分析，筛选出了 81 个绿色生态社区指标和 52 个老年宜居社区指标。将具有相同或者相似含义的指标合并以后，共收集到 23 个绿色生态社区指标和 21 个老年宜居社区指标（表 9-4）。

表9-4 指标整理

绿色生态社区		老年宜居社区	
编号	指标	编号	指标
①	社区发展	①	建筑覆盖率
②	生态项目落地率	②	居民参与和就业
③	生活垃圾回收利用率	③	通信与信息
④	清洁能源使用率	④	社区支持
⑤	空气质量状况	⑤	生态项目落地率
⑥	空气质量影响	⑥	清洁能源使用率
⑦	设备与设施覆盖率	⑦	设备与设施覆盖率
⑧	治理	⑧	健康服务
⑨	绿色建筑率	⑨	住宅利用率
⑩	住宅利用率	⑩	住宅室内环境质量合格率
⑪	住宅室内环境质量合格率	⑪	土地规划利用率
⑫	创新	⑫	管理
⑬	土地规划利用率	⑬	绿色建材使用率
⑭	管理	⑭	空气质量合格率
⑮	绿色建材使用率	⑮	生活垃圾无害化处理率
⑯	区域经济	⑯	安全与保障
⑰	生活垃圾无害化处理率	⑰	社会环境
⑱	安全与保障	⑱	社会参与
⑲	服务职能	⑲	社会福祉
⑳	职能定位与联动	⑳	交通与运输
㉑	社会福祉	㉑	污水回收利用率
㉒	交通与运输		
㉓	污水回收利用率		

3）频数统计法

根据前文研究得出的相关结论，本节将集中出现三次及以上的指标作为符合要求的绿色生态社区或老年宜居社区指标，最终获得了20个符合条件的绿色生态社区指标和9个符合条件的老年宜居社区指标（表9-5）。

表9-5 指标筛选结果

绿色生态社区							老年宜居社区						
指标编号	BREEAM	LEED-ND	CASBEE-UD	GSC	GBES	总计	判断	指标编号	AFC	LN	GEIS-GAS	EFC	LC	总计	判断
①		X		X		2	不合格	①	X	X				2	不合格
②	X	X		X	X	4	合格	②	X			X		2	不合格
③	X	X		X		3	合格	③	X					1	不合格

续表

指标编号	BREEAM	LEED-ND	CASBEE-UD	GSC	GBES	总计	判断	指标编号	AFC	LN	GEIS-GAS	EFC	LC	总计	判断
④	X	X	X	X	X	5	合格	④	X	X		X	X	4	合格
⑤	X	X	X		X	4	合格	⑤			X			1	不合格
⑥	X	X	X		X	4	合格	⑥			X			1	不合格
⑦	X	X	X	X	X	5	合格	⑦		X	X			2	不合格
⑧	X		X	X		3	合格	⑧	X	X	X	X	X	5	合格
⑨	X	X		X		3	合格	⑨	X	X	X	X	X	5	合格
⑩	X	X		X	X	4	合格	⑩			X			1	不合格
⑪				X	X	2	不合格	⑪			X			1	不合格
⑫			X	X	X	3	合格	⑫			X			1	不合格
⑬	X		X	X	X	4	合格	⑬			X			1	不合格
⑭			X	X	X	3	合格	⑭	X	X	X	X	X	5	合格
⑮	X		X	X		3	合格	⑮			X			1	不合格
⑯	X		X	X		3	合格	⑯			X	X	X	3	合格
⑰	X	X	X		X	4	合格	⑰	X	X		X	X	4	合格
⑱			X	X	X	3	合格	⑱			X	X	X	3	合格
⑲		X	X	X	X	4	合格	⑲		X	X	X		3	合格
⑳		X		X		2	不合格	⑳	X	X	X	X	X	5	合格
㉑	X		X	X	X	4	合格	㉑			X			1	不合格
㉒	X		X	X	X	4	合格								
㉓	X	X		X	X	4	合格								

注：X 表示横轴评价体系中含有前面指标编号的指标

4）模糊德尔菲法

根据前文研究得出的相关结论，所有专家决策者都被要求对每个指标在中国背景下的绿色养老社区的重要性程度做出判断。16 位专家填写了问卷，回收问卷 16 份，有效问卷 12 份。参考语义价值变量（表9-2），根据式（9-1）、式（9-2）计算 12 组有效的三角模糊数，获得各指标的总体重要性 b_i 与专家期望值 α。如果某个指标的总体重要性 $b_i \geqslant \alpha$，则认为该指标合格。最终获得了 12 个符合条件的绿色生态社区指标和 14 个符合条件的老年宜居社区指标（表9-6）。

表 9-6　指标评价结果

绿色生态社区（α=5.86）			老年宜居社区（α=5.81）		
指标	b_i	判断	指标	b_i	判断
社区发展	5.33	不合格	建筑覆盖率	5.50	不合格
生态项目落地率	7.44	合格	居民参与和就业	6.22	合格
生活垃圾回收利用率	7.44	合格	通信与信息	6.44	合格
清洁能源使用率	6.44	合格	社区支持	6.11	合格
空气质量状况	6.63	合格	生态项目落地率	6.44	合格
空气质量影响	6.50	合格	清洁能源使用率	7.33	合格
设备与设施覆盖率	5.50	不合格	设备与设施覆盖率	6.22	合格
治理	6.39	合格	健康服务	6.11	合格
绿色建筑率	5.89	合格	住宅利用率	5.22	不合格
住宅利用率	5.28	不合格	住宅室内环境质量合格率	6.22	合格
住宅室内环境质量合格率	6.39	合格	土地规划利用率	6.89	合格
创新	5.00	不合格	管理	7.22	合格
土地规划利用率	6.22	合格	绿色建材使用率	6.67	合格
管理	5.50	不合格	空气质量合格率	6.33	合格
绿色建材使用率	6.22	合格	生活垃圾无害化处理率	6.50	合格
区域经济	5.06	不合格	安全与保障	4.94	不合格
生活垃圾无害化处理率	6.44	合格	社会环境	5.39	不合格
安全与保障	5.50	不合格	社会参与	5.17	不合格
服务职能	5.28	不合格	社会福祉	5.83	合格
职能定位与联动	5.28	不合格	交通与运输	5.17	不合格
社会福祉	5.50	不合格	污水回收利用率	5.06	不合格
交通与运输	5.22	不合格			
污水回收利用率	7.28	合格			

5）绿色养老社区关键指标

将频数统计法筛选出的 20 个绿色生态社区指标、9 个老年宜居社区指标和模糊德尔菲法筛选出的 12 个绿色生态社区指标、14 个老年宜居社区指标整合得到绿色养老社区指标集合（表 9-7）。

表 9-7　绿色养老社区指标集合

绿色生态社区			老年宜居社区		
指标	方法		指标	方法	
生态项目落地率	M_1	M_2	居民参与和就业		M_2
生活垃圾回收利用率	M_1	M_2	社区支持	M_1	M_2
清洁能源使用率	M_1	M_2	**生态项目落地率**		M_2
空气质量状况	M_1	M_2	**设备与设施覆盖率**		M_2
空气质量影响	M_1	M_2	健康服务	M_1	M_2
设备与设施覆盖率	M_1		**住宅利用率**	M_1	M_2
治理	M_1	M_2	**住宅室内环境质量合格率**		M_2
绿色建筑率	M_1	M_2	**管理**		M_2
住宅利用率	M_1		空气质量合格率	M_1	M_2
住宅室内环境质量合格率		M_2	**安全与保障**	M_1	M_2
创新	M_1		社会环境	M_1	M_2
土地规划利用率	M_1	M_2	社会参与	M_1	M_2
管理	M_1		**社会福利**	M_1	M_2
绿色建材使用率	M_1	M_2	**交通与运输**	M_1	M_2
区域经济	M_1				
生活垃圾无害化处理率	M_1	M_2			
安全与保障	M_1				
服务职能	M_1				
社会福利	M_1				
交通与运输	M_1				
污水回收利用率	M_1	M_2			

注：M_1：频数统计法（Method 1）；M_2：模糊德尔菲法（Method 2）；加黑指标是指两社区同时具有的指标

表 9-7 中共包含 35 个评价指标，其中有 8 个重复指标，27 个不重复的绿色养老社区指标。其中，服务职能与健康服务两个指标具有明显的包含与被包含关系，故在建立的绿色养老社区评价指标中只保留服务职能指标。同样地，空气质量合格率指标既能反映空气质量的状况，又能反映空气质量的影响，故在建立的绿色养老社区评价指标中只保留空气质量合格率指标。

结合准则层指标的构建结果，根据筛选后的指标咨询相关学科专家的意见，最终得到包含 3 个准则层指标、24 个指标层指标的绿色养老社区评价指标体系，如表 9-8 所示。

表 9-8 绿色养老社区评价指标体系

目标层（A）	准则层（B）	指标层（C）	指标类型
评价绿色养老社区（A）	社会经济（B_1）	居民参与和就业（C_1）	定性
		社区支持（C_2）	定性
		区域经济（C_3）	定性
		安全与保障（C_4）	定性
		服务职能（C_5）	定性
		社会环境（C_6）	定性
		社会参与（C_7）	定性
		社会福祉（C_8）	定性
	规划设计（B_2）	设备与设施覆盖率（C_9）	定量/正向
		治理（C_{10}）	定性
		绿色建筑率（C_{11}）	定量/正向
		住宅利用率（C_{12}）	定量/正向
		管理（C_{13}）	定性
		土地规划利用率（C_{14}）	定量/正向
		创新（C_{15}）	定性
		交通与运输（C_{16}）	定性
	资源环境（B_3）	生态项目落地率（C_{17}）	定量/正向
		生活垃圾回收利用率（C_{18}）	定量/正向
		清洁能源使用率（C_{19}）	定量/正向
		住宅室内环境质量合格率（C_{20}）	定量/正向
		绿色建材使用率（C_{21}）	定量/正向
		空气质量合格率（C_{22}）	定量/正向
		生活垃圾无害化处理率（C_{23}）	定量/正向
		污水回收利用率（C_{24}）	定量/正向

绿色养老社区评价指标体系中有 12 个指标为比率类指标，走访调查就可以获得对应数据；另外 12 个指标为定性指标，需要向社区居民发放调查问卷获得定量化的数据。

9.2.4 指标解释

本节构建的绿色养老社区评价指标体系，包含社会经济、规划设计及资源环境 3 个维度（准则层）24 个指标（指标层），每个指标的含义如下。

1. 社会经济

社会经济类指标衡量绿色养老社区在老年人生活需求方面得到满足的程度，主要体现绿色养老社区的老年宜居理念。居住在绿色养老社区（或者任何以老年宜居为目标的社区）中的老年人主要有两方面的需求：经济需求与社会需求。

反映老年人经济需求的指标包括：居民参与和就业、区域经济。其中，居民参与和就业是指老年人在社区参与有偿就业、志愿工作等方面对社区所做工作的满意程度，属于定性指标，在实证研究中需要采取实地走访、入户采访及问卷调查等方法将指标量化。区域经济是指老年人在社区以再就业方式获得经济报酬方面对社区所做工作的满意程度，同属于定性指标。

反映老年人社会需求的指标包括：社区支持、安全与保障、服务职能、社会环境、社会参与、社会福祉。其中，社区支持是指老年人在社区轻松获得生活与健康服务等方面对社区所做工作的满意程度，属于定性指标，在实证研究中需要采取实地走访、入户采访及问卷调查等方法将指标量化。安全与保障是指老年人在社区获得安全保障方面对社区所做工作的满意程度，同属于定性指标。服务职能是指老年人在社区中对获得的健康服务、家政服务、健康医疗服务、教育娱乐服务等方面的满意程度，同属于定性指标。社会环境是指老年人在社区获得包容与尊重方面对社区所做工作的满意程度，同属于定性指标。社会参与是指老年人对社区中休闲活动、精神文化活动等方面管理工作的意识参与和行为参与程度，同属于定性指标。社会福祉是指老年人在社区获得公共福利、老年福利、残疾人福利等方面对社区所做工作的满意程度，同属于定性指标。

2. 规划设计

规划设计类指标衡量绿色养老社区在社区绿色化以及人性化设计等方面的建设成果，主要体现绿色社区设计理念。该维度下包含 4 个定性指标与 4 个定量指标。

定性指标包括：治理、管理、创新、交通与运输。其中，治理是指老年人对本社区在发展治理、建设治理、服务治理等方面所做工作的满意程度，属于定性指标，在实证研究中需要采取实地走访、入户采访及问卷调查等方法将指标量化。管理是指老年人对本社区在运营机构管理、居住者管理等方面所做工作的满意程度，同属于定性指标。创新是指老年人对本社区在创新战略、创新实践等方面所做工作的满意程度，同属于定性指标。交通与运输是指老年人对本社区在可持续型交通系统、无障碍型交通系统、经济适用型交通系统建设等方面所做工作的满意程度，同属于定性指标。

定量指标包括：设备与设施覆盖率、绿色建筑率、住宅利用率、土地规划利用率。其中，设备与设施覆盖率是指社区中公共空间与公共设施、老年人生活空间与家居设备数量占社区居民数量的比例，该指标为定量指标，在实证研究中可以采取走访调研社区管理部门的方法获得。绿色建筑率是指社区中符合我国《绿色建筑评价标准》（GB/T 50378-2014）的绿色建筑占社区建筑总量的比例，同属于定量指标。住宅利用率是指社区中被居民应用、处于正常居住状态的住宅数量占社区住宅总量的比例，同属于定量指标。土地规划利用率是指社区中被规划为设施用地、绿化用地及景观用地的土地面积占社区可规划土地总面积的比例，同属于定量指标。

3. 资源环境

资源环境类指标衡量绿色养老社区全生命周期内在资源与环境方面的治理成果，主要体现绿色生态环保理念，包括生态项目落地率、生活垃圾回收利用率、清洁能源使用率、住宅室内环境质量合格率、绿色建材使用率、空气质量合格率、生活垃圾无害化处理率与污水回收利用率。其中，生态项目落地率是指社区在减少生态危害、提高生态价值等方面生态项目的落地实施率，该指标属于定量指标，在实证研究中可以采取走访调研社区管理部门的方法获得。生活垃圾回收利用率是指根据《城市生活垃圾分类及其评价标准》对生活垃圾分类收集并回收利用的量占社区垃圾排放总量的比例，同属于定量指标。清洁能源使用率是指社区中符合《城市清洁能源规划行动指南》的清洁能源使用量占社区能源使用总量的比例，同属于定量指标。住宅室内环境质量合格率是指社区中符合我国《室内空气质量标准》的住宅数量占社区住宅总量的比例，同属于定量指标。绿色建材使用率是指社区中符合国家《绿色建材评价标识管理办法》的绿色建材使用量占社区建材使用总量的比例，同属于定量指标。空气质量合格率是指社区空气质量全年二级以上天数占全年总天数的比例，同属于定量指标。生活垃圾无害化处理率是指社区中根据我国《生活垃圾填埋场无害化评价标准》对不可回收利用生活垃圾无害化处理的量占不可回收利用生活垃圾总量的比例，同属于定量指标。污水回收利用率是指社区中符合我国《城市污水再生利用城市杂用水水质》标准的回收污水量占社区污水总量的比例，同属于定量指标。

9.2.5　评价步骤

从前文对绿色养老社区理论的分析结果来看，绿色养老社区概念是模糊的，因此需要一种定性问题的定量分析、定性与定量相结合的决策方法，从而对其进行准确、可靠的评价。本节采用主客观相结合的 FAHP 法与 PSO 法组合赋权获得指标权重，并利用 FCE 法评价绿色养老社区，从而形成一套完整的复合评价范式（FAHP-PSO-FCE），其评价步骤如下：

第一步，构建绿色养老社区评价指标体系。根据绿色养老社区的核心理念，遵循指标体系构建原则，结合绿色生态社区和老年宜居社区两方面指标集合，采用频数统计法和模糊德尔菲法构建涵盖资源环境层面、规划设计层面、社会经济层面的绿色养老社区评价指标体系。

第二步，确定绿色养老社区 FCE 的评语集。

第三步，确定各指标权重。根据收集到的绿色养老社区的相关资料，邀请该领域专家通过两两对比，得到指标权重的模糊判断矩阵，再根据 FAHP 法与 PSO 法组合赋权确定指标权重。

第四步，进行模糊单因素评价。确定因素集的各个因素隶属于评语集的程度，得到所有指标因素的模糊评价结果，建立单因素模糊关系矩阵。

第五步，进行 FCE。在模糊单因素评价的基础上，结合第三步确定的指标权重值，将权重矩阵与模糊关系矩阵进行模糊运算，得到最终评价结果。

第六步，确定最终的评价结果并进行分析。根据最大隶属度原则和模糊计算的结果，确定绿色养老社区的评价结果，结合评价结果对绿色养老社区发展状况进行分析，并提出相应的改进措施，以帮助绿色养老社区提升发展。

9.3　绿色养老社区评价结果分析

9.3.1　数据来源

为了验证所建立的绿色养老社区评价指标体系和 FAHP-PSO-FCE 复合评价范式的合理性与科学性，本章选取了青岛市某绿色养老社区（M 绿色养老社区）进行实际调研并作评价研究。M 绿色养老社区位于青岛市崂山风景名胜区内，该绿色养老社区提出"新养老"理念，接受会员、复合、普通、度假及护理模式的客户入住，硬件按照高标准国际化适老性要求建设，服务方面围绕给老年人提供美好生活感受来设计服务内容。同时，从文化和背景、心情愉悦的空间环境、高质量的身体介护服务入手，打造人性化养老服务及护理模式。

9.3.2　确定指标权重

按照 FAHP 法与 PSO 法组合赋权的步骤，首先构造指标权重三角模糊判断矩阵，并检验判断矩阵的一致性，其次采用 PSO 法优化未通过一致性检验的关系矩阵，计算指标的综合重要程度值，根据指标权重归一化处理的结果，最终得到绿色养老社区指标权重，结果如表 9-9 所示。

表 9-9　绿色养老社区指标权重表

目标层（A）	准则层（B）	权重	指标层（C）	相对权重	权重
评价绿色养老社区（A）	社会经济（B_1）	0.213	居民参与和就业（C_1）	0.284	0.060
			社区支持（C_2）	0.267	0.057
			区域经济（C_3）	0	0
			安全与保障（C_4）	0	0
			服务职能（C_5）	0.114	0.024
			社会环境（C_6）	0.114	0.024
			社会参与（C_7）	0	0
			社会福祉（C_8）	0.221	0.048
	规划设计（B_2）	0.336	设备与设施覆盖率（C_9）	0.131	0.044
			治理（C_{10}）	0.147	0.049
			绿色建筑率（C_{11}）	0.151	0.051
			住宅利用率（C_{12}）	0.105	0.035
			管理（C_{13}）	0.185	0.062
			土地规划利用率（C_{14}）	0.177	0.060
			创新（C_{15}）	0	0
			交通与运输（C_{16}）	0.104	0.035
	资源环境（B_3）	0.451	生态项目落地率（C_{17}）	0.132	0.060
			生活垃圾回收利用率（C_{18}）	0.148	0.067
			清洁能源使用率（C_{19}）	0.117	0.053
			住宅室内环境质量合格率（C_{20}）	0.091	0.041
			绿色建材使用率（C_{21}）	0.114	0.051
			空气质量合格率（C_{22}）	0.136	0.061
			生活垃圾无害化处理率（C_{23}）	0.117	0.053
			污水回收利用率（C_{24}）	0.145	0.065

（1）社会经济（B_1）、规划设计（B_2）与资源环境（B_3）3 个重要评价维度的权重分别为 0.213、0.336、0.451，可知资源环境（B_3）是影响绿色养老社区的主要因素，在评价绿色养老社区的过程中占据十分重要的位置。在资源环境（B_3）评价维度中，生活垃圾回收利用率（C_{18}）、污水回收利用率（C_{24}）、空

气质量合格率（C_{22}）及生态项目落地率（C_{17}）是最重要的评价指标，其权重均不小于 0.060，这表明专家认为绿色养老社区资源环境质量是评价其是否为绿色养老社区的重要指标。在规划设计（B_2）评价维度中，管理（C_{13}）、土地规划利用率（C_{14}）是评价绿色养老社区规划设计状况的有效指标，其指标权重明显高于同维度下的其他指标，管理水平的高低决定了居民对整个社区在运营机构管理、居住者管理等方面所做工作满意与否。管理（C_{13}）指标的高权重表明专家认为绿色养老社区的管理水平是规划设计质量的重要影响因素。在社会经济（B_1）评价维度中，可以发现大部分指标的权重值均低于0.060，其中居民参与和就业（C_1）指标权重为 0.060，权重明显高于其他指标，这说明在社区社会经济维度居民参与和居民就业方面应当是社区管理者最应当关注的部分，也是专家学者认为最重要的影响因素。

（2）比较各维度评价权重值发现，资源环境（B_3）维度（权重为 0.451）是评价绿色养老社区的重要方面，规划设计（B_2）维度（权重为0.336）的质量是影响绿色养老社区的重要方面。相比资源环境（B_3）、规划设计（B_2）两个重要维度，社会经济（B_1）维度的占比较低，权重值为0.213，其维度权重占比明显低于其他两个维度，主要原因在于社区的社会经济状况一般取决于所在城市的社会经济状况，其治理改变难度明显高于社区资源环境状况的改善及规划设计水平的提高。鉴于以上原因，专家对绿色养老社区评价的权重倾向于能够快速推动社区获得改变的资源环境状况和规划设计水平两个方面，而对于需要长时间努力才能发生改变的社会经济质量的关注相对较低。

（3）区域经济（C_3）、安全与保障（C_4）、社会参与（C_7）与创新（C_{15}）4个指标的相对权重值为 0，即以上 4 个指标经过相关专家判断为在 M 绿色养老社区评价中无效或者对整体评价结果影响不大的指标，其原因在于所构建绿色养老社区评价指标体系的初始指标库主要来源于国外，所以在对中国的绿色养老社区进行评价的时候，难免会出现一些指标不被接受的现象。具体原因有三个方面：第一，对我国的具体国情考虑不足。在我国"养儿防老""落叶归根"等传统养老思想的影响下，养老社区模式尚不能被老年人广泛接受，敢于体验社区养老模式的一般是受教育程度比较高的老年人群。例如，M 绿色养老社区中的老年人主要是一些拥有高学历、高职称、高收入的企事业单位的"三高"离退休人员，相较于区域经济指标水平，"三高"老年人群更关注社区的养老服务质量。第二，缺乏足够的因地制宜研究。作为东亚地区民众治安状况满意程度最高的国家，中国的社会治安状况放眼全世界也是第一阵营的。青岛作为案例研究对象 M 绿色养老社区所在地，2010~2019 年曾连续 10 次登上中国最安全程度排行榜，其安全宜居的形象早已深入人心，所以人们对青岛市 M 绿色养老社区安全与保障指标的数据并不敏感。第三，绿色养老社区建设与管理机制不健全。绿色养老社区在我国作为一个新鲜事物，自然缺乏法律法规等方面的监督管理、评价体系及建设与管理机制的建构。社会参与与创新两个指标作为反映绿色养老社区建设向纵深方向发展的重要标准，在绿色养老社区建设与管理机制尚不健全的情况下，往往被研究人员忽视。因此，以上 4 个指标在研究地点的权重为零比较符合 M 绿色养老社区的实际调研结果，也符合我国绿色养老社区发展的现实状况，故后续的实证研究不再探讨这 4 个指标的状态。

9.3.3　评价结果

根据 M 绿色养老社区评价所得的综合评判得分，从绿色养老社区综合评价等级、绿色养老社区各个评价因素之间评价等级差异及个体指标评价分析三个方面对评价结果进行分析，分析结果如表 9-10 所示。

表 9-10　绿色养老社区评价结果汇总

评价因素	社会经济（B_1）	规划设计（B_2）	资源环境（B_3）	综合评价
评价等级	良好（72.92）	良好（77.00）	中等（59.38）	良好（68.18）

M 绿色养老社区综合评价等级反映的是绿色养老社区的综合评价结果。总体上来看，青岛市 M 绿色养老社区作为绿色养老社区的综合评判得分为 68.18，该评价结果表明其综合评价等级为良好（共分为五级水平）。其中，绿色养老社区评价中规划设计水平（77.00）良好，M 绿色养老社区在绿色化建筑建设、宜老型设备与设施覆盖、社区运营管理及建设治理等方面做得比较好，提升了绿色养老社区的规划设计水平。社会经济建设状况（72.92）良好，还有待在老年人精神文化活动社会参与和老年人在社区中轻松获得生活与健康服务上加强社区养老社会环境建设，并在老年人在社区中参与有偿就业、志愿工作等方面加强社区养老经济环境的建设。资源环境方面（59.38）中等，清洁能源使用率、生活垃圾回收利用率与绿色建材使用率 3 个方面仍处于较低水平，因此，有必要推动 M 绿色养老社区清洁能源技术与绿色建材的实用化发展，并适时推进社区生活垃圾强制分类规范，探索并完善清洁能源与可回收物补助措施，提高清洁能源、再生资源及社区生活垃圾回收的质量，从而加强资源环境的建设。另外，绿色养老社区评价指标体系准则层中，资源环境指标（B_3）综合评判得分最低，指标权重值却最高，也说明 M 绿色养老社区在资源环境建设方面未达到专家们所预期的程度，尚有很大差距。

管理（C_{13}）与服务职能（C_5）在 M 绿色养老社区中被评价为优秀等级，其评价值均大于 80；治理（C_{13}）、社会环境（C_6）、社会福祉（C_8）、居民参与和就业（C_1）、社区支持（C_2）及交通与运输（C_{16}）6 个方面在 M 绿色养老社区中被评价为良好等级，其评价值均介于 60~80。其中，相对较弱的是社区支持（C_2）和交通与运输（C_{16}）两个指标。实地走访调研时也发现 M 绿色养老社区部分老年人认为本社区并未做到随时随地为社区老年人提供生活与健康方面的服务，并且社区内无障碍型交通系统的建设也并不完善。

M 绿色养老社区在绿色建筑率（C_{11}）、生活垃圾无害化处理率（C_{23}）与空气质量合格率（C_{22}）3 个方面的指标评价为优秀等级；在设备与设施覆盖率（C_9）与住宅室内环境质量合格率（C_{20}）两个方面的指标评价为良好等级；在住宅利用率（C_{12}）、土地规划利用率（C_{14}）与污水回收利用率（C_{24}）3 个方面的指标评价为中等等级；在生态项目落地率（C_{17}）、绿色建材使用率（C_{21}）、生活垃圾回收利用率（C_{18}）与清洁能源使用率（C_{19}）4 个方面的指标评价为一般或差等级。其中，尤为显著的是清洁能源使用率（C_{19}）与生活垃圾回收利用率（C_{18}）两个指标。研究发现，M 绿色养老社区在清洁能源使用及生活垃圾回收利用两个方面所做的工作很少，基本依靠于外部的发展。例如，在青岛市城市垃圾分类政策落地实施两个月以后，M 绿色养老社区才被动地在社区里推行垃圾分类。清洁能源使用与垃圾分类回收不仅是国家近些年来绿色化城市建设的重点工作，也是绿色养老社区建设的重要组成部分，调研发现 M 绿色养老社区的老年人群体对此也表现出了极大的认同。

1）社区整体建设方面

M 绿色养老社区坐落于"生态名城""旅游城市""国家级风景区"青岛市崂山区，在气候环境、空气质量等方面具有天然的优势，本身就是绿色养老社区选址建设的最佳选择。M 绿色养老社区劣势在于同业竞争激烈与市场程度较低，其绿色养老社区的形象还仅仅停留在宣传口号上，并未能深入人心。M 绿色养老社区应在保持自身优势的基础上，加快实施社区生态化与老年宜居化建设，全力推进社区"绿色"建设与创新。通过社区在绿色养老、新型养老、生态养老及养老地产等领域影响力的不断提高来抓住未来养老改革与社区绿色化发展的新机遇，将社区发展壮大，在越发激烈的市场环境中赢得持续的优势。

2）社区规划设计方面

M 绿色养老社区的规划设计水平较高，在绿色化建筑建设、宜老型设备与设施覆盖、社区运营管理及建设治理等方面做得比较好，提升了绿色养老社区的规划设计水平，并且短期看来并没有明显的劣势。从长期来看，创新机制在 M 绿色养老社区规划设计层面的缺席，将导致其无法获得良性的可持续发展。M 绿色养老社区应坚持稳中求进，在充分发挥自身优势的前提下，进一步开拓社区技术创新和管理创新发展之路，创建与创新型国家建设相适应的绿色养老社区创新建设体制，在未来竞争更加激烈的市场环境中抢占有利地位，不断创新发展。

3）社区社会经济方面

M 绿色养老社区的社会经济建设状况尚可，除个别指标如服务职能被评价为优秀等级以外，各指标均处于良好等级且相关之间差别不大。M 绿色养老社区应在保持自身优势的基础上，一方面从提高老年人精神文化活动社会参与和老年人在社区中轻松获得生活与健康服务质量方面着手，加强社区养老社会环境的建设；另一方面从提高老年人在社区中参与有偿就业、志愿工作等方面工作的便利性出发，加强社区养老经济环境的建设。如此双管齐下，提升 M 绿色养老社区的社会经济整体状况，为社区今后的发展奠定基础。

4）社区资源环境方面

M 绿色养老社区的资源环境相对较弱，优势相对较弱，劣势相对比较突出，特别是在清洁能源使用率、生活垃圾回收利用率与绿色建材使用率三个方面处于较低水平，这与资源环境在专家赋权时所表现出的显著重要性形成了鲜明对比。因此，有必要推动 M 绿色养老社区清洁能源技术与绿色建材的实用化发展，并适时推进社区生活垃圾强制分类规范，探索并完善低值清洁能源与可回收物补助措施，提高清洁能源、再生资源及社区生活垃圾回收的质量，从而加强资源环境的建设，将资源环境建设转化为社区实实在在的竞争优势。

第10章 绿色增长最优均衡路径研究

在转变经济增长方式的大环境下，绿色增长战略倡导以为人类生存提供福祉为前提，以技术创新为驱动，以自然资源存量、环境质量为约束，通过合理的资源消耗和环境污染治理等，实现经济增长、环境保护和社会发展和谐共赢的总目标（郭玲玲等，2016）。从经济学的角度而言，绿色增长战略中所倡导的在不改变人类福祉的基础上，在兼顾自然资源与环境的前提下，自然资源、环境与经济增长和谐发展能否实现是一个非常值得探索的科学问题。内生增长理论认为，知识或技术如同资本和劳动一样是一种生产要素，是"内生的"，将技术进步这一推动经济增长根源要素内生化。同时，很多环境经济学家将资源和环境要素分别引入内生增长模型分析经济的可持续增长，这与绿色增长强调通过技术创新，在兼顾自然资源与环境的前提下最终实现经济持续增长的目标相似。那么从内生增长理论层面上究竟能否在兼顾自然资源与环境的前提下实现绿色增长的目标？这是本章要研究的第一个问题。倘若能够实现，那么中国的现状又是如何？由此引出本章研究的第二个问题，我国自然资源、环境与经济增长的方式与实现绿色增长均衡状态的关系和差距。

本章尝试以内生增长理论为基础进行绿色增长理论的模型研究。以 20 世纪80 年代比较有代表性的罗默模型为基础，探索在兼顾自然资源与环境的前提下能否实现绿色增长的目标，并探索绿色增长的均衡路径，继而在理论模型的基础上结合实际，利用实证研究阐述我国经济发展现状与绿色增长均衡路径的关系和差距。首先，通过描述自然资源、环境与经济增长的现状，说明我国高速经济增长是以过量的自然资源消耗与环境污染和破坏为代价的，而随着社会的进步，过去传统的、粗放的经济增长方式早已不适应当今世界各国和联合国等组织呼吁的绿色增长主题。因此，我国能否在自然资源和环境两大至关重要要素约束的前提下实现绿色增长是一个非常值得研究的课题。其次，基于所要研究的问题，本章对涉及的古典经济增长理论、现代经济增长理论及绿色增长理论进行回顾和阐述。同时，整理和阐述自然资源与经济增长的文献、环境与经济增长的相关文献及自然资源、环境与经济增长的相关文献，在学习和整理学者们经典研究成果的基础上，挖掘文献研究的不足，并给出修改和完善的模型。再次，在理论问题分析部分，本章同时运用理论分析与实证分析两种方法分析研究问题：理论分析部分是以内生增长理论中的经典模型——罗默模型为基础，将自然资源消耗量和环境污染作为最终产出的必耗要素引入生产函数，把自然资源存量和环境质量引入效用函数，将二者与消费者的消费量一同构成一个可以衡量国民综合效应的效用函数，最终旨在构建基于研究问题的扩展罗默模型。模型构建完成后，通过构建汉密尔顿函数，采用动态最优化方法对模型的均衡结果进行求解，探索以绿色增长为要求的扩展的罗默模型能否实现动态均衡，倘若能够实现，那么实现绿色增长的最优均衡路径为何？最后，以我国 30 个省份 2006~2015 年的数据，在理论模型的基础上构建联立方程模型，呈现中国过去 10 年间经济增长与自然资源、环境之间的现状，分析其与绿色增长最优均衡路径的关系及差距并提出相关政策建议。

10.1　绿色增长要素解析及模型构建

自然资源和环境两大要素对我国经济增长有至关重要的作用，我国正面临一个既要合理利用自然资源和保护环境，又要依赖自然资源和环境发展经济的两难境地。那么能否在自然资源和环境两大要素的双约束下实现各国纷纷呼吁的绿色增长呢？本节将针对这一问题，以内生增长模型中的重要模型之一——罗默模型为基础，构建同时包含自然资源和环境两大要素的扩展罗默模型，采用汉密尔顿函数，利用动态最优化方法，探索在自然资源和环境的双约束下，实现绿色增长的均衡路径，真正从理论层面解析绿色增长的可能性。

10.1.1　绿色增长核心要素解析

作为新的经济增长方式，绿色增长在追求经济增长的过程中兼顾自然资源与环境质量，注重技术创新对经济资源环境的影响，与罗默模型相似，故本节在罗默模型研究与开发部门、中间产品生产部门和最终产品生产部门三个部门的基础上，引入自然资源部门和环境部门，构建体现绿色增长特征的五部门绿色增长模型。其中，自然资源是指人类生产活动中所必须消耗的从大自然获取的可再生资源和不可再生资源，绿色增长模型中自然资源要素包括自然资源消耗量（R）和自然资源存量（S）。环境要素是指环境质量（E）和因投入生产过程中而使环境质量遭到破坏的环境污染（P）。环境要素沿用菲利普·阿吉翁和彼得·豪伊特的定义，初始状态的环境要素是一个最大值，即人类目前所拥有的环境要素不可能超过完全无污染时的环境要素。在封闭的经济系统中，研究与开发部门获取 H_A 的人力资本进行新方案的设计或对中间产品的种类数量进行开发；中间产品生产部门从研究与开发部门处购买新设计方案或中间产品种类并运用物质资本进行中间产品生产；最终产品生产部门使用劳动力和人力资本将中间产品进行生产以生产出最终可以供给使用的产品，该部门获取的劳动力数量为 L，人力资本数量为 H_Y。在最终产品的整个生产过程中，必须消耗一定量的自然资源和环境要素来支持整个生产过程，而自然资源的消耗会使自然资源存量（S）不断减少，环境要素的消耗直接表现为对环境造成的污染和破坏。环境部门除了提供生产过程中必要的环境要素以外，还要投入一定的环境治理投资（I），以期改善环境质量。其中，物质资本（K）和环境治理投资（I）均来源于最终产出（Y），为了分析简化，本节假设人口数量是恒定的，劳动力为数量 1。绿色增长经济系统中，五部门要素解析如下。

1. 研究与开发部门

研究与开发部门运用的现有知识存量 A 是非竞争性投入，任何研究人员都可以同时运用现有的知识存量 A。假设某一个研究人员 j 的产出为 $\varepsilon H_j A$，ε 代表研究与开发部门的生产效率，H_A 代表研究与开发部门的人力资本数量，因此，研究与开发部门最终的产出积累方程为

$$\dot{A} = \varepsilon H_A A \tag{10-1}$$

2. 中间产品生产部门

中间产品生产部门使用新的设计或新的中间产品种类和物质资本（K）生产中间产品，罗默模型中假定生产一单位中间产品需要 κ 单位最终产品，为了分析简化，研究假设一单位物质资本生产一单位中间产品。

3. 最终产品生产部门

最终产品生产部门的投入要素包括：人力资本 H_Y、物质资本 K、劳动力 L、中间产品、自然资源消耗量 R 和生产过程中消耗环境质量导致的环境污染 P，基于此，最终产品生产部门的生产函数表示为

$$Y = A^{\alpha+\beta} H_Y{}^{\alpha} L^{\beta} K^{\lambda} R^{\phi} P^{\delta}; \quad \alpha + \beta + \gamma + \phi + \delta = 1 \tag{10-2}$$

4. 自然资源部门

假定自然资源存量的增长率为 η，生产过程中自然资源的消耗量为 R，用 S 表

示自然资源的初始存量，那么，自然资源存量随时间的变化方程为

$$\dot{S} = \eta S - R \qquad (10\text{-}3)$$

5. 环境部门

环境部门通过以下三种方式影响环境质量：第一，环境部门为最终产品生产部门提供环境要素，因而会造成环境污染（P）。环境污染（P）是作为最终产品的副产品而产生的，是最终产出和污染强度的函数，$P(Y,z) = Yz^{i}$，其中，i 为污染强度指数，$i > 0$（周少波和胡适耕，2003）。第二，环境部门会根据环境的污染程度，适度地投入一些资本对环境进行治理，所以，有 $\dot{E} = \theta I$，其中，I 为环境治理投资，环境治理投资源于最终产出 Y，θ 代表环境部门对环境质量改善的投资治理效率，θ 越大说明环境的投资治理效率越高。第三，假定环境要素本身具有一定的再生能力，而且环境再生能力同环境存量呈正向相关关系，其再生能力的函数为 $\dot{E} = \mu E$，其中，μ 代表环境再生能力系数（Grimaud and Rouge，2005）。本节用 E 表示初始的环境质量，$E(t)$ 表示目前的环境质量水平，某一时点上最终产品生产部门消耗的环境要素，即造成的环境污染为 P（假定只有最终产品生产部门消耗环境要素）。因此，在同时兼顾上述三种影响的前提下得到的环境质量随时间的变化方程为

$$\dot{E} = \mu E + \theta I - Yz^{i}, \quad E > 0 ; \ \mu > 0 ; \ \theta > 0 \qquad (10\text{-}4)$$

在上述生产过程中，物质资本被用于三个部分：消费（C）、增加的当期物质资本存量（K）和用于改善环境质量投资（I），则物质资本的变化方程为

$$\dot{K} = Y - C - I \qquad (10\text{-}5)$$

弗兰克·拉姆齐的效用函数仅将消费者的消费效用水平作为衡量福利高低的唯一目标。绿色增长同时兼顾自然资源与环境，故其社会福利水平不仅包含对物质资本的消费，还包含对自然资源存量和环境质量的消耗，因此，效用函数应是一个加性可分的多元函数。假设代表性消费者在无限时域上对消费 C、自然资源存量 S、环境质量 E 产生综合效用，参考格里茅迪对效用函数进行如下修正：

$$U(C,S,E) = \frac{C^{1-\sigma}-1}{1-\sigma} + \frac{S^{1-\tau}-1}{1-\tau} + \frac{E^{1-\omega}-1}{1-\omega}, \quad \sigma > 0 ; \ \tau > 0 ; \ \omega > 0 \qquad (10\text{-}6)$$

其中，$U(C,S,E)$ 为每个时刻福利的瞬时效用函数；σ 为相对风险厌恶系数；τ 为自然资源跨期替代弹性的倒数；ω 为环境意识参数（表示对环境质量的偏好程度）。

10.1.2 绿色增长模型构建及动态最优化路径求解

1. 绿色增长模型构建

假设该封闭的经济系统存在一个理性的社会计划者（如政府），其目标和任务是实现消费者跨期效用最大化，通过合适路径的选择实现社会效用的现值最大化，则研究需要解决一个动态最优化问题，其规划如下：

$$\max_{C,P,R,I,H_Y,H_A} \int_0^\infty U(C,S,E)\mathrm{e}^{-\rho t}\mathrm{d}t \tag{10-7}$$

约束条件为

$$Y = A^{\alpha+\beta}H_Y{}^\alpha L^\beta K^\lambda R^\varphi P^\delta \tag{10-8}$$

$$\dot{K} = Y - C - I \tag{10-9}$$

$$\dot{A} = \varepsilon H_A A \tag{10-10}$$

$$\dot{K} = \eta S - R \tag{10-11}$$

$$\dot{E} = \mu E + \theta I - Yz^i \tag{10-12}$$

$$H = H_A + H_Y \tag{10-13}$$

$$\alpha + \beta + \gamma + \varphi + \delta = 1 \tag{10-14}$$

其中，ρ 为时间贴现率，表示消费者对当前消费的偏好程度。

2. 绿色增长动态最优化模型求解

为求解这个最大化问题，构建汉密尔顿函数函数为

$$J = U(C,S,E) + \lambda_1\left(A^{\alpha+\beta}H_Y{}^\alpha L^\beta K^\gamma R^\varphi P^\delta - C - I\right) + \lambda_2\varepsilon H_A A - \lambda_3 R + \lambda_4\left(\mu E + \theta I - Yz^i\right) \tag{10-15}$$

其中，λ_1、λ_2、λ_3、λ_4 为汉密尔顿函数乘子；C、P、R、I、H_A、H_Y 为控制变量；K、E、S、A 为状态变量。对控制变量分别求导得最大化一阶条件表示如下：

$$\lambda_1 = C^{-\sigma} \tag{10-16}$$

$$\frac{\lambda_1\delta Y}{P} = \lambda_4 \tag{10-17}$$

$$\frac{\lambda_1\phi Y}{R} = \lambda_3 \tag{10-18}$$

$$\lambda_1 = \lambda_4\theta \tag{10-19}$$

$$\lambda_2\varepsilon A = \frac{\lambda_1\alpha Y}{H_Y} \tag{10-20}$$

欧拉方程：

$$\dot{\lambda_1} = \rho\lambda_1 - \frac{\partial J}{\partial K} = \rho\lambda_1 - \frac{\gamma Y \lambda_1}{K} \tag{10-21}$$

$$\dot{\lambda_2} = \rho\lambda_2 - \frac{\partial J}{\partial A} = \rho\lambda_2 - \frac{(\alpha+\beta)Y\lambda_1}{A} - \lambda_2\varepsilon H_A \tag{10-22}$$

$$\dot{\lambda_3} = \rho\lambda_3 - \frac{\partial J}{\partial S} = \rho\lambda_3 - S^{-\tau} - \lambda_3\eta \tag{10-23}$$

$$\dot{\lambda_4} = \rho\lambda_4 - \frac{\partial J}{\partial E} = \rho\lambda_4 - E^{-\varpi} - \lambda_4 \tag{10-24}$$

横截条件:

$$\lim_{t\to\infty}\lambda_1 K e^{-\rho t} = 0 \tag{10-25}$$

$$\lim_{t\to\infty}\lambda_2 A e^{-\rho t} = 0 \tag{10-26}$$

$$\lim_{t\to\infty}\lambda_3 S e^{-\rho t} = 0 \tag{10-27}$$

$$\lim_{t\to\infty}\lambda_4 E e^{-\rho t} = 0 \tag{10-28}$$

以上求解过程中的一阶条件、欧拉方程、横截条件系统地描述了该封闭经济体的动态变化过程,绿色增长最优路径的选择实际就是通过选择最优的控制变量和状态变量来实现,最优的控制变量和状态变量可以使消费者的跨期效用最大化,以 $g_X = \dot{X}\big/X$ 代表某一任意变量 X 的增长率。

在均衡增长路径上,由最终产出、资本、消费及环境治理投资的关系可知,变量 Y、K、C、I 具有相等的均衡增长率,且均为常数,即 $g_Y = g_C = g_K = g_I$;由人力资本的投入关系可知,$g_H = g_{H_A} = g_{H_Y}$,$g_A = \dot{A}/A = \varepsilon H_A$。

根据欧拉方程可得

$$g_{\lambda_1} = \rho - \frac{\gamma Y}{K} \tag{10-29}$$

$$g_{\lambda_2} = \rho - \frac{(\alpha+\beta)Y\lambda_1}{A\lambda_2} - \varepsilon H_A \tag{10-30}$$

$$g_{\lambda_3} = \rho - \frac{S^{-\tau}}{\lambda_3} - \eta \tag{10-31}$$

$$g_{\lambda_4} = \rho - \frac{E^{-\varpi}}{\lambda_4} - \mu \tag{10-32}$$

由一阶条件可得

$$g_{\lambda_1} = -\sigma g_C \tag{10-33}$$

$$g_{\lambda_2} = g_{\lambda_1} + g_Y - g_A - g_{H_Y} \tag{10-34}$$

$$g_{\lambda_3} = g_{\lambda_1} + g_Y - g_R \tag{10-35}$$

$$g_{\lambda_4} = g_{\lambda_1} + g_Y - g_P \tag{10-36}$$

根据式（10-8）、式（10-9）、式（10-11）及一阶条件和欧拉方程可得

$$g_R = \frac{\varphi(\sigma - \tau)}{1 - \sigma} g_Y \tag{10-37}$$

$$g_E = \frac{\sigma - \omega}{\theta(1 - \sigma)} g_Y \tag{10-38}$$

$$g_P = \frac{\delta(1 - \omega)}{1 - \sigma} g_Y \tag{10-39}$$

$$g_Y = \frac{(\alpha + \beta)\varepsilon H_A + (H_A - \rho)}{\sigma(\alpha + \beta)} \tag{10-40}$$

3. 绿色增长动态最优化结果分析

由式（10-37）可知，假设其他参数一定，自然资源产出弹性（φ）越小，自然资源跨期替代弹性的倒数（τ）越大，绿色增长的最优均衡增长率越高。该结果表明自然资源消耗量与绿色增长的最优均衡增长率呈负向关系，要求消费者要对当前自然资源维持理性消费的理念，不过分追求自然资源的不合理消耗。

由式（10-38）可知，假设其他参数一定，环境治理投资效率（θ）和消费者的环境意识参数（ω）越大，绿色增长的最优均衡增长率越高。这表明环境质量的增长率越高，绿色增长率越高，其中环境质量的提高依赖于环境的自净能力（μ）、环境治理投资效率（θ）和环境治理投资（I）。在环境自净能力一定的前提下，提高环境治理投资数额和效率有利于绿色增长的实现。

由式（10-39）可知，假设其他参数一定，环境污染产出弹性（δ）越小，消费者环境意识参数（ω）越大，越有利于绿色增长最优均衡增长的实现。

由式（10-40）可知，绿色增长的均衡增长率 g_Y 是由相对风险厌恶指数（σ）、贴现率（ρ）、研究与开发部门人力资本获取量（H_A）、人力资本产出弹性（α）共同决定。上述分析结果表明，绿色增长的最优均衡状态应同时满足以下条件：$g_R < 0$，$g_P < 0$，$g_Y > 0$。$g_R < 0$ 且 g_R 越小代表生产过程中自然资源消耗量越少，越有利于实现绿色增长；$g_P < 0$ 且 g_P 越小代表整个生产过程中造成的环境污染越少，越有利于实现绿色增长；$g_Y > 0$ 且 g_Y 越大代表绿色增长的增长率越高，越有利于实现绿色增长。

中国目前还是发展中国家，消费者对消费的需求大于对自然资源存量和环境质量的需求，因此，假设 $\sigma > \tau$，$\sigma > \omega$。在此假设下求解上述均衡条件可得 $\sigma > 1$，$\left[(\alpha + \beta)\varepsilon + 1\right] H_A > \rho$。

$\sigma > 1$，说明任意两时点上产品消费之间的替代弹性 $0 < \dfrac{1}{\sigma} < 1$，由于 σ 也决

定了消费者在不同时期转换消费的愿望，数值越大表明消费者消费物质产品的边际效用下降速度越快。所以对这种偏好的限制有利于保证理性消费者不会过于追求当前物质产品的消费，有利于保证消费者以"平滑型"的方式消费从而不会导致物质产品部门大规模地生产，进而不会大量地破坏环境。否则，如果 $\sigma < 1$ 将会使得消费边际效用下降速度很慢，此时在时间贴现率不变的情况下，消费者当前消费与未来消费的比值会增大，这样的消费方式最终会为了增加当前的物质产品的消费而大力地扩大物质产品的生产，在生产函数不变的情况下会加大对自然资源和环境的消耗，从而不利于绿色增长。

$\left[(\alpha + \beta)\varepsilon + 1 \right] H_A > \rho$，说明当研究与开发部门人力资本存量（ H_A ）、人力资本产出弹性（ α ）、研究与开发的生产效率（ ε ）大于消费者的贴现率（ ρ ），该封闭的经济体将沿着最优增长路径发展，而且研究与开发部门的生产效率越高、研究与开发部门人力资本存量（ H_A ）越大即投入技术创新研发的研发人员数量越多，人力资本部门的产出弹性越大，绿色增长率越高越趋于绿色增长均衡增长率。

10.2　中国区域绿色增长最优路径分析

上述绿色增长模型最优均衡状态表明，绿色增长所倡导在兼顾自然资源与环境的前提下的最优均衡状态理论上是存在的。基于本章的研究问题——自然资源、环境对绿色增长最优路径的影响，本节实证部分旨在研究我国目前的经济增长方式与绿色增长要求的经济增长方式二者的关系及差距。基于上述绿色增长理论模型，本节收集我国内地 2006~2015 年 30 个省份的面板数据，在构建联立方程模型的基础上，分析中国实际"绿色"增长状态，揭示其与最优路径的关系和差距。

10.2.1　中国区域绿色增长最优路径模型构建

1. 联立方程模型

在计量经济学中，描述一个因变量和多个自变量之间的数量关系通常采用单方程计量模型，这种计量方式仅仅呈现了变量之间单向的变化关系，即由自变量的作用导致因变量的结果。但是，在实际的经济系统中，变量与变量之间的因果关系往往并不是单向变化的关系，而表现为更为复杂的关系，如若采用单一方程的计量模型，便会无法形象地表现出变量之间正确的逻辑关系。联立方程模型可以通过多个方程之间的相互关系来呈现变量之间纷繁复杂的关系。

1）联立方程模型概念

假设如下两个方程为一个联立方程模型：

$$Y_{1t} = \alpha_{10} + \alpha_{11} Y_{2t} + \beta_{11} X_{1t} + \mu_{1t} \qquad (10\text{-}41)$$

$$Y_{2t} = \alpha_{20} + \alpha_{21} Y_{1t} + \beta_{21} X_{2t} + \mu_{2t} \qquad (10\text{-}42)$$

在式（10-41）中，Y_{1t} 为因变量，Y_{2t} 为自变量，而在式（10-42）中，Y_{2t} 为因变量，Y_{1t} 为自变量。因此，Y_{1t} 和 Y_{2t} 在此计量模型中呈现相互影响相互依赖的关系，二者统称为内生变量。X_{1t} 和 X_{2t} 是分别影响 Y_{1t} 和 Y_{2t} 的其他变量，它们的值均由模型外给定，在计量经济中被称为前定变量。α 和 β 表示结构参数，可以通过模型估计得到；μ 代表随机扰动项，表示存在其他可能影响因变量的变量。

2）联立方程模型识别

联立方程模型由多个方程组成，其参数能否被估计取决于该模型能否被识别。如果一个联立方程模型能够被识别，那么该方程的所有参数就可以被估计，反之则不能。在计量经济学中，通常利用识别的阶条件判断模型能否被识别。

可识别的阶条件：假设一个联立方程模型中含有 N 个方程，如果此联立方程模型能够被识别，则该方程前定变量的数量必须大于等于模型中内生变量的数量 $r-1$，即 $M-m \geqslant n-1$。若 $M-m=n-1$，则该模型恰好识别；若 $M-m>n-1$，则该模型是过度识别。其中，N 为模型中内生变量的数量；n 为确定方程中内生变量的数量；M 为模型中前定变量的数量；m 为确定方程中前定变量的数量。另外，本节构建的联立方程模型符合可识别的阶条件，是可以识别的。

3）联立方程模型估计方法

联立方程模型的估计方法通常有两种：一是完全信息法；二是有限信息法，又称为单一方程法。完全信息法可以有效利用模型中的全部信息，能够同时估计所有的参数，可以显著提高模型估计的准确性，常见的方法有三阶段最小二乘法和完全信息最大似然估计法。虽然完全信息最大似然估计法可以提高估计结果的准确性，但由于该方法非常复杂，目前商业通用的计量软件并不能应用此法。与完全信息法相对的有限信息法是部分地利用方程中各变量数据信息，通过计量软件单独估计模型中的每一个方程，具体的估计方法为二阶段最小二乘法（two stage least square，2SLS）和有限信息极大似然法。在联立方程模型估计中，2SLS 是最普遍采用的方法，本节也将利用 2SLS 对模型参数进行估计。

2. 绿色增长联立方程模型构建

式（10-41）和式（10-42）构成的联立方程模型在经济学中应用广泛，其可以表示一个封闭经济系统多个变量之间的相互关系，或者可以表示生产者或消费者的行为。本节所构建的经济模型当中，自然资源要素、环境要素与经济增长之间有着非常密切的联系，它们相互作用相互影响构成一个有机系统。具体而言，经济产出的多少或者其增速会被自然资源消耗量和环境污染影响，而自然资源要素中的存量及环境污染与经济产出存在因果关系。联立方程模型基于系统的角度考虑不同变量之间的相互作用和影响，能够形象地把模型中各变量之间的相互关系表达出来，非常适合研究绿色增长问题。

基于前文的分析，本节通过构建联立方程模型来阐述自然资源要素、环境要素和经济增长之间的关系。由前文可知，拓展的总量生产函数为 $Y = A^{\alpha+\beta} H_Y^{\alpha} L^{\beta} K^{\lambda} R^{\varphi} P^{\delta}$，那么由此建立绿色增长方程为

$$\ln(Y) = c + \alpha \ln(H_Y) + \beta \ln(L) + \gamma \ln(K) + \varphi \ln(R) + \delta \ln(P) \quad （10\text{-}43）$$

经济增长离不开对自然资源的开发和消耗，同时不可再生资源的有限性又会反过来制约经济增长。在整个生产过程中，自然资源部门不但为生产提供水、土地等可再生资源，而且还提供煤、石油、天然气等不可再生资源，不可再生资源的消耗量越多，其存量就越少，越不利于实现绿色增长。同时，自然资源的开发又依赖于资源开发技术的创新和经济增长，据此，构建自然资源消耗方程 $R/N = \zeta + \mu_1 y + \mu_2 y^2 + \vartheta T$。其中，$N$ 为总人口，$y = \dfrac{Y}{N}$ 为人均绿色 GDP，T 为技术创新水平。

经济增长影响环境质量，直接的表现是环境污染。环境的治理和改善往往通过两种方式实现：一是对氮氧化物、烟尘、固体废物、废水、危险废物等进行末端治理；二是通过技术创新作用于整个生产过程中形成前端预防。环境污染治理投资（I）和技术创新（T）对环境污染的末端治理和前端预防具有不可忽视的作用。据此，构建环境污染方程 $P/N = \theta + \lambda_1 y + \lambda_2 y^2 + \varepsilon I + \varpi T$。其中，$N$ 为总人口，$y = \dfrac{Y}{N}$ 为人均绿色 GDP，I 为环境治理水平，T 为技术创新水平。

综上所述，该联立方程模型为

$$\ln(Y_{it}) = c + \alpha \ln(H_{Y_{it}}) + \beta \ln(L_{it}) + \gamma \ln(K_{it}) + \varphi \ln(R_{it}) + \delta \ln(P_{it}) \quad （10\text{-}44）$$

$$R_{it}/N_{it} = \zeta + \mu_1 y_{it} + \mu_2 y^2_{it} + \vartheta T_{it} \quad （10\text{-}45）$$

$$P_{it}/N_{it} = \theta + \lambda_1 y_{it} + \lambda_2 y^2_{it} + \varepsilon I_{it} + \varpi T_{it} \quad （10\text{-}46）$$

式（10-44）为经济绿色增长方程，方程左边 Y_{it} 表示第 i 个省份在第 t 年的绿色经济总产值，方程右边 $H_{Y_{it}}$、L_{it}、K_{it}、R_{it}、P_{it} 分别表示人力资本存量、劳动投入量、物质资本存量、自然资源消耗量和环境消耗量，环境消耗量更直接地表现为环境污染，c_i 代表各省份特定的截面效用。自然资源消耗量和环境污染对绿色经济总产值的影响是研究重点。

式（10-45）表示自然资源消耗方程，方程左边 R_{it} 表示第 i 个省第 t 年的自然资源消耗量，N_{it} 表示第 i 个省份在第 t 年的总人口。方程右边 y_{it} 表示第 i 个省在第 t 年的人均绿色增长水平，通过人均绿色 GDP 度量，计算公式为 $y_{it}=Y_{it}/N_{it}$。T_{it} 表示第 i 个省份在第 t 年的技术创新水平，用资源利用效率测度，ς_i 表示与各省份相关的特定截面效应。

式（10-46）为环境污染方程，方程左边 P_{it} 表示第 i 个省第 t 年的环境污染量；方程右边 y_{it} 表示第 i 个省份在第 t 年的人均绿色增长水平。N_{it} 表示第 i 个省在第 t 年的总人口。I_{it} 表示第 i 个省份在第 t 年的环境治理投资费用，用人均环境污染治理投资测度；T_{it} 表示第 i 个省份在第 t 年的技术创新水平，用资源利用效率测度；I_{it} 和 T_{it} 是影响环境质量高低的控制变量；θ_i 表示与各省份相关的特定截面效应。

10.2.2　数据来源及指标选取

1. 数据来源

面板数据是针对时间序列数据和截面数据信息不全面，不能全面客观反映宏观经济学中的样本数据特点而言的，其具体是指在时间序列上选取所需的多个截面，在选取的截面上选取样本观测值的样本数据。面板数据能够克服时间序列数据和截面数据的缺点，可以同时反映某研究对象在时间和空间上的特性，能够客观形象地阐述经济现象。本章鉴于数据的可得性，收集了除西藏之外的 30 个省、自治区和直辖市从 2006~2015 年的面板数据，所有原始数据主要来源于历年《中国统计年鉴》、《中国环境统计年鉴》和《中国劳动统计年鉴》。

2. 指标选取

联立方程模型中各变量对应的数据选取如下。

1）Y 表示绿色经济总产值

Y 变量通过绿色 GDP 表示。绿色 GDP，广义地理解为"真实 GDP"，用来衡量一个国家和区域的真实发展和进步，从理论上来说，"绿色 GDP"=（传统GDP）-（自然环境部分的虚数）-（人文部分的虚数）。另一种为狭义的理解，是指用以衡量各国扣除了自然资产（包括资源环境）损失之后的新创造真实国民财富的总量核算指标（王金南等，2005）。本节关于绿色 GDP 的核算方法采用大多数国家共同提出的综合环境与经济核算体系（system of integrated environmental and economic accounting，SEEA），该体系是关于绿色 GDP 比较权威的官方指导性体系，它为建立绿色 GDP 核算、自然资源耗减成本和环境降级成本提供了一个共同的核算框架。该体系在资源、环境方面提出三种基本的评估方法：一是维护成本法，通常用来评估环境降级及其破坏的维护成本；二是由环境降级和破坏导致的损坏价值；三是市场评估法，用来测算自然资源资产及其变化的市场价值。由 SEEA 可知，绿色 GDP 的计算公式为

绿色 GDP=GDP-环境降级成本-资源耗减成本

环境降级成本采用维护成本法即虚拟治理成本，此方法是假定生产过程中排放到环境中的污染物均得到治理，由此，再根据目前现行的治理水平和治理技术核算所需支付成本。用公式表示为环境降级成本=环境治理投资+因环境污染造成的直接经济损失+因环境污染造成的间接经济损失。对于自然资源耗减成本的核算，SEEA 认为采用市场定价法更为合理。不可再生资源和可再生资源的耗减价值都可以根据其全部和部分经济租金来确定。核算公式为自然资源耗减成本=能源矿产耗减价值+水资源耗减价值-森林耗减价值。人均绿色 GDP=绿色 GDP 总量/总人口，绿色 GDP 各指标的具体核算方法如表 10-1 所示。

表 10-1　绿色 GDP 各指标的具体核算方法

项目	指标	计算方法
自然资源耗减成本	能源矿产资源	能源矿产资源耗减价值=各种能源矿产耗用量×该能源矿产资源价格
	水资源	水资源耗减价值=水资源耗用量×单位价格
	森林资源	森林面积耗减价值=木材耗用量×单位价格
环境降级成本	水污染	水污染环境损失价值=污水总量×单位污水污染损失价值
	废气污染	废气污染环境损失价值=废气总量×单位废气污染损失价值
	固体废弃物污染	固体废弃物污染环境损失价值=固体废弃物总量×单位固体废弃物污染损失价值

各种能源矿产耗用量通过主要能源产品消费量表示，能源矿产资源价格通过各能源矿产资源的平均价格表示；水资源耗用量通过用水总量表示，单位价格通过水资源平均价格表示；木材耗用量通过每年活立木蓄积量的变化量表示，单位价格通过各年份木材价格指数计算活立木单价表示；污水总量通过废水排放总量表示，单位污水污染损失价值通过单位工业废水治理投资表示；废气总量通过废气排放总量表示，单位废气污染损失价值通过单位工业废气治理投资表示；固体废弃物总量通过固体废弃物排放总量表示，单位固体废弃物污染损失价值通过单位固体废弃物治理投资表示。

2）$H_{Y_{it}}$ 表示人力资本存量

人力资本存量是指某一个特定区域内劳动力群体所具有的全部人力资本集合。目前关于人力资本存量的统计方法有多种，主要有成本法、收入法、受教育年限法、当期价值法、未来收入现值法等。鉴于数据的可得性及便于获取性等原因采用受教育年限法统计我国各省份的人力资本存量。受教育年限法是以一国国

民素质为基础，通过国民受教育程度来表示人力资本总量。此法作为衡量人力资本水平的一个指标，由于其简单直观的特性及数据便于获取的特性，在国内外的相关研究中被普遍采用。该法被采用也是基于劳动者在劳动过程中可以贡献的人力资本数量与受教育的程度存在正相关关系，即劳动者接受的教育程度越高，其所提供的人力资本数量越多。虽然它没有成本法或收入法复杂、难计算，但其仍旧可以为人力资本存量的核算提供充分的依据。本节的人力资本存量 H_{Yit} 通过各省、自治区、市就业人员的受教育程度来表示。

3）L_{it} 表示劳动投入量

此处的劳动力不同于上文中的人力资本，人力资本是包含知识、技能、智力等因素的和，而劳动力仅指在社会生产过程中体力劳动的总和。本节的劳动力通过各省（区、市）就业人员人口总量表示。

4）K_{it} 表示物质资本存量

物质资本存量的核算最早采用Goldsmith（1951）提出的永续盘存法，该方法已被 OECD 组织中的许多国家使用。虽然永续盘存法是广泛使用的方法，但是由于研究目的不同，不同的学者有不同的计算方法。本节基于原先的永续盘存法，借鉴张军的研究，使用的估算公式为 $K_t = K_{t-1} + \Delta K_t$，$\Delta K_t$ 为当年新增的资本存量。目前我国在物质资本存量方面的统计数据很不全面，现有的研究大多通过多个数据进行计算得之。在物质资本存量核算过程中，主要需确定每年投资数额、投资价格指数及折旧率。每年投资数额的确定方式主要有三种，一是物质资本平衡积累指标；二是固定资本形成总额；三是全社会固定资产。本节采用第二种方法核算，根据统计年鉴指标，每年投资用固定资产形成总额表示。根据前人的研究，投资价格指数的测算主要有两种方式，一种是官方公布的积累指数和固定资本形成指数；另一种是选取替代指数或者由推算合成。本节选取固定资本形成指数进行推算，把固定资产投资价格指数折算为以基年（2006 年）表示的实际值。关于折旧率的确定是永续盘存法计算物质资本存量的一个非常重要的环节，通常有四种选取方法：①官方公布的折旧率或折旧额；②利用剔除折旧的"积累"作为折旧率；③自行推算；④自行设定或者忽略。本节依据前人的研究成果，将经济折旧率设定为 9.6%。

5）R_{it} 表示自然资源消耗量

能源等自然资源的消耗促进经济增长，同时又对环境造成污染和破坏，因此在实证部分自然资源消耗量 R_{it} 用各省、自治区、市主要能源产品消费量表示。

6）P_{it} 表示环境消耗量

造成环境污染的原因往往是多种多样的，在之前的研究中大多研究者会选用一种或几种测度环境污染的指标来代替整体的环境污染，这些相对片面的指标难以从整体的角度反映环境污染水平，因此有可能导致结果有偏差。鉴于环境消耗量 P_{it} 主要是由人类生产、生活各种活动中所消耗的能源所导致的，为了更全面地反映环境污染的状况，将综合利用不同的污染物指标，如生产过程中产生的碳氧化物、硫化物、氮氧化物、颗粒物等，构建一个综合的环境污染指标以更全面地反映所研究的问题，尽可能地降低由数据片面性导致的结果偏差。根据各省份历年《中国环境统计年鉴》的数据，最终通过碳排放、碳氧化物排放、氮氧化物排放、颗粒物排放压力表示环境消耗量 P_{it} 指标。

7）I_{it} 表示环境治理投资费用

我国经济发展过快，工业化程度提高，因此排放到环境中的污染物越来越多，为了保护环境，提高环境的承载力，需从我国原本用于经济建设的资金中挪出一部分用于环境污染治理，环境治理投资费用 I_{it} 通过人均环境污染治理投资总额表示。

8）T_{it} 技术创新水平

除了自然资源和环境要素外，技术创新水平是衡量一个国家经济发展水平及经济增长速度的一个至关重要的因素。它是提高一国综合实力和竞争力的重要途径，是推动社会进步的重要驱动力。衡量技术创新水平指标的种类有多种，一部分研究用创新强度指标表示，一部分通过知识存量表示，而本节采用研发支出代表我国的技术创新水平，该指标可以从理论上反映我国对科技活动的支持和重视程度。技术创新水平 T_{it} 用各省、自治区、市具体的人均研发支出指标表示。

10.2.3 绿色增长联立方程模型结果估计及分析

1. 自然资源、环境与绿色增长拟合结果估计

本模型的统计结果估计在通用计量软件 Stata12.0 的操作环境中完成。基于 30 个省份 2006~2015 年面板数据，采用国际上通用的 2SLS 对联立方程模型进行估计，该联立方程模型的估计结果如表 10-2 所示。

表 10-2 联立方程模型估计结果

绿色增长方程		自然资源消耗方程		环境污染方程	
自变量	$\ln(Y_{it})$	自变量	R_{it}/N_{it}	自变量	P_{it}/N_{it}
$\ln(H_{Y_{it}})$	0.792 688 7***	y_{it}	1.460 012***	y_{it}	$1.22\times10^{-7***}$
$\ln(L_{it})$	−0.842 751 2***	y_{it}^2	$-1.02\times10^{-6***}$	y_{it}^2	$-8.29\times10^{-14**}$
$\ln(K_{it})$	0.300 471***	T_{it}	−309.71***	I_{it}	$6.50\times10^{-7**}$
$\ln(R_{it})$	0.596 472 8***			T_{it}	−0.000 043 1***

续表

绿色增长方程		自然资源消耗方程		环境污染方程	
自变量	$\ln(Y_{it})$	自变量	R_{it}/N_{it}	自变量	P_{it}/N_{it}
$\ln(P_{it})$	$-0.254\ 371\ 1^{***}$				
c_{it}	$10.881\ 24^{***}$	ζ_i	$88\ 536.46^{**}$	θ_i	$0.023\ 227\ 8^{***}$

、*分别表示 5%、1%显著性水平

注: 自然资源消耗方程的转折点为 $y_R = 43\ 384.31$; 环境污染方程的转折点为 $y_P = 47\ 165.26$

2. 自然资源、环境与绿色增长比较分析

1) 绿色增长方程

在绿色增长方程中，除了罗默模型中包含的人力资本、劳动、物质资本因素外，还引入了自然资源消耗量和环境污染因素对绿色 GDP 的影响。从方程的回归结果可以看出，绿色 GDP 与人力资本、物质资本、自然资源消耗量呈正相关关系，与劳动、环境污染呈负相关关系。该结果表明，在其他条件保持不变的情况下，每增加 1 单位的人力资本，绿色 GDP 增加 0.792 688 7 单位；每增加 1 单位的物质资本，绿色 GDP 增加 0.300 471 单位；每多消耗 1 单位的自然资源，绿色 GDP 增加 0.596 472 8 单位；每多造成 1 单位的环境污染，绿色 GDP 就减少 0.254 371 1 单位；每增加 1 单位的劳动力，绿色 GDP 就减少 0.842 751 2 单位。关于增加劳动要素与经济增长呈负向相关关系的结论学术界早有学者对此做出相关解释。例如，龚玉泉和袁志刚（2002）认为，在我国经济转型和就业体制改革的大背景下，我国的经济增长与就业率显示出很强的非一致性，即经济增长并没有促进就业；蔡昉等（2004）认为之所以在计算中使就业弹性逐渐减少是因为使用的就业数据不恰当，即我国在数据统计过程中有很多的局限性，致使很多关键数据缺失。由于大多文献通用就业人员总量来测度劳动投入，所以，得出经济增长与劳动投入呈负相关的结论，该结论与前人的研究结果一致。从该方程各个要素系数的大小而言，人力资本的系数相比其他变量对绿色 GDP 的贡献作用相对较大，说明目前我国已经认知到人力资本对经济增长的重要性，已加大在人力资本方面的投入量。该方式已逐渐靠近绿色增长要求，通过投入大量的人力资本来促进绿色产出。自然资源消耗量的系数相对较大，说明我国目前的经济增长方式依然依赖于自然资源的大量消耗，而绿色增长的最优增长率要求消费者要对当前自然资源维持理性消费的理念，不过分追求自然资源的不合理消耗，显然我国目前的发展状态还没有实现绿色增长的要求。环境污染与绿色 GDP 呈负相关关系，表明经济发展过程中环境污染越严重，即生产过程中消耗的环境质量越多，对环境污染和破坏越严重，绿色 GDP 就越低。该结果表明，我国目前的经济增长方式是以对环境污染和破坏为代价的非友好增长方式。

2）自然资源消耗方程

在自然资源消耗方程中，考虑了自然资源消耗量与绿色 GDP 和技术创新之间的关系，该方程的回归结果显示，自然资源消耗量与绿色 GDP 呈倒"U"形曲线关系，即在绿色增长初期，随着绿色 GDP 增长的需要，对自然资源的消耗量也在增加。当绿色 GDP 提高至曲线拐点后，对自然资源的消耗量越多，绿色 GDP 越低，表明当经济发展到一定水平后，无须过度消耗自然资源亦能实现经济的增长。实证分析结果表明，中国人均绿色 GDP 拐点为 43 384.31。截至 2015 年，我国排名前三位的天津、北京、上海的人均绿色 GDP 分别为 39 648.96 元、38 052.37 元、37 772.66 元，仍未达到 43 384.31 元这个拐点，表明我国目前还处在需要依赖消耗足够多的自然资源实现经济增长的状态。

3）环境污染方程

在环境污染方程中，考虑了环境污染与绿色 GDP、环境污染治理投资、技术创新水平之间的关系，依据环境污染与绿色 GDP 的回归结果可以发现，我国目前环境污染与经济增长呈现环境库兹涅茨曲线（environmental Kuznets curve，EKC）关系。该方程的研究结果是在联立方程模型的基础上得到的，因此，该模型本身已经考虑了环境污染对绿色 GDP 的反向关系，所以该结果更易信服。该曲线转折点的人均绿色 GDP 为 47 165.26 元，远远高于 2015 年人均绿色 GDP 最高的天津（39 648.96 元），该结果表明我国目前仍然处于 EKC 左侧，并且我国在未来很长一段时间内，环境污染还会随绿色人均 GDP 的增长而进一步加重。这说明我国的经济增长方式还是以消耗环境质量，对环境造成污染和破坏为代价的，因而，我国距离实现绿色增长的任务任重而道远。实证分析结果中，环境治理投资与环境污染之间呈正相关，但并不表示环境治理投资越多环境污染就越多，而是由于环境治理存在一定的滞后性，即尽管目前投入的环境治理投资费逐年增加，但环境污染仍未取得良好的效果，甚至每年的环境污染有加剧的趋势，这是环境治理的滞后性导致的。为了未来的经济发展中环境质量改善的效果不再成为制约绿色增长的约束条件，现在需要逐年增加环境治理投资费用，实现环境友好的终极目标。

10.2.4 中国绿色增长对策建议

针对前文理论模型和实证研究的相关结果，从自然资源、环境与人力资本角度给出以下相关政策建议。

1. 研发清洁能源的新技术，提高自然资源的使用效率

虽然我国自然资源储量丰富，但是我国人口基数太大导致我国人均自然资源占有量很少，因此政府需要加大科技的投入，研发新技术，提高在生产过程中自然资源的使用效率，其使用效率的提高意味着相同数量的自然资源可以产出更多数量的绿色 GDP，此种方式能够有效改变我国传统的、粗放型的经济增长方式。另外，政府应该重点扶持投资高、周期长、研发结果乐观的关键技术研发项目，如提高自然资源使用效率和资源循环利用等重点技术。

2. 政府应加强对高耗能企业的监管力度，推进节能减排措施的稳步施行

高耗能企业是我国自然资源的消耗大户，此类企业在生产过程中不仅会消耗大量的自然资源，同时还会对环境造成巨大的污染和破坏。因此，加强此类企业的监管力度，控制自然资源的过度消耗，推进节能减排措施的施行对我国转变经济增长方式具有重要的推动作用。

3. 政府积极倡导发展循环经济，并逐步向绿色经济迈步

与传统的经济增长方式不同，循环经济的发展方式是在最后一个环节将产生的排放物重新变为可以利用的再生资源，该种经济发展方式不仅可以缓解我国自然资源短缺的状况，还能很好地保护环境，使经济持续健康发展。

我国的经济增长是以牺牲当前的环境质量，造成环境污染和破坏为代价的。基于此现状，我国要想实现不以牺牲当前环境质量为前提的绿色增长模式需从前端预防、过程控制、末端治理三个方面进行改善。

第一，建立健全前端预防机制，从源头上避免污染物的产生和扩散。

具体可以通过以下方式实现：首先，对一些资源消耗量大、污染物排放量高效益低下的企业应限制其进行大规模生产甚至责令关停；其次，对高污染但收益高的企业应在生产过程中配套环保设备，对污染物进行处理，达标后再排放；再次，重点发展节能、环保等新兴的产业；最后，在生产活动进行之前采取预防机制，可以通过技术创新改进原先非环保生产技术，使用清洁技术进行生产。

第二，加强对企业生产过程的控制强度，最大限度地减少企业偷排漏排现象的发生。

我国与环保相关的法律法规不健全，致使很多污染型企业偷排漏排现象严重，导致环境污染严重，因此，政府应该加强对企业生产过程中污染物排放的监控力度，完善环保法律法规，让违法现象有规可循、有法可依。

第三，逐步加大对环境治理投资的力度，从生产末端对环境进行治理。

首先，加大对工业废气的治理力度，工业废气是造成大气污染日益严重的首

要原因，必须加强对工业废气的投资治理力度。其次，加大对工业废水的投资治理力度，工业废水如果直接排入地下会对人类的生产生活产生严重影响，必须加大对废水的投资治理，改善被污染的水体，提高水资源的整体质量。最后，加大对固体废弃物的投资治理力度，生产过程中会产生很多固体废弃物，我国目前对固体废弃物采取简单堆砌的方式，这不仅会造成环境污染还占用了大量的土地，造成资源浪费，因此，致力于治理固体废弃物具有很重要的现实意义。虽然目前我国已逐年增加环境治理投资的费用，但是环境质量并没有因此得到改善，说明小幅度的环境治理投资并不能改善现有环境现状，我国应继续加大环境治理投资力度，并通过研发提高环境治理投资效率等来实现绿色增长。

人力资本作为生产过程中重要投入要素之一，社会应当通过多种方式提高人力资本的存量和人力资本水平，为我国实现绿色增长提供重要保障。

首先，全面发展教育事业，提高国民整体素质，增加人力资本数量。

一个国家教育的发达程度在很大程度上可以代表该国的社会发展水平和经济发达程度。大力发展教育事业是增加人力资本数量最直接、最有效、最根本的措施。我国政府可以从以下几个方面具体实施：一是政府应通过多种渠道提高教育经费的投入，倡导以政府办学为主，社会办学为辅的多渠道办学体制，以吸纳更多的人才入校深造。二是改善不合理的教育体制，根据中国具体国情设置培养方案，真正做到由学校培养的人才可以直接走向工作岗位，学以致用。三是合理配置现有的教育资源，在抓好基础教育的同时还应该注重成人继续教育，切实为我国实现绿色增长培养大量人才。

其次，鼓励企业对现有人力资本进行投资。

人力资本是一个企业实现利润最大化的关键要素之一，企业对人力资本投资不仅有利于企业利润的增加，更有利于企业保持竞争优势。企业可以从以下两个方面着手：第一，在企业内部建立一个学习型组织，通过对企业的人力资本进行专业培训，来不断汲取新知识以提升企业人力资本的质量；第二，创建完善的人力资本管理制度和有效激励机制，鼓励员工自主地参与培训。

最后，重视培养研发方面的专业人才，以提高研发的生产效率。

通过培养研发方面的人才促进绿色GDP的增长，研发人才数量的增多可以促进技术创新，通过技术创新驱动实现绿色增长目标。

参 考 文 献

北京师范大学科学发展观与经济可持续发展研究基地，西南财经大学绿色经济与经济可持续发展研究基地，国家统计局中国经济景气监测中心. 2012. 2012 中国绿色发展指数报告——区域比较. 北京：北京师范大学出版社.

毕世杰. 1999. 发展经济学. 北京：高等教育出版社.

蔡昉，都阳，高文书. 2004. 就业弹性、自然失业和宏观经济政策——为什么经济增长没有带来显性就业？经济研究，（9）：18-25，47.

钞小静，任保平. 2011. 中国经济增长质量的时序变化与地区差异分析. 经济研究，46（4）：26-40.

陈超，王海建. 2002. 环境外在性与"干中学"内生经济增长. 预测，21（2）：68-70，38.

陈启明，赵明华. 2011. 基于灰色关联度的优性组合预测模型存在性及赋权方法. 统计与决策，（24）：153-154.

陈晓红，傅滔涛，曹裕. 2012. 企业循环经济评价体系——以某大型冶炼企业为例. 科研管理，33（1）：47-55.

陈勇. 2001. 哈利法克斯生态城开发模式及规划. 国外城市规划，（3）：39-42.

迟国泰，王钰娟，刘艳萍. 2010. 基于三角模糊熵的经济评价模型及副省级城市的实证研究. 运筹与管理，19（5）：107-117.

崔铁宁. 2005. 循环型社会及其规划理论和方法：构建和谐社会——新学科 新观念 新思路. 北京：中国环境科学出版社.

第一财经. 2018-12-13. 世行：2050 年中国 65 岁及以上老年人占比将达 26%. https://www.yicai.com/news/100078839.html.

杜辉. 2013. 资源型城市可持续发展保障的策略转换与制度构造. 中国人口·资源与环境，23（2）：88-93.

杜淼. 2012. 两类层次分析法的转换及在应用中的比较. 计算机工程与应用，48（9）：114-119.

冯莹莹，于干，周红志. 2013. 层次分析法和神经网络相融合的教学质量评价. 计算机工程与应用，49（17）：235-238，249.

付强. 2017. 市场分割促进区域经济增长的实现机制与经验辨识. 经济研究, 52（3）: 47-60.

高惠璇. 2005. 应用多元统计分析. 北京: 北京大学出版社.

高吉喜, 田美荣. 2007. 城市社区可持续发展模式——"生态社区"探讨. 中国发展, 7（4）: 6-10.

高煦照. 2006. 西方经济增长理论综述. 辽宁教育行政学院学报, 23（3）: 26-28.

龚玉泉, 袁志刚. 2002. 中国经济增长与就业增长的非一致性及其形成机理. 经济学动态, （10）: 35-39.

郭存芝, 罗琳琳, 叶明. 2014. 资源型城市可持续发展影响因素的实证分析. 中国人口·资源与环境, 24（8）: 81-89.

郭玲玲, 卢小丽, 武春友, 等. 2016. 中国绿色增长评价指标体系构建研究. 科研管理, 37（6）: 141-150.

郭鹏辉. 2006. 内生经济增长与结构方程模型应用研究. 厦门大学硕士学位论文.

郭永杰, 米文宝, 赵莹. 2015. 宁夏县域绿色发展水平空间分异及影响因素. 经济地理, 35（3）: 45-51, 8.

韩晶, 宋涛, 陈超凡, 等. 2013. 基于绿色增长的中国区域创新效率研究. 经济社会体制比较, （3）: 100-110.

何小钢, 王自力. 2015. 能源偏向型技术进步与绿色增长转型——基于中国 33 个行业的实证考察. 中国工业经济, （2）: 50-62.

何正霞, 许士春. 2011. 考虑污染控制、技术进步和人力资本积累下的经济可持续增长. 数学的实践与认识, 41（18）: 1-8.

胡鞍钢, 周绍杰. 2014. 绿色发展: 功能界定、机制分析与发展战略. 中国人口·资源与环境, 24（1）: 14-20.

黄菁, 陈霜华. 2011. 环境污染治理与经济增长: 模型与中国的经验研究. 南开经济研究, （1）: 142-152.

黄茂兴, 林寿富. 2013. 污染损害、环境管理与经济可持续增长——基于五部门内生经济增长模型的分析. 经济研究, 48（12）: 30-41.

黄羿, 杨蕾, 王小兴, 等. 2012. 城市绿色发展评价指标体系研究——以广州市为例. 科技管理研究, 32（17）: 55-59.

卡尔森 R. 2018. 寂静的春天. 辛红娟译. 南京: 译林出版社.

李晨爽, 肖贵蓉. 2016. "绿色增长"概念解析. 当代经济, （14）: 6-7.

李海东, 王帅, 刘阳. 2014. 基于灰色关联理论和距离协同模型的区域协同发展评价方法及实证. 系统工程理论与实践, 34（7）: 1749-1755.

李汝雄, 王建基. 2000. 循环经济是实现可持续发展的必由之路. 环境保护, （11）: 29-30.

李仕兵, 赵定涛. 2008. 环境污染约束条件下经济可持续发展内生增长模型. 预测, 27（1）: 72-76.

李晓西，刘一萌，宋涛. 2014. 人类绿色发展指数的测算. 中国社会科学，（6）：69-95，207-208.

李鑫，李京春，郑雪峰，等. 2012. 一种基于层次分析法的信息系统漏洞量化评估方法. 计算机科学，39（7）：58-63.

李秀娟，温亚利. 2007. 关于循环经济与生态经济关系的探讨. 生态经济（学术版），（1）：157-158.

李中才，刘林德，孙玉峰，等. 2010. 基于 PSR 方法的区域生态安全评价. 生态学报，30（23）：6495-6503.

连玥晗. 2017. 经济增长理论演进文献综述. 经贸实践，（15）：163，165.

联合国. 2012. "里约+20"峰会. http://www.un.org/zh/sustainablefuture.

刘敬山，孙敏. 2006. 发电企业核心竞争力评价体系研究. 华北电力大学学报（社会科学版），（1）：54-57.

刘凯英，田慧峰. 2014. 基于《绿色建筑评价标准》的绿色建筑设计流程优化. 施工技术，43（4）：60-62，74.

刘录祥，孙其信，王士芸. 1989. 灰色系统理论应用于作物新品种综合评估初探. 中国农业科学，22（3）：22-27.

刘云刚. 2009. 中国资源型城市的职能分类与演化特征. 地理研究，28（1）：153-160.

卢强，吴清华，周永章，等. 2013. 工业绿色发展评价指标体系及应用于广东省区域评价的分析. 生态环境学报，22（3）：528-534.

吕晓菲，卢小丽. 2016. 资源型城市绿色增长能力评价研究. 科研管理，37（9）：89-97.

马克思，恩格斯. 1995. 马克思恩格斯选集. 中共中央马克思恩格斯列宁斯大林著作编译局译. 北京：人民出版社.

马世骏，王如松. 1984. 社会-经济-自然复合生态系统. 生态学报，4（1）：1-9.

梅多斯 D，兰德斯 J，梅多斯 D. 2013. 增长的极限. 李涛，王智勇译. 北京：机械工业出版社.

米都斯 D，等. 1997. 增长的极限——罗马俱乐部关于人类困境的报告. 李宝恒译. 长春：吉林人民出版社，北京：中国环境科学出版社.

米国芳. 2012. 低碳视角下火电企业可持续发展评价指标体系研究. 经济论坛，（11）：102-105.

聂飞，刘海云. 2015. FDI、环境污染与经济增长的相关性研究——基于动态联立方程模型的实证检验. 国际贸易问题，（2）：72-83.

欧阳志云，赵娟娟，桂振华，等. 2009. 中国城市的绿色发展评价. 中国人口·资源与环境，19（5）：11-15.

潘士远，史晋川. 2002. 内生经济增长理论：一个文献综述. 经济学（季刊），1（4）：753-786.

潘雄锋，杨越. 2013. 基于联立方程模型的对外贸易与碳排放互动关系研究. 运筹与管理，

22（1）：132-137.

彭红斌，王晶. 2006. 中国对外贸易中的"买贵卖贱"现象探析. 理论前沿，486（21）：35-36.

彭水军，包群. 2006. 环境污染、内生增长与经济可持续发展. 数量经济技术经济研究，（9）：114-126，140.

齐杰. 2015. 生命周期视角下的城市建成社区养老服务设施配置策略研究. 浙江工业大学硕士学位论文.

钱争鸣，刘晓晨. 2013. 中国绿色经济效率的区域差异与影响因素分析. 中国人口·资源与环境，23（7）：104-109.

秦寿康，等. 2003. 综合评价原理与应用. 北京：电子工业出版社.

邵宜航，李泽扬. 2017. 空间集聚、企业动态与经济增长：基于中国制造业的分析. 中国工业经济，（2）：5-23.

史亚琪，朱晓东，孙翔，等. 2010. 区域经济-环境复合生态系统协调发展动态评价——以连云港为例. 生态学报，30（15）：4119-4128.

水博. 2014. 绿色养老住区评价系统研究. 西安建筑科技大学硕士学位论文.

斯拉法 P，多布 M H. 2013. 大卫·李嘉图全集第1卷：政治经济学及赋税原理. 郭大力，王亚南译. 北京：商务印书馆.

斯密 A. 2006. 国富论（上卷）. 杨敬年译. 西安：陕西人民出版社.

宋英华. 2014. 基于熵权模糊法的公众应急能力评价研究. 科研管理，35（12）：183-188.

苏利阳，郑红霞，王毅. 2013. 中国省际工业绿色发展评估. 中国人口·资源与环境，23（8）：116-122.

苏为华. 2000. 多指标综合评价理论与方法问题研究. 厦门大学博士学位论文.

隋立军，武春友，卢小丽. 2019. 养老社区绿色化程度评价指标体系构建研究. 价值工程，38（5）：1-4.

孙贵尚，冯军彦，刁金东. 2004. 循环经济与可持续发展刍议. 中国国土资源经济，17（11）：39-40，49-50.

孙凯. 2001. 从边缘到主流：环境外交发展历程. 新视野，（5）：62-64.

孙威，董冠鹏. 2010. 基于 DEA 模型的中国资源型城市效率及其变化. 地理研究，29（12）：2155-2165.

孙耀武. 2007. 促进绿色增长的财政政策研究. 中共中央党校博士学位论文.

托达罗 M P，史密斯 S C. 2009. 发展经济学. 9版. 余向华，陈雪娟译. 北京：机械工业出版社.

王兵，刘光天. 2015. 节能减排与中国绿色经济增长——基于全要素生产率的视角. 中国工业经济，（5）：57-69.

王海建. 1999. 资源环境约束之下的一类内生经济增长模型. 预测，（4）：36-38.

王海龙，连晓宇，林德明. 2016. 绿色技术创新效率对区域绿色增长绩效的影响实证分析. 科学学与科学技术管理，37（6）：80-87.

王红星. 2018. 建绿色社区，需专业的运维. 城市开发，547（23）：59.

王建明，袁瑜，陈红喜. 2008. 长三角与环渤海地区的企业绿色竞争力测评比较. 中国人口·资源与环境，18（5）：101-107.

王金南，蒋洪强，曹东，等. 2005. 中国绿色国民经济核算体系的构建研究. 世界科技研究与发展，27（2）：83-88.

王金燕，陈卫兵，周颖，等. 2014. 改进的三角模糊数互反判断矩阵排序算法研究. 计算机工程与应用，50（19）：214-216，240.

王敏，黄滢. 2015. 中国的环境污染与经济增长. 经济学（季刊），14（2）：557-578.

王尚君. 2019. 习近平新时代中国特色社会主义经济思想——与马克思主义政治经济学基本原理的契合性阐释. 中共乐山市委党校学报，21（1）：47-52.

王树强，庞晶. 2019. 排污权跨区域交易对绿色经济的影响研究. 生态经济，35（2）：174-179，196.

王学民. 2009. 应用多元分析. 3 版. 上海：上海财经大学出版社.

王雨飞，倪鹏飞. 2016. 高速铁路影响下的经济增长溢出与区域空间优化. 中国工业经济，（2）：21-36.

翁媛媛. 2010. 中国经济增长的可持续性研究. 上海交通大学博士学位论文.

吴良镛. 2001. 人居环境科学导论. 北京：中国建筑工业出版社.

吴强. 2017. 国务院：发布《"十三五"国家老龄事业发展和养老体系建设规划》. 中国商界，（4）：74.

武春友，陈兴红，匡海波. 2014a. 基于 Rough-DEMATEL 的企业绿色增长模式影响因素识别. 管理评论，26（8）：74-81.

武春友，陈兴红，匡海波. 2014b. 基于 AHP-标准离差的企业绿色度可拓学评价模型及实证研究. 科研管理，35（11）：109-117.

肖宏伟，李佐军，王海芹. 2013. 中国绿色转型发展评价指标体系研究. 当代经济管理，35（8）：24-30.

肖敏. 2018. 基于罗默模型的互联网技术对中国经济增长影响研究. 华中师范大学硕士学位论文.

徐中民，张志强，程国栋. 2003. 生态经济学理论方法与应用. 郑州：黄河水利出版社.

许士春，何正霞，魏晓平. 2010. 资源消耗、污染控制下经济可持续最优增长路径. 管理科学学报，13（1）：20-30.

杨熙. 2013. 养老社区模式构建研究——以昆明市为例. 云南大学硕士学位论文.

于渤，黎永亮，迟春洁. 2006. 考虑能源耗竭、污染治理的经济持续增长内生模型. 管理科学学报，9（4）：12-17.

于化龙. 2013. 主成分分析应用研究综述. 经营管理者，（3）：9-10.

于惊涛，张艳鸽. 2016. 中国绿色增长评价指标体系的构建与实证研究. 工业技术经济，35（3）：

109-117.

俞海, 任子平, 张永亮, 等. 2015. 新常态下中国绿色增长: 概念、行动与路径. 环境与可持续发展, 40 (1): 7-10.

袁富华, 张平, 刘霞辉, 等. 2016. 增长跨越: 经济结构服务化、知识过程和效率模式重塑. 经济研究, 51 (10): 12-26.

张二勋, 秦耀辰. 2002. 20 世纪资源观述评. 史学月刊, (12): 97-103.

张峰, 薛惠锋, 史志伟. 2018. 资源禀赋、环境规制会促进制造业绿色发展? 科学决策, (5): 60-78.

张焕波. 2013. 中国省级绿色经济指标体系. 经济研究参考, (1): 77-80.

张江雪, 蔡宁, 杨陈. 2015. 环境规制对中国工业绿色增长指数的影响. 中国人口·资源与环境, 25 (1): 24-31.

张江雪, 朱磊. 2012. 基于绿色增长的我国各地区工业企业技术创新效率研究. 数量经济技术经济研究, 29 (2): 113-125.

张启銮, 陈艳, 杨德礼. 2010. 基于离差最大化组合赋权的生态评价模型及 10 个副省级城市的实证研究. 管理学报, 7 (12): 1846-1856.

张旺, 周跃云, 谢世雄. 2013. 中国城市低碳绿色发展的格局及其差异分析——以地级以上城市 GDP 值前 110 强为例. 世界地理研究, 22 (4): 134-142, 73.

张伟娜, 王修来. 2010. 企业绿色竞争力的评价模型及其应用. 科技管理研究, 30 (20): 36-38.

张晓红, 权小锋. 2009. 基于空间距离综合评价模型的企业可持续发展研究——以电力企业为例. 商业研究, (6): 119-122.

张旭, 杜瑶. 2014. 绿色增长战略实施能力体系研究. 科研管理, 35 (12): 153-159.

张旭, 李伦. 2016. 绿色增长内涵及实现路径研究述评. 科研管理, 37 (8): 85-93.

张延. 1998. 西方经济学中的危机、革命和综合. 经济科学, 20 (1): 109-116.

赵奥. 2012. 中国不可再生能源效率研究. 大连理工大学博士学位论文.

郑彤彤. 2013. 韩国低碳绿色增长基本法 (2013 年修订). 南京工业大学学报 (社会科学版), 12 (3): 23-36.

中国科学院可持续发展战略研究组. 2011. 2011 中国可持续发展战略报告——实现绿色的经济转型. 北京: 科学出版社.

钟昌宝, 魏晓平, 聂茂林, 等. 2010. 一种考虑风险的供应链利益两阶段分配法——正交投影熵值法. 中国管理科学, 18 (2): 68-74.

钟山. 2013. 国务院印发《全国资源型城市可持续发展规划》. 浙江国土资源, (12): 22.

周少波, 胡适耕. 2003. 自然资源与经济增长模型的动态分析. 武汉大学学报 (理学版), 49 (5): 585-588.

诸大建. 1998. 可持续发展呼唤循环经济. 科技导报, (9): 39-42, 26.

诸大建. 2012. 从里约+20 看绿色经济新理念和新趋势. 世界环境，（4）：38-40.

庄卫民，龚仰军. 2005. 产业技术创新. 上海：东方出版中心.

左大培，杨春学. 2007. 经济增长理论模型的内生化历程. 北京：中国经济出版社.

AlQahtany A，Rezgui Y，Li H J. 2013. A proposed model for sustainable urban planning development for environmentally friendly communities. Architectural Engineering and Design Management，9（3）：176-194.

Antal M，van den Bergh J C J M. 2016. Green growth and climate change：conceptual and empirical considerations. Climate Policy，16（2）：165-177.

Arrow K J. 1962. The economic implications of learning by doing. The Review of Economic Studies，29（3）：155-173.

Bevan M，Croucher K. 2011. Lifetime Neighbourhoods. London：Department of Communities and Local Government.

Blancas F J，Lozano-Oyola M，Gonzalez M，et al. 2018. A dynamic sustainable tourism evaluation using multiple benchmarks. Journal of Cleaner Production，174：1190-1203.

Bovenberg A L，Smulders S. 1995. Environmental-quality and pollution-augmenting technological-change in a 2-sector endogenous growth-model. Journal of Public Economics，57（3）：369-391.

Bowen A，Hepburn C. 2014. Green growth：an assessment. Oxford Review of Economic Policy，30（3）：407-422.

Brand U，Wissen M. 2012. Global environmental politics and the imperial mode of living：articulations of state-capital relations in the multiple crisis. Globalizations，9（4）：547-560.

BRE. 2012. BREEAM Communities technical manual.

Cass D. 1965. Optimum growth in an aggregative model of capital accumulation. The Review of Economic Studies，32（3）：233-240.

Chang Y T，Park H S，Jeong J B，et al. 2014. Evaluating economic and environmental efficiency of global airlines：a SBM-DEA approach. Transportation Research Part D：Transport and Environment，27（1）：46-50.

Chang Y T，Zhang N，Danao D，et al. 2013. Environmental efficiency analysis of transportation system in China：a non-radial DEA approach. Energy Policy，58（9）：277-283.

Charnes A，Cooper W W，Rhodes E. 1979. Measuring the efficiency of decision making units. European Journal of Operational Research，2（6）：429-444.

Cobb C W，Douglas P H. 1928. A theory of production. The American Economic Review，18（1）：139-165.

Costanza R，Daly H，Folke C，et al. 2000. Managing our environmental portfolio. BioScience，50（2）：149-155.

Cotugno A, Seltzer E. 2011. Towards a metropolitan consciousness in the portland oregon metropolitan area. International Planning Studies, 16（3）: 289-304.

Crafts N F R. 1995. The golden age of economic growth in Western Europe, 1950~1973. The Economic History Review, 48（3）: 429-447.

Durand D. 1937. Some thoughts on marginal productivity, with special reference to professor Douglas' analysis. Journal of Political Economy, 45（6）: 740-758.

Ellis K, Baker B, Lemma A. 2009. Policies for low carbon growth. Overseas Development Institute. London.

ESCAP. 2013. Green Growth Indicators: a Practical Approach for Asia and the Pacific. New York: United Nations.

Fay M. 2012. Inclusive Green Growth: The Pathway to Sustainable Development. Washington: World Bank Publications.

García-Melón M, Gómez-Navarro T, Acuña-Dutra S. 2012. A combined ANP-delphi approach to evaluate sustainable tourism. Environmental Impact Assessment Review, 34: 41-50.

GBCA. 2016. GS communities v1. 1 technical manual. Australia.

GGGI. 2009. GGGI informational brochure. Seoul.

GGKP. 2013. Moving towards a common approach on green growth indicators. Geneva.

Glemarec Y, de Oliveira J A P. 2012. The role of the visible hand of public institutions in creating a sustainable future. Public Administration and Development, 32（3）: 200-214.

Goldsmith R W. 1951. A perpetual inventory of national wealth. Studies in Income and Wealth, 14: 5-73.

Goto M, Otsuka A, Sueyoshi T. 2014. DEA（data envelopment analysis）assessment of operational and environmental efficiencies on Japanese regional industries. Energy, 66（4）: 535-549.

Grimaud A, Rouge L. 2005. Polluting non-renewable resources, innovation and growth: welfare and environmental policy. Resource and Energy Economics, 27（2）: 109-129.

Grossman G M, Helpman E. 1991. Quality ladders in the theory of growth. The Review of Economic Studies, 58（1）: 43-61.

Hall B, Kerr M L. 1991. 1991~1992 Green Index: A Sate-By-State Guide to The Nation's Environment Health. Washington: Island Press.

Hallegatte S, Heal G M, Fay M, et al. 2011. From growth to green growth-a framework. Social Science Electronic Publishing.

Harrod R F. 1939. An essay in dynamic theory. The Economic Journal, 49（193）: 14-33.

Heinberg R. 2011. The End of Growth: Adapting to Our New Economic Reality. Gabriola Island: New Society Publishers.

Holling C S. 2000. Theories for sustainable futures. Conservation Ecology, 4（2）: 7.

Howard E. 2007. Garden Cities of To-Morrow. London：Routledge.

Jacobs M. 2012. Green Growth：Economic Theory and Political Discourse. London：Grantham Research Institute on Climate Change and the Environment.

Jänicke M. 2012. "Green growth"：from a growing eco-industry to economic sustainability. Energy Policy，48：13-21.

Jeong K，Hong T，Ban C，et al. 2015. Life cycle economic and environmental assessment for establishing the optimal implementation strategy of rooftop photovoltaic system in military facility. Journal of Cleaner Production，104：315-327.

Jia X L，An H Z，Fang W，et al. 2015. How do correlations of crude oil prices co-move? A grey correlation-based wavelet perspective. Energy Economics，49：588-598.

Jouvet P A，de Perthuis C. 2013. Green growth：from intention to implementation. International Economics，134：29-55.

Kalache A，Gatti A. 2003. Active ageing：a policy framework. The Aging Male，5（1）：1-37.

Kamogawa L F O，Shirota R. 2011. Economic growth, energy consumption and emissions：an extension of Ramsey-Cass-Koopmans model under EKC hypothesis. General Information，190（477）：408-409.

Kararach G，Nhamo G，Mubila M，et al. 2018. Reflections on the green growth index for developing countries：a focus of selected African countries. Development Policy Review，36：432-454.

Kim S E，Kim H，Chae Y. 2014. A new approach to measuring green growth：application to the OECD and Korea. Futures，63：37-48.

Koopmans T C. 1963. On the concept of optimal economic growth. Cowles Foundation Discussion Papers.

Kunasekaran P，Gill S S，Ramachandran S，et al. 2017. Measuring sustainable indigenous tourism indicators：a case of Mah Meri ethnic group in carey island，Malaysia. Sustainability，9（7）：1256.

Leck C，Upton D，Evans N. 2016. Social return on investment：valuing health outcomes or promoting economic values? Journal of Health Psychology，21（7）：1481-1490.

Li W J，Liang W，Zhang L B，et al. 2015. Performance assessment system of health, safety and environment based on experts' weights and fuzzy comprehensive evaluation. Journal of Loss Prevention in the Process Industries，35：95-103.

Lorek S，Spangenberg J H. 2014. Sustainable consumption within a sustainable economy—beyond green growth and green economies. Journal of Cleaner Production，63：33-44.

Marimin M，Darmawan M A，Machfud M，et al. 2014. Value chain analysis for green productivity improvement in the natural rubber suppy chain：a case study. Journal of Cleaner Production，

85：201-211.

Mascarenhas A, Nunes L M, Ramos T B. 2015. Selection of sustainability indicators for planning：combining stakeholders' participation and data reduction techniques. Journal of Cleaner Production, 92：295-307.

Mathews J A, Reinert E S. 2014. Renewables, manufacturing and green growth：energy strategies based on capturing increasing returns. Futures, 61：13-22.

Meadows D H, Meadows D L, Randers J, et al. 1972. The Limits to Growth：A Report for the Club of Rome's Project on the Predicament of Mankind. New York：Universe Books.

Meyer B, Meyer M, Distelkamp M. 2012. Modeling green growth and resource efficiency：new results. Mineral Economics, 24（2/3）：145-154.

Murgai R. 2001. The green revolution and the productivity paradox：evidence from the Indian Punjab. Agricultural Economics, 25（2/3）：199-209.

National Association of Area Agencies on Aging. 2015. Livable Communities. USA.

Nielsen M, Ravensbeck L, Nielsen R. 2014. Green growth in fisheries. Marine Policy, 46：43-52.

OECD. 2009. Declaration on green growth. OECD Meeting of the Council. Paris.

OECD. 2010. Interim Report of the Green Growth Strategy：Implementing Our Commitment for a Sustainable Future. Paris：OECD Publishing.

OECD. 2011. Towards Green Growth：Monitoring Progress：OECD Indicators. Paris：OECD Publishing.

Pearce D W, Markandya A, Barbier E B. 1989. Blueprint for a Green Economy. London：Earthscan.

Piacentini M. 2012. Rationale and policies for the green growth of cities and regional economies. International Economics and Economic Policy, 9（2）：129-146.

Popp D. 2012. The role of technological change in green growth. National Bureau of Economic Research. Cambridge.

Publishing O. 2011. OECD green growth studies towards green growth：monitoring progress：OECD indicators. Sourceoecd Environment & Sustainable Development, （7）：i-146.

Reilly J M. 2012. Green growth and the efficient use of natural resources. Energy Economics, 34：85-93.

Research Committee for CASBEE. 2007. CASBEE for urban development technical manual. Japan.

Roberts M J, Schlenker W, Eyer J. 2013. Agronomic weather measures in econometric models of crop yield with implications for climate change. American Journal of Agricultural Economics, 95（2）：236-243.

Saaty T L. 1977. A scaling method for priorities in hierarchical structures. Journal of Mathematical Psychology, 15（3）：234-281.

Saaty T L. 1990. How to make a decision: the analytic hierarchy process. European Journal of Operational Research, 48（1）: 9-26.

Saaty T L, Shang J S. 2007. Group decision-making: head-count versus intensity of preference. Socio-Economic Planning Sciences, 41（1）: 22-37.

Saaty T L, Tran L T. 2007. On the invalidity of fuzzifying numerical judgments in the analytic hierarchy process. Mathematical and Computer Modelling, 46（7）: 962-975.

Saufi N A A, Daud S, Hassan H. 2016. Green growth and corporate sustainability performance. Procedia Economics and Finance, 35: 374-378.

Scazzieri R. 1993. A Theory of Production. Oxford: Oxford University Press.

Shang D, Yin G Z, Li X S, et al. 2015. Analysis for green mine（phosphate）performance of China: an evaluation index system. Resources Policy, 46: 71-84.

Shen L X, Muduli K, Barve A. 2015. Developing a sustainable development framework in the context of mining industries: AHP approach. Resources Policy, 46: 15-26.

Smulders S, Toman M, Withagen C. 2014. Growth theory and "green growth". Oxford Review of Economic Policy, 30（3）: 423-446.

Solow R M. 1956. A contribution to the theory of economic growth. The Quarterly Journal of Economics, 70（1）: 65-94.

Song M, Wang S H. 2018. Measuring environment-biased technological progress considering energy saving and emission reduction. Process Safety and Environmental Protection, 116: 745-753.

Štaube T, Leemeijer B, Geipele S, et al. 2016. Economic and financial rationale for age-friendly housing. Journal of Financial Management of Property & Construction, 21（2）: 99-121.

Sterner T, Damon M. 2011. Green growth in the post-copenhagen climate. Energy Policy, 39（11）: 7165-7173.

Tanguay G A, Rajaonson J, Therrien M C. 2013. Sustainable tourism indicators: selection criteria for policy implementation and scientific recognition. Journal of Sustainable Tourism, 21（6）: 862-879.

The World Bank. 2012. Inclusive Green Growth: The Pathway to Sustainable Development. Washington: The World Bank Publication.

Tzeng G H, Huang J J. 2011. Multiple Attribute Decision Making: Methods and Applications. Boca Raton: CRC Press.

UNEP. 2011. Towards a Green Economy: Pathways to Sustainable Development and Poverty Eradication. Nairobi: UNEP.

UNEP. 2012. Measuring Progress Towards an Inclusive Green Economy. Narobi: UNEP.

UNESCAP. 2005. Shifting towards "green growth" in Asia and the Pacific.

UNIDO. 2013. International Yearbook of Industrial Statistics 2013. Vienna: Edward Elgar

Publishing.

Vazquez-Brust D, Smith A M, Sarkis J. 2014. Managing the transition to critical green growth: the "green growth state". Futures, 64: 38-30.

Wang H L, Wu C Y. 2011. Green growth as the best choice for Chinese small and medium enterprises in sustainable development. Asian Social Science, 7 (5): 81-84.

Wei B, Wang S L, Li L. 2010. Fuzzy comprehensive evaluation of district heating systems. Energy Policy, 38 (10): 5947-5955.

Woo C, Chung Y, Chun D, et al. 2014. Exploring the impact of complementary assets on the environmental performance in manufacturing SMEs. Sustainability, 6 (10): 7412-7432.

World Commission on Environment and Development. 1987. Our Common Future. Oxford: Oxford University Press.

World Health Organization. 2007. Global Age-Friendly Cities: A Guide.

Zadeh L A. 1965. Fuzzy sets. Information and Control, 8 (3): 338-353.

Zaman K, Abdullah A B, Khan A, et al. 2016. Dynamic linkages among energy consumption, environment, health and wealth in BRICS countries: green growth key to sustainable development. Renewable and Sustainable Energy Reviews, 56: 1263-1271.

Zhang J K. 2017. Evaluating regional low-carbon tourism strategies using the fuzzy Delphi-analytic network process approach. Journal of Cleaner Production, 141: 409-419.

Zhang Y P, Sun Y B, Qin J B. 2012. Sustainable development of coal cities in Heilongjiang province based on AHP method. International Journal of Mining Science and Technology, 22 (1): 133-137.

Zhao T, Yang Z S. 2017. Towards green growth and management: relative efficiency and gaps of Chinese cities. Renewable and Sustainable Energy Reviews, 80: 481-494.

Zhou Z Y, Zhang X J, Dong W Y. 2013. Fuzzy comprehensive evaluation for safety guarantee system of reclaimed water quality. Procedia Environmental Sciences, 18: 227-235.